献礼中国共产党百年华诞

新时代国家治理现代化研究丛书
编委会

◇ 顾　问：李景源（中国社会科学院）

　　　　　赵剑英（中国社会科学出版社）

◇ 主　编：欧阳康（华中科技大学）

◇ 副主编：杜志章（华中科技大学）

　　　　　吴　畏（华中科技大学）

◇ 编　委：（以姓氏拼音排序）

　　　　　杜志章（华中科技大学）

　　　　　李　钊（江西财经大学）

　　　　　欧阳康（华中科技大学）

　　　　　吴　畏（华中科技大学）

　　　　　杨华祥（武汉轻工大学）

　　　　　杨述明（湖北省社会科学院）

　　　　　叶学平（湖北省社会科学院）

　　　　　虞崇胜（武汉大学）

　　　　　张　毅（华中科技大学）

　　　　　赵泽林（华中科技大学）

湖北省公益学术著作出版专项资金资助项目
新时代国家治理现代化研究丛书
丛书主编　欧阳康

华中科技大学
国家治理研究院

◇ 国家社会科学基金重大项目"大数据驱动地方治理现代化综合研究"（项目批准号：19ZDA113）成果
◇ 华中科技大学文科"双一流"建设项目"国家治理湖北省协同创新中心建设专项"基金资助成果
◇ 华中科技大学自主创新研究基金项目"公共卫生安全、超大城市治理与国家治理现代化"资助成果
◇ 国家社会科学基金重大项目"数字社会的法律治理体系与立法变革研究"（项目批准号：20&ZD178）成果

国家治理现代化
公共行政理论创新研究

李　钊◎著

华中科技大学出版社
http://press.hust.edu.cn
中国·武汉

图书在版编目(CIP)数据

国家治理现代化公共行政理论创新研究/李钊著.—武汉:华中科技大学出版社,2023.1
(新时代国家治理现代化研究丛书)
ISBN 978-7-5680-7254-0

Ⅰ.①国… Ⅱ.①李… Ⅲ.①国家-行政管理-现代化管理-研究-中国 ②行政学-研究-中国 Ⅳ.①D63

中国版本图书馆 CIP 数据核字(2021)第 122573 号

国家治理现代化公共行政理论创新研究

李 钊 著

Guojia Zhili Xiandaihua Gonggong Xingzheng Lilun Chuangxin Yanjiu

策划编辑:周晓方 杨 玲	
责任编辑:曹 霞	
封面设计:原色设计	
责任校对:曾 婷	
责任监印:周治超	
出版发行:华中科技大学出版社(中国·武汉)	电话:(027)81321913
武汉市东湖新技术开发区华工科技园	邮编:430223

录　　排:华中科技大学惠友文印中心
印　　刷:湖北新华印务有限公司
开　　本:710mm×1000mm　1/16
印　　张:21.75　插页:2
字　　数:294千字
版　　次:2023年1月第1版第1次印刷
定　　价:149.00元

本书若有印装质量问题,请向出版社营销中心调换
全国免费服务热线:400-6679-118　竭诚为您服务
版权所有　侵权必究

内容提要

本书以认识论层面经过精心澄清的自然经验原理为哲学基础，重新构建作为国家治理结构组成部分的公共行政领域。即将公共行政安置在国家建构的广泛背景中，用社会合作型组织取代官僚制组织模式，依靠多维度运作的模型使公共行政切合现代社会领域分化的趋势；以政治的方式，通过符合人性的组织机构，在促进规范性社会结构的方向上改造公共行政的基本模式，以期在使我国国家治理各项目标切实可行的基本前提下，通过公共行政媒介塑造各个社会领域的内在秩序，最终把我国文化和制度的宏观建构推向新的高度。

总 序
新时代国家治理现代化的使命与境界[①]

习近平总书记强调,面对改革进入攻坚期和深水区、各种深层次矛盾和问题不断呈现、各类风险和挑战不断增多的新形势,必须努力提高改革开放和发展进程中的科学决策水平,推进国家治理体系和治理能力现代化。

当前,中国国家治理正面临着从传统向现代的深度转型。这种转型既是一个渐进的过程,需要延续与传承,又是一个跃迁的过程,需要变革与创新。通过国家治理的理论创新和实践创新,有可能更好地发挥传统治理优势,创造新型治理优势,把两个优势内在地结合起来,为中国国家治理注入新的内容与活力,提升新时期新形势下的治国理政能力,也有可能为人类对更加理想的社会制度的探索提供中国方案。

一、强化使命意识,确立国家治理现代化的战略定位

自党的十八届三中全会首次提出推进国家治理体系

[①] 此序为作者主持的2014年度教育部哲学社会科学研究重大课题攻关项目"推进国家治理体系和治理能力现代化若干重大问题研究"(教社科司函〔2014〕177号)的成果之一;国家社科基金十八大以来党中央治国理政新理念新思想新战略研究专项工程项目"十八大以来党中央治国理政新理念新思想新战略的哲学基础研究"(批准号:16ZZD046)的成果之一;教育部社会科学司2018年"研究阐释党的十九大精神专项任务"的成果之一。

和治理能力现代化以来，中国共产党和中国政府的治国理政提升到了全新思想境界和高度实践自觉。习近平新时代中国特色社会主义思想中包含着治国理政的丰富内容，尤其是党的十九大报告，全面总结中国共产党治国理政的历史经验，将中国国家治理体系和治理能力现代化与中华民族伟大复兴的战略目标内在地结合起来，把全面建设社会主义现代化强国的新征程分为两个具体的阶段，并把国家治理现代化既作为社会主义现代化的必要制度保障条件，也作为其实现程度的重要表征。

第一个阶段，从2020年到2035年，在全面建成小康社会的基础上，再奋斗十五年，基本实现社会主义现代化。在这个阶段，除了经济实力、科技实力、社会文明程度，人民生活状态，生态文明状态等指标外，从国家治理的角度看，那就是"人民平等参与、平等发展权利得到充分保障，法治国家、法治政府、法治社会基本建成，各方面制度更加完善，国家治理体系和治理能力现代化基本实现，现代社会治理格局基本形成，社会充满活力又和谐有序"。第二个阶段，从2035年到21世纪中叶，在基本实现现代化的基础上，再奋斗十五年，把我国建成富强民主文明和谐美丽的社会主义现代化强国。到那时，我国物质文明、政治文明、精神文明、社会文明、生态文明将全面提升，实现国家治理体系和治理能力现代化，成为综合国力和国际影响力领先的国家，全体人民共同富裕基本实现，我国人民将享有更加幸福安康的生活，中华民族将以更加昂扬的姿态屹立于世界民族之林。

由上可以看出，国家治理现代化与民族伟大复兴的三重关系：国家治理现代化是中国特色社会主义现代化的必要制度体系和能力保障；国家治理现代化是中国特色社会主义现代化强国的重要内容和组成部分；国家治理现代化是社会主义现代化强国的突出标志和重要表征。

二、强化历史意识，深入总结中国国家治理的历史智慧

历史是现实的镜子，历史研究是学术研究的基础，也是实践创新的前提。中华民族五千多年的发展历史，留下了历代先哲贤人"修身齐家治国平天下"的丰富历史经验和思想智慧，给我们重要的启示与借鉴。深入研究古往今来中国国家治理从理念、制度、政策到行为等的发展历程，可以更好地总结历史经验，反省重大失误，探究深层原因，明晰历史教训，掌握客观规律，确立决策参照，提升决策智慧。例如：如何在传统之道与现代之势之间更好地保持张力？社会发展的延续性和传承性决定了历史演变规律会深刻地延续并影响到今天，要求我们尊重前人、历史和经验，但社会发展的不可逆性又决定了今天不可能是昨天和前天的简单延续，一定会有新的变革与需求，要求我们会通古今，勇于探索、超越与创新，自觉地从中国社会发展历史经验和教训中学习，不仅有可能使当代中国的国家治理体系和治理能力现代化获得更加丰富的中国经验和中国内涵，也有可能获得更加坚实的历史基础，丰富其理论内容，更新其理论形态。

三、强化创新意识，更好地发挥中国政治制度治理优势

提升国家治理能力首先必须研究如何更好地发挥中国的政治制度和政治治理优势。1949年以来，我们形成了马克思主义指导、中国共产党领导、社会主义道路、人民民主专政四位一体的国家治理体系，并在实践中不断加强和完善。这是我国政治制度的最大优势，已经成为我国国家治理的最基本传统和最重要格局，是我国国家治理的安身立命之所，必须在新时期得到自觉和有效的坚持。

随着时代的发展和中国的进步，它们也需要获得最大发展和创新，以保障和展示中国道路的特殊优越性。为此至少应努力实现四大升华：第一，马克思主义要进一步由外来思想真正内化和升华为"中国思想"，与中国优秀传统文化内在融合，直面并回答当代中国最重大的理论和实践问题，造就中国化的马克思主义新形态，在中国化、时代化的进程中真正融入中国社会，融入中国民众的精神家园；第二，中国共产党要由领导角色进一步落实和升华为"服务角色"，善于团结和汇聚中国各种政治力量，通过科学决策、政治引领和组织保障，强化协商民主，善于支持和激励人大、政协、政府、企业和各种社会组织等多元主体共同治理中国社会，发挥党员个体的先锋模范作用；第三，社会主义要由传统模式进一步拓展和升华为"中国模式"，既能坚持社会主义核心价值体系，践行人类文明进步的基本原则，又能探索中国道路，强化中国特色，激发社会活力；第四，人民民主专政要由国家主导进一步拓展和升华为"人民主导"，坚持依法治国，落实以人为本，切实保障人民主体地位。以上四个方面的变革与创新应当相互影响，良性共振，极大地激发中国国家治理的传统优势，在中国国家治理中发挥更大作用。

四、强化批判意识，透析当前中国社会的价值多元化状态

国家治理既要适应当前中国的价值多元化状态，也要引领中国社会的价值合理化进程，为此要求哲学社会科学研究发挥应有的批判功能。要准确盘点当前中国社会存在的各种社会思潮、各种利益诉求、各种价值取向、各种实践行为等，并对其做出合理性评估，张扬其合理内涵，批判其不合理方面，为人们做出恰当的价值选择提供指导。

当代社会迅速转型，进入价值多元化状态，难免泥沙俱下、鱼

龙混杂、良莠俱存。应当看到，当代中国社会的多元价值并非都是合理的和健康的，为此必须对那些不健康、不合理的价值观进行批判和斗争，对健康、合理的价值观予以保护和张扬，对多元价值进行有机和有序整合，在此基础上构建能够保障各种正当利益和合理价值诉求的社会利益分配机制和价值实现机制，引领多元价值的健康发展方向。例如，要研究当前中国各种价值之"元"之间有无共同基础，探讨国家认同的共同前提在哪里，如何进一步增强；要研究不同的价值之"元"间的基点之间的差异，探讨应否、能否和如何通过一个有机的整体体系整合不同的"元"；要研究中国国家治理的本底基础(底线)和高端目标在哪里，探讨当前中国国家治理体系需要多大的覆盖面、多深的包容度和多元的复杂性，为中国国家治理现代化提供理论保障和对策依据。

正是在这个科学批判的过程中，马克思主义也将更好地展示自己的革命性和批判性，增强其说服力和解释力，在提高全民族的思想自觉和理论自信方面发挥更大作用，实现自身的价值。从社会认识论的角度来看，哲学社会科学在本质上就是人的理性自我认识，且研究哲学社会科学应当为人民"代视"与"代言"。这两个功能规定，要求我们自觉深入到人民群众的生产、生活实践之中，聚焦当代人类、中华民族和个体在生存发展中面临的重大问题，从人类文明进步和中国人生存发展中汲取营养和活力，既敢于为人民"鼓与呼"，发时代之先声，扬人民之精粹，树社会之正义，又善于用科学思想理论武装和感染人民，彰显中国特色，提升人生境界，引领发展方向。

五、强化整合意识，提升中国国家治理能力 的有效性

第一，加强顶层设计与荟萃全民智慧。中国国家治理总体上看需要更好地发挥中央和各级组织在战略设计和宏观布局方面的引领作用，以便更好地体现中央意图、政府主导、民族大义、全局利

益，同时又要善于立足大众，尊重个体，关照民意，动员全体，把从上至下与从下至上内在地结合起来。

第二，在法治之刚与德治之柔之间保持张力。社会生活的多层次性和人性的复杂性要求国家治理体系与治理方式的多方面和多层次性。依法治国和以德治国的有机结合既是客观需要，也是治国智慧。一方面要努力通过刚性的法律与法治为社会大众划定行为底线与边界，另一方面要通过柔性的美德提升人们的思想境界与价值追求。

第三，自觉应用现代科技和网络体系参与国家治理。信息化已经并在继续极为深刻地改变着人们的生产、生活与交往方式，也要求新时代的信息化国家治理方式。应努力学习应用现代治理模式与治理技术等，为中国国家治理注入新理念、新技术、新动力。

综上所说，我们只有通过最大限度的创新与创造，把传统优势与创新优势充分发挥出来，才有可能既超越自我又超越西方，不仅为中华民族伟大复兴提供制度和治理保障，也能为全球治理提供中国方案和中国智慧。

"新时代国家治理现代化研究丛书"策划的宗旨是贯彻党的十八届三中全会、十九大和十九届四中全会关于坚持和完善中国特色社会主义制度，推进国家治理体系和治理能力现代化的精神，以"新时代国家治理现代化"为主题，从理论、方法、实践等多维视角对推进国家治理现代化进行探讨。本丛书作者团队以华中科技大学国家治理研究院研究员为主，邀请武汉大学、湖北省社会科学院等相关领域的知名专家共同组成。

欧阳康著的《国家治理现代化理论与实践研究》，从国家治理的价值范畴、演进逻辑、比较优势等理论层面，以及基层治理、政治治理、全球治理、绿色发展和生态治理等实践难题入手，发力国家治理的理论创新和实践创新，为人类对更加理想的社会制度探索的全球治理提供中国方案和中国智慧。虞崇胜著的《国家治理现代化的制度逻辑》，紧紧围绕坚持和完善中国特色社会主义制度这个主题，深入探讨制度建设在国家治理现代化中的重要地位和作用，着重研究不同制度要素之间的逻辑关系，探寻中国特色社会主义制度发展规律，以期为新时代国家治理现代化特别是制度现代化提供理论支撑和实践路径。杨述明著的《智能社会建构逻辑》，集中选取智能社会演进过程中社会建设与社会治理的关键领域，敏感地触及社会智能化的新变化，从智能社会视角尽可能地揭示其演进规律，系统厘清智能社会演进逻辑与建构逻辑，有助于人类更理性、更全方位地认识社会、国家各项机制运转，进而更加积极从容应对新的社会形态图景下的社会生活实践。杜志章著的《中国国家治理现代化综合评估体系研究》，旨在立足中国特色社会主义的现实，广泛借鉴国内外治理评估的理论成果与实践经验，充分结合中国的历史传统和现实国情，坚持普遍性与特殊性相结合，探索既体现人类共同的"善治"追求，又反映中国特色社会主义核心价值体系，具有显著的时代性、民族性和实践导向性的国家治理理论和国家治理评估体系。张毅等著的《网络空间国际治理研究》，从网络空间国际治理的概述出发，分析各国的治理经验，总结治理模式，并对网络空间基础设施、网络数据、网络内容、网络空间治理主体等领域的问题进行分析，试图依据我国"推动构建网络空间命运共同体"的国家战略探讨网络空间国际治理的新趋势。吴畏著的《当代西方治理理论研究》，跨学科、广角度、全景式地论述西方治理理论的历史、概念、逻辑和最新成果，为建构"国家制度和治理体系"的中国话语体系和理论形态提供理论借鉴，为推进新时代国家治理体系和治理能力现代化提供他山之石。叶学平著的《中国经济高质量发展理论与实践研究》，对高质量发展的主要内容、指标体系、衡量标准、统计体系和考核评价体系进行了全面系统的研究和构建，从理论与实践角度对新时代中国经济高质量发展面临的挑战和需要处理的几大关系也进行了分析，并提出了新时代中国经济高质量发展的实现路径和政策建议。赵泽林、欧阳康著的《中国绿色发展理论与实践研究》，旨在开展绿色发展精准治理的政策研究，通过权威部门公开发布的统计数据，利用具有自主知识产权的绿色发展大数据分析平台，客观呈现中国内地大部分省（市、自治区）绿色 GDP（国内生产总值）、人均绿色 GDP、绿色发展绩效指数的年度变化情况，并对其未来发展提出了合理可行的对策性建议。杨华祥著的《中国传统治理经验及其现代转换研究》，在深入梳理中国古代治理思想主要内容及其发展历程和分析了中国历史上兴衰治乱的深层原因的基础上，提出在新时代国家治理现代化要坚持实事求是和人民至上的原则，推进传统治理思想的创造性发展和传统典章制度的创造性转化，助推国家治理体系和治理能力现代化走向完善。李钊著的《国家治理现代化公共行政理论创新研究》，将公共行政置于国家建构的广泛背景之中，用社会合作型组织取代官僚制模式，依靠多维度运作的模型使公共行政切合现代社会领域分化的趋势，以期在使中国国家治理各项目标切实可行的基本前提下，借助公共行政的媒介塑造各社会领域的内在秩序，把中国文化和制度的宏观建构推向新的高度。

  本丛书的出版将是国家治理领域的重大研究成果，在学术上有利于深化和拓展对国家治理理论的研究，在实践上可以为推进国家治理体系和治理能力现代化提供参考。

华中科技大学国家治理研究院院长
华中科技大学哲学研究所所长
国家万人计划"教学名师"

2020 年 6 月于武汉喻家山

目 录

绪论 / 1

    一、通往公共行政哲学的道路 / 1

    二、公共行政哲学与社会变革 / 4

    三、公共行政哲学的自然经验重构 / 7

第一章 公共行政的替代性理论资源 / 10

    一、合法性问题与批判理论传统 / 11

    二、合理性问题与实用主义哲学 / 17

    三、自然经验对两种理论的整合 / 24

第二章 以变革为导向的公共行政哲学 / 33

    一、公共行政研究的变革基础 / 34

    二、导向变革的理论形态 / 42

    三、行政研究的变革目标 / 51

第三章 变革型公共行政的问题意识 / 65

    一、公共行政研究的古典渊源 / 67

    二、公共行政研究的现代背景 / 81

    三、公共行政研究的当代处境 / 91

    四、小结 / 103

第四章 变革型公共行政研究的合法性 / 110

    一、变革型公共行政的研究范式 / 111

二、变革型公共行政的语言模式 / 124
　　三、变革型公共行政的理论关涉 / 132
　　四、小结 / 149

第五章　变革型公共行政的政治建构 / 153

　　一、变革型公共行政的历史分析 / 155
　　二、变革型公共行政的价值分析 / 163
　　三、变革型公共行政的个体原则 / 172
　　四、小结 / 183

第六章　变革型公共行政的组织建构 / 185

　　一、变革型公共行政的组织经验 / 186
　　二、变革型公共行政的组织原理 / 204
　　三、变革型公共组织的职权建构 / 230
　　四、小结 / 256

第七章　变革型公共行政的社会建构 / 261

　　一、变革型公共行政的人类模型 / 263
　　二、变革型公共行政的社会模型 / 277
　　三、变革型公共行政的运作原理 / 293
　　四、小结 / 312

第八章　通往社会变革的行政哲学之路 / 314

参考文献 / 326

后记 / 330

绪　论

> 哲学家们只是用不同的方式解释世界,而问题在于改变世界。
> ——摘自马克思《关于费尔巴哈的提纲》

一、通往公共行政哲学的道路

公共行政在中国绝不只是专注于管理技术的研究人员的事业。当公共行政的学科地位于20世纪前后正式确立的时候,西方文化和制度已经在独特的历史和思想的塑造下展现出多维度复杂交织的稳定结构。在各个社会领域的治理潜能得以充分实现并表现出持续稳定的整合趋势的基础之上,大型城市的管理对公共行政提出了专业化和技术化的要求。遗憾的是我国尚不具备这种使西方公共行政逐渐确立其正统范式的背景条件。现代中国的建立是被救亡和启蒙两种根本动力所推动的。在革命和战争的历史进程中,救亡逐渐压过了启蒙。我国在不断回应混沌无序之噩梦的过程中,发展出具有整体性的文化与制度。这种宏观结构在优先确保强大社会整合力量的前提下,容易忽视各个社会领域内在秩序的建立。如同儿童若透支其各个阶段的成长模式与目标,就无法发展出健全的人格。公共行政如果在各个领域尚未得到充分发展的前提下就盲目跟随西方的技术化进程,则可能导致阻碍我国社会朝向高度分化的规范性结构发展的不利后果。

  我国公共行政的主要使命并不是去回应高度分化之现代社会的技术要求,而是在公共治理各项目标切实可行的基本前提下,去塑造各个社会领域的内在秩序,从而将文化和制度的宏观建构推向新的高度。如果我们对中国过去一个多世纪发生的革命和战争只字不提,而仅仅只是关注20世纪90年代以来在经济高速稳定发展的背景之下所展现的活力,就是放弃在社会和历史的宏观背景中去理解和塑造真正具有中国特色的公共行政领域之要求。对这种复杂背景的关注,要求超出西方理论为公共行政研究所设定的狭隘界限,以哲学家的视野在相互冲突的可能性中去建立我国公共行政独具特色的反思方式。这与法约尔、泰勒和西蒙这些公共行政领域正统文献的贡献者在美国所开创的传统大相径庭,但是和黑格尔及马克思这类哲学家在欧洲所投身的事业高度相似。就我国当下的实际需求而言,最为稀缺的是像拉莫斯和法默尔这类具有伟大哲学关怀的行政学家,而不是像奥斯特罗姆和古立克这些在特定社会文化与经济制度的背景之下著书立说的专家。因此,对公共行政进行哲学研究是对我国改革和发展呼召的历史回应。

  哲学应当围绕公共行政中最根本、最棘手以及最经久不息的问题展开有意义的对话,以建构这门学科的真正身份。自沃尔多和西蒙之间的争论出现后,西方学界围绕公共行政的身份认同持续了长达70年之久的拉锯战。数学、物理学、法学和神学等领域早在发展的最初阶段就已经确立了各自的身份,但公共行政时至今日依旧需要面对其身份危机。很多学者从经济学、心理学、社会学和政治学中借鉴某些原则和方法,将它们按照公共行政领域的个体原则整合起来,以从混沌不堪的文献和样式中将这门学科的身份建构出来。但是这类被建构起来的身份是不稳固的,随时可能招致批评和攻击。事实上那些古老学科的身份认同都源自反思的自我意识,而非方法或应用方面的外在标准。只有当公共权威不再被心照不宣地行使，博学之士开始讨论统治原理的时候，政治学才具备了这种自我意识。只有当信仰与社会生活的表象出现裂隙，敬虔之人开始为抵抗异教而建立论辩体系的时候，神学才表现出自我意识。只有当对存在者的物性研究不再是宗教体系的衍生品，科学先驱开始按照独立的原则界定事物原理的时候，物理学才拥有了自我意识。所以公共行政必须从现存社会秩序为其定制的功能和模式中分离出来，并且能够将这个领域最基本的构造问题化，才能获得同样的自我意识。这种自我反思的研究图式已经超出了社会秩序为公共行政所设立的学科限制。只有哲学能够突破这些限制，在更为广阔的思想领域重新界定公共行政。因此公共行政要建构其身份认同，就必须允许哲学照亮这个领域最基本的问题。

当哲学研究与公共行政发生真实接触时，就会把公共行政这个领域引导到（渐进的）社会变革的方向上。对公共行政进行哲学研究的目的是通过省察这个领域的根基，在根除混淆和扭曲之源头的前提下，按照真理的秩序将该学科的话语体系建立起来。自从以荷马与赫西俄德为典范的歌颂公共德性和伟大业绩的诗歌衰落后，哲学才开始进入公共事务的领域。这种新兴的研究方式，要用持续推进的批判性追问去替代颂赞和暗喻，以新的形式培养和教育公务人员（城邦卫士）和普通民众。批判性追问所针对的必然是那些用以支撑现存秩序的意见或者信念，而正是这些意见或者信念表述并强化着现存秩序之中不平衡的权力结构与不合理的社会关系。但是，哲人在任何处境中都会委身于用知识取代意见和信念、用真理取代激情和欲望的事业之中。马克思对经济学的研究就体现出这项事业的要求。他从未满足于西方经济学的基本范畴，而是通过揭示被技术规定所掩盖的内在冲突，使这些范畴（例如价值和使用价值、生产力和生产关系等）提升到概念的水平（即哲学思辨的层面）。当这种内在冲突（或矛盾）被自主行动者的共同体（无产阶级）所把握的时候，就能将政治经济学引导到促进社会变革的方向上。因此公共行政的哲学研究也需要以马克思的经济学研究为模板,在哲学层面反思和重塑该领域的知识与话语,将公共组织与治理作为不断改善人类处境的途径。

二、公共行政哲学与社会变革

本书采用最古老的含义来界定哲学。在古希腊语中,哲学被界定为对智慧的爱。这里的智慧并非某个主题的学科知识,而是基于实在真理对特定领域所获得的深化理解。柏拉图曾经借着苏格拉底的言说对这种研究作了最佳的诠释。他认为从事爱智慧活动的人总是处于智慧和无知之间。把哲学作为事业的人不像神祇那样已经占有智慧,也不像无知之徒那样满足于智慧的缺乏,他们永远在追求真知的过程之中。这意味着对公共行政进行哲学研究绝对不是将某种哲学观念或体系从外部施加在公共行政领域之上。假若苏格拉底在当代研究公共行政,他定会以无知者的姿态进入到这个领域。因为除了争论本身,他不会满足于同意任何事情。所以当落实到公共事物的时候,哲学并不会用某种新的信息来改造公共行政。公共行政的哲学研究只会对这个领域已有的信息进行反思、限制和组织,以获得对行政行为和公共组织更加深入的理解。所以本书不会以效法黑格尔的方式,把公共行政的概念及其现实化当作对象。尽管本书会引入批判理论与实用主义,这些传统理论也都包含了某些公共行政的概念。但是这么做并不是为了从这些哲学观念中推出某些公共行政原理,而是为了推动和公共行政有关的富于意义的对话,使这个领域得以建立在深思熟虑的基础之上。

本书旨在以哲学的方式反思公共行政。该领域通常被视为特定的主题,而不是某个学科。后者侧重于自然或社会现象的单一维度,前者则更多地与这些现象所涵盖的领域有关。公共行政的相关文献呈现出从多个学科向相同主题汇聚的趋势。由于该领域缺乏认识论和方法论的共识,所以只能通过主题而非方法对其作出界定。尽管从不同学科的视角研究政府所获得的应用知识在彼此之间只存在有限的关联,但这并未阻碍公共行政的发展。由于较少受到恒定方法或范式的捆绑,公共行政相较某些具有明确身份的社会科学(比如经济学)更富于论辩性,所以这种研究能够使人对政府具有更加全面的理解。因此本书认为公共行政是为生产应用知识而从多学科或跨学科的视野对政府所进行的研究。该主题至少包括以下三个组成部分:(1)与准备过程以及制定、颁布和实施法律等环节有关的行政行为;(2)公共组织中由非人格化规则所主导的科层式的运作模式;(3)公共部门与社会结构的衔接与整合。公共行政还与关注于成本与产出的公共管理,以及通过公共部门与非政府行动者之间的协作施行治理等领域有关。但因以上问题与社会变革的目的最为相关,所以本书会围绕这三个方面提出公共行政哲学原理的基本架构。

  变革是对公共行政进行哲学研究的向导。唯物辩证法否认人类思想和行动的任何后果都具有最终的性质,任何贯彻该原则的哲学反思都是变革型的。恩格斯认为变革是在德国唯心主义哲学体系瓦解的基础之上所形成的哲学进路。其基本思想是:"世界不是既成事物的集合体,而是过程的集合体,其中各个似乎稳定的事物同它们在我们头脑中的思想映像(即概念)一样,都处在生成和灭亡的不断变化中"。[①] 这里符合期待的变化并不完全是指劳动生产和管理效率方面的提升,而是对用以限制人类可能性的现实秩序进行具有根本重要性的调整,使人类的处境得以在符合真理秩序的方面获得本质改善。所以变革型的哲学研究可以被界定为:从存在事物的实证条件出发,推动现实秩序朝向真理秩序发展的反思活动。因为公共行政与社会秩序也和哲学认识类似,永远

---

① 恩格斯.路德维希·费尔巴哈和德国古典哲学的终结[M].中共中央马克思恩格斯列宁斯大林著作编译局,译.北京:人民出版社,2009:298.

不会终结在任何实证形式中,所以变革在本书中既指公共行政自身的重构,也指社会环境因公共行政的变革塑造力而发生的变化。因此始终贯穿本书的基本理念是:通过变革公共行政,推动整个社会系统朝向符合规范的方向发展。

　　本书通过恢复自然经验在理论和实践中的基础性位置来推进公共行政朝向真理秩序的变革。自然经验是人类的初级经验,也就是人们所具有的前理论的生活经验。这个范畴是作为理论(尤其是实证社会主义科学理论)的对立面提出的。很多现代哲学家都注意到理论不可避免地将某种理性范畴从外部强加在经验之上,而将理论研究所获得的知识直接应用到公共行政领域就必然会导致破坏性的实践。由于审美能够将通过知性范畴得以运作的理性机能悬置起来,所以这种体验能够暂时将智识从理性的强迫中解放出来。正如尼采所言,唯有作为审美现象,(包括公共行政在内的)此在与世界才是永远合理的[①]。但是审美仍然因受限于直接当下的生存,而无法在现实中把握人类存在的具体性、矛盾性和复杂多样性。而只有在自然经验中,人类才可能遭遇到这种现实性。由于包括理论研究和审美活动在内的各个模态领域都汇聚到自然经验的整体中,所以这个范畴通达真知的可靠路径。公共行政人员正是在日常的活动而非在理论研究中,才作出判断、承担责任并操练技能。只有在自然经验之中,公共行政人员才可能获得最为可靠的知识。尽管人们从自然经验中所获的所有知识并不都是正确的,但是这种前理论的经验是通达真知的必要途径。即使是理论研究所得出的专业知识也只能在实践中,通过其在自然经验中的运作而得到检验和修正。正如萨内蒂曾经断言变革型公共行政是将专业知识与经验知识重新联合起来的实践模式[②]。因

---

① 尼采.悲剧的诞生[M].孙周兴,译.北京:商务印书馆,2012:48.
② Zanetii Lisa A. At the Nexus of State and Civil Society: The Transformative Practice of Public Administration[M]//Cheryl Simrell King, Camilla Stivers, and Collaborators, Government Is Us: Public Admnistration in an Anti-Gpvernment Era. Thousand Oaks, CA: Sage, 1998.

此只有通过哲学研究使公共行政的理论和实践不断向自然经验归正,才能够推动该领域的现实秩序朝向真理秩序变革。

三、公共行政哲学的自然经验重构

本书分为三个主要的部分。其中第一部分(1—3章)勾勒出整个变革型公共行政的哲学原理和研究背景。第1章对本书写作动机作出澄清。作者选择通过哲学话语重新阐释公共行政,并非是为跟随某种学术时尚,而是对我国社会发展的特殊要求和学科自我意识普遍要求的严肃回应。对哲学、公共行政、变革与自然经验四个基本范畴之内涵与相互关系的阐明为本研究奠定了基础。第2章主要梳理和评述了国内外相关研究的文献。这项工作一方面证实了本研究是建立在丰富的文献资料的基础之上,另一方面又揭示了先前研究的缺乏,从而说明系统研究变革型公共行政哲学原理的必要性。第3章主要展示建构变革型公共行政哲学原理的基本思路。这个章节的首要任务是在公共行政领域与哲学论辩之间建立关联。尽管大部分公共行政的文献都忽视了对该领域哲学基础的考察,但是围绕行政合法性与合理性所进行的研究却与哲学论辩之间存在密切的关联。所以本书试图从这两个公共行政的基本问题出发,寻找建立公共行政与哲学相互关联的资源和途径。批判理论与实用主义这两种思想资源分别在哲学层面重新架构了公共行政的合理性与合法性问题。但是这两种思想传统却在纯粹哲学的层面相互矛盾。这两种思想的冲突同时揭示出它们在过度理论化的问题上存在共同的局限。本书通过扬弃这两种思想传统,以抵达更加激进的自然经验主义的立场。这种新的哲学立场将批判理论和实用主义吸收为建构变革型公共行政的两个环节,并且为切实可行地建立有利于人类多样禀赋充分发展的实证条件提供哲学基础。

本书第二部分(4—6章)的任务是建立变革型公共行政的认

识论。第 4 章通过对变革范畴的全面建构,将本研究与主流理论区别开来。彻底贯彻变革的哲学研究,必须使这个范畴主导"前理论"的设计、理论形成与研究目标的筹划和运作。经过重新构想的公共行政研究具有从现存社会秩序的角色分派中分离出来的哲学功能。第 5 章从哲学研究的自主起点上界定公共行政变革的基本目标。这个目标并非来自学科传统的专业分工,而是从哲学传统对该领域的精神关怀中所获得。所以本书会从古典哲学、早期现代哲学和当代与公共行政有关的哲学思想中诊断出公共行政领域在当下最为根本的需求和改造目标。该目标可以被表述为:公共行政应当以政治的方式,通过符合人性的组织机构,在促进规范性社会结构的方向上被重新建构起来。后面部分的研究实际上是围绕着这个得以明确界定的基本目标建立哲学话语的尝试。由于主流理论的实证主义社会科学方法和功能主义范式都会阻碍公共行政哲学研究去实现这项激进的变革目标,所以本书需要在批判主流研究的基础之上建构自身的范式和语言。第 6 章的工作就是去澄清变革型公共行政哲学研究的独特路径,并主张这种范式和语言具有完全的合法性。新型的范式和语言通过反思与整合,最终汇聚于自然经验主义的哲学方案。如果这项工作得以完成,变革型公共行政将被建造在自然经验主义哲学原理的根基之上。

本书第三部分(7—9 章)围绕公共行政研究的基本目标,按照公共组织和社会变革的基本环节(而不是哲学研究的分支领域)来建立哲学对话。第 7 章旨在将行政行为重构为以促进社会变革为导向的政治行动。要在不平衡的权力关系所支配的社会环境中通过行政行动推动富于意义的社会变革,就必须超越对现行政现象和过程的实证理解。这一章通过视域融合和价值分析界定问题并形成判断,使公共行政在国家主导职能的方向上发挥变革塑造力,以建构政治社会中权力结构的合法性。但公共行政领域的变革行动可能因压抑人类可能性的组织机构而受到挫败。第 8 章尝试按照自然经验的原理变革公共组织。这项工作首先要求脱离管理主义的观念去理解组织经验;其次需要通过在自然经验的基础之上整合冲突,为组织实践提供替代性原则;最后尝试按照自然经验的原理去改造官僚组织的职权构造,将公共组织维持在较低的匿名性程度上。当然任何机构都不是抽象的存在物,源自社会环境的结构化迫力可能会使致力于变革的公共组织受到破坏性影响。第 9 章同源构造出规范性社会结构和公共行政系统与社会的衔接方式。这一章从界定个体人格所代表的真理秩序出发,厘清这种秩序通过自然经验的媒介在社会层面所展现的多元领域的规范结构。而只有当公共行政需要按照与这种社会图景相互匹配的运作要求来进行改造时,才能够推动现实秩序朝向规范图景变革。所以公共行政系统的内部运作与其在社会规范性结构中的位置都将得到明确界定。这一部分最终建构了变革型公共行政哲学研究的整体框架。

第一章

公共行政的替代性理论资源

任何应用型社会科学领域都是人类观念的建构物。无论公共行政领域的研究者是否有足够的自我认知,这个领域都是建立在某些特殊的前提和假设基础之上的。某些在公共行政领域之内重要性的难题与这些前提和假设对这个领域基本架构的影响密切相关。对这些前提和假设的检验已经跨越了公共行政的通常边界,并且涉及本体论、认识论或者政治哲学等哲学论辩的领域。如果整个公共行政领域在根基上是存在问题的,这些问题并不会暴露在对各个层面的建造和技术设施的安装过程中,也没有办法通过施工建造的技术方案得到检验。但是当这些根本性的错误充分暴露出来的时候,通常会给整个政治秩序带来灾难性的影响。所以公共行政领域的研究者不能只是关注提高管理效率的种种技术,他们也有责任在修筑这个领域高楼大厦的同时不断检查建筑物的根基。尽管很多主流理论的研究者并不关注公共行政事务的哲学问题,但是这类问题对于公共行政具有终极重要性。本章的目的是为变革型公共行政建立某种哲学基础。这种哲学立场必须能够对公共行政的合法性与合理性这类具有根本重要性的问题作出澄清。这些澄清不仅应该是融贯的,而且需要符合人类深思熟虑的判断。这种经过澄清的哲学立场不仅能够为变革型公共行政建立根基,也能为这个领域的自我反思提供思想资源。

一、合法性问题与批判理论传统

尽管哲学论辩对公共行政领域的自我反思极为重要,但这个领域大量的思想建制都会阻碍人们把公共行政与哲学关联起来。对于很多公共行政领域的研究者而言,哲学论辩要么是不科学的,要么是与公共行政领域不相关的,但这个领域的研究文献存在显著的例外。大量与公共行政合法性有关联的文献由于涉及对特定政治秩序的评价和反思,不可避免地要涉足政治哲学领域。行政伦理的问题(本研究把行政伦理问题当作合理性问题的一个方面)由于涉及对人类本质的基本判断以及人类重大价值的问题,也有必要从哲学理论中汲取资源。这两类问题的相关领域已经得到众多研究者广泛的关注与开发,这些研究为建立公共行政与哲学的关联提供了基本材料。但是研究这两类问题所涉及的哲学观点是零散的,目前也没有学者能够在其基础上整理出融贯的哲学立场。本研究所采取的进路是阐明研究这两类问题的根本困难,搜寻能够有效回应这些困难的哲学传统,在整合这些哲学传统的基础上为变革型公共行政提供某种融贯性的哲学立场。因此本研究首先关注的是公共行政合法性问题的架构,以及主流理论和批判理论的回应。

1. 公共行政的合法性问题

公共行政领域中首个需要在哲学层面得到澄清的重大问题是合法性(Legitimacy)问题。合法性最开始是作为政治哲学领域极为古老的问题而提出的。虽然由宪法和法律所搭建的政治秩序普遍被视为特定社会中个体、关系或者组织身份和行动的正当性来源,但是这种政治秩序在哲学层面不能免除为自身良善或正当的品质进行辩护(Justification)的责任,所以从古至今的哲学家都耗费了大量的努力去为珍视公共行政运作于其中的某些特殊的政治秩序提供理由。哲学家们为政治秩序进行辩护的路径大体上可以分为两种。柏拉图和功利主义者们认为,如果某种秩序能够促进得到准确界定的公共福祉,那么这种政治秩序就具有合法性。另外一种进路是社会契约论者所提出的,他们认为如果某种政治秩序的基本原则符合人们在特定情境中通过公正的程序所作的深思熟虑的判断,那么这种政治秩序就应当被该社会每个成员所接受。在这两种路径上推动的合法性论辩通常具有极为激进的内涵。在特定政治秩序运作良好的社会中,极少有人去关注合法性的问题。但当政治秩序出现危机或者现存制度需要得到重大调整的时候,哲学家们就可能发起合法性的论辩去推动公共秩序的变革。

合法性问题不仅是政治哲学的重大问题,也是公共行政的核心问题。尽管公共行政并不等同于整个政治系统,但却是其重要的组成部分。只有合法性问题首先在政治哲学层面得以澄清的前提之下,研究者才能明确哪些原则能够被用来推动公共行政的变革。现在的问题是,在政治体制的合法性这个更加广泛的领域之中,公共行政的合法性有什么特殊的含义?如果研究者将公共行政界定为公共部门的组织和过程,那么合法性论辩只和政治体制有关。即便对公共行政进行狭义的理解,公共部门的功能和改革(行政改革、管理改革和部门改革)对政治体制的合法性也会产生显著影响。如果改革者希望公共部门运作得更好,就有必要在政治体制的整体追求中去澄清究竟什么是运作良好的公共秩序。如果研究者在更为广泛的范围中理解公共行政,那么合法性的问题就显得更加问题重重了。公共行政的合法性是否只是源自其作为政治秩序的从属身份?这种从现存政治秩序中所获得的合法性是否是公共行政唯一的合法性标准,抑或公共行政可以从实现公共利益或者促进公共价值的过程中独立获取合法性?

公共行政在促进政治秩序整体合法性的方面具有特殊的重要性。当代市场经济体制因普遍存在的不平衡运作而无法独立地解决其内在问题。经济领域的不平衡运作在当代特殊环境中不断削弱政治秩序的合法性,而文化系统由于逐渐被消费主义所侵蚀,以至于无法再为政治制度提供所需的动机。这些因素共同导致市场经济环境下政治秩序的合法性短缺。所以公共行政不仅要从由宪法和法律所搭建的政治秩序中获得合法的地位和运作,也要通过实现特定目标或者促进某些价值去创造合法性,以补偿政治秩序自身合法性的缺失。事实上用来为某种特殊政治秩序提供辩护的价值和理由往往无法在道德原则、宪法和法律的层面得到准确界定。通常只有当公共部门运作起来的时候,去界定这些价值和理由的视角才会出现。所以合法性问题不能够在政治秩序的宏观框架之内得到彻底的界定,而公共行政却能够为社会公正、平等和公民参与等服务于合法性论辩的价值和理由提供最佳的观测点。因此公共行政不只是消极地领受从现存政治秩序中已经建构的合法性,还有必要成为政治合法性建构的发起点。

2. 公共行政理论的合法性论辩

合法性问题要求公共行政以某种积极的角色去促进社会公正这类政治原则,但是这种姿态和主流理论与公共行政的工具主义界定相违背。对这个问题作出杰出讨论的是英国著名的公共行政学者赫尔曼·芬纳,他认为公共行政的合法性主要源自行政人员和机构对民选代表或者政治领袖的工具性责任。这种合法性是由外在于行政人员的机构和制度体系对他们的行为进行监督和控制来确保的。芬纳认为这种控制一方面是由法院和行政部门体系内部的纪律来实现的,另一方面是通过负责任的政府首脑在议会监督的基础之上对官员行使约束的权力来实现的。这种立场将公共行政理解为工具性管理者、利益经纪人或者政治领袖及人民代表的驯服仆人这类消极的工具性角色。① 但是部分学者认为公共行政的合法性要超出行政机构和人员对法律及政治权威的消极顺从，这种观点要求赋予行政人员更加广泛的道德责任。芬纳则认为这种内在道德意义上的责任感没有办法得到外部机构的控制和监督。当缺乏外部惩罚性监督的时候，权力滥用的行为势必损害公共行政的合法性。因此有必要对公共行政的合法性作限制性的解释，并且尽可能对公共行政行为的每个细节进行外在的监督和控制。但是这种观点阻碍了公共行政对政治秩序合法性短缺问题的回应。

在主流理论的范围之内，弗里德里克是芬纳在这个问题上的主要论敌。他认为对公共行政的合法角色进行狭隘的工具性理解，是对古德诺在国家意志的表达和国家意志的执行这两种基本政府功能之间所作区分的圣化。弗里德里克对国家意志这个新黑格尔主义的形而上学概念极为反感，他反对这个概念的主要原因是出于认识论的考虑。对于弗里德里克而言，公众意见的形成和汇聚是持续的过程，在先验条件下所开展的政策制定活动并不能够穷尽这个过程的全部。政治和行政在政策的制定和执行过程中扮演着连续的角色。通常只有当执行过程开始的时候，公共正义或者各种公共善才可能得到真正的界定。对于弗里德里克而言，任何类型的行政管理者具有超然于政治事务的观点，都不过是知识精英的自我欺骗。在这种具有实用主义色彩的认识论前提下，行政人员不能只充当消极执行法律和公共政策的工具性媒介，他们还需要对公正或者公共善进行评估并作出判断，这些环节成了行政人员开展职权行动的基础和向导。这种理解使整个公共行政领域都被赋予了更加广泛的政治或者道德方面的责任。因此公共

---

① Wamsley G, A Public Philosophy and Ontological Disclosure as the Basis for Normatively Grounded Theorizing in Public Administration[M]//Wamsley G L, Wolf J F, Refounding Democratic Public Administration: Modern Paradoxes, Postmodern Challenges. CA: SAGE Publications, 1996: 351-401.

行政不仅要从其对政治秩序的工具性驯服中获取合法性，还需要回应政治合法性本身的问题。

与芬纳相比，弗里德里克在更加广泛的领域中界定了公共行政的合法性角色。但是即便部分学者接受弗里德里克所提出的行政人员模型，主流理论仍然缺乏在当代社会环境中描述政治秩序的手段。如果缺乏界定公共行政中政治合法性问题的手段，那么赋予行政人员广泛的行政裁量权去承担政治或道德责任的做法就是不合理的。对研究者描述政治秩序真实境况构成重大阻滞的是主流理论中的技术主义倾向。这种倾向将行政事务描述为技术行为的特殊类型，并主张技术专家因其专业知识和价值中立的立场而应在广泛的行政事务中拥有权威。主流理论中的技术主义倾向通常会导致对社会关系的忽视，而公共组织和行政过程都是建立在这些社会关系的基础上的。当研究者普遍认为能够通过实际有效的技术控制手段去解决与公共行政有关的所有问题时，本质上只能在社会关系和政治秩序的层面才能得到界定的合法性问题就被彻底排除在主流文献的关注之外了。主流理论之中的技术主义倾向阻碍着研究者在更为广阔的秩序视野中反思公共行政的合法性问题。因此公共行政的合法性问题呼召主流理论脉络之外的思想资源的响应。

3. 公共行政中的批判理论

目前能够在更加广泛的政治秩序和社会关系的背景之中有效回应公共行政合法性问题的是批判理论的研究。批判理论是指那些建构可以面对当下关键社会与政治问题的体系化与综合性社会理论的尝试的总和。这种理论最初是作为针对当代资本主义现代性的马克思主义批判而出现的，其后来在回应20世纪社会变迁的过程中逐渐偏离了马克思主义的正统学说。这种理论在20世纪30年代创立的时候，就把自身的根基设立在传统理论之外。传统理论倾向于通过自然科学的方法，在社会事务之中实现统一与和谐。但是由于合法性问题向来都是在相互冲突的权力、关系和价值中得到界定的,所以传统理论没有办法为分析合法性问题提供合适的理论架构。与之相对,批判理论则致力于展现观念、理论立场以及社会环境之间的关系,尝试在特定背景和历史中考察观念在社会过程中的源头。这种理论能够通过界定公共行政理论和实践所巩固或促进的特定政治秩序,将公共行政纳入政治哲学的广泛背景的考察中。

批判理论在公共行政领域的主要应用是重建该领域和政治合法性问题之间的内在联系,这种联系曾经被支配主流理论的技术主义倾向切断了。批判理论家认为,把政治事务转变为技术问题是公共治理的现代性筹划。这使得大量公共事务不再需要在政治上形成深思熟虑的判断,而只是成为由科层制组织的技术专家用各种技术手段去解决的技术问题。① 在哈贝马斯等人看来,推动这种去政治化过程的专家统治意识是一种新的意识形态。这种意识形态发挥着掩盖问题、钝化感知、简化选择、为既定秩序进行辩护等政治功能。这些功能限制了研究者与公众、公共行政合法性问题的真实规模相互接触。如果行政人员的职责仅仅只是去处理阻碍社会和经济体系运作当中的技术问题,他们就无法把握其工作所巩固或促进的政治秩序的类型,而批判理论的公共行政研究则能够使行政人员更好地理解其行动所造成的后果以及在政治上的局限。② 因此批判理论的价值在于为人们思考合法性问题提供适合耕作的平台和背景架构,在政治哲学的层面对公共行政领域进行反思和批判。

批判理论能够将公共行政领域的研究导向社会变革的方向。批判理论的分析将揭示出公共行政的维持、发展和控制的形式,其实发挥着保存和维持个体之间、公共部门乃至全社会经济和权力

---

① 乔纳森·特纳.社会学理论的结构[M].邱泽奇,等译.北京:华夏出版社,2006.
② Denhardt R B. Theories of Public Organization[M]. StamTord:Cengage Learning,1984.

之间的不平衡状态。但这类分析并没有局限在解释学那种纯粹的认知兴趣之中,而是发展出某种改变行政现实的实践。换言之,批判理论不仅要为公共行政提供某种替代性的解释进路,更要彻底改变这个领域僵化的性质。如果研究者只是满足于将行政现实还原到社会关系或者政治秩序的背景、源头或者基础之中,那么这种解释就成为了与自己相分离的独立王国。所以这个事实基础本身不是主流理论从客体或者直观的形式所把握的那种事物或者现实,而是在现实的矛盾当中得以呈现的事物与自身之间的关联。由于人类只能在实践行动中遭遇到这种矛盾,所以公共行政合法性问题在本质上并不是某种抽象的形而上学问题,而是为变革行动或者理论的实践形式所架构的。因此,如果从批判理论的传统去思考公共行政,那就是从变革实践的出发点去重构这个领域。

二、合理性问题与实用主义哲学

除了与公共行政合法性有关的文献之外,行政伦理问题也引发了哲学层面的论辩和关注。但是这个领域的大部分文献所关注的都是行政人员道德的实证形式以及有助于实现行政责任的机制。研究者可以通过对各个伦理学结论进行概览而提取与公共行政领域的伦理责任相互适应的内容。尽管这些讨论是必要的,但是它们很少涉及对当代公共行政组织形式基本模型与假设的设疑。道德判断和伦理实践是人类自然禀赋的重要组成部分。事实上有些行政人员的伦理失范只是偶然现象,而有些现象则是由体制性的原因所导致的。只有关注到后者才可能使研究者提出:当代具有支配地位的组织生活是否对人类发展道德判断和承担责任的潜能构成了体制化的阻碍?马克思曾经对这类问题作出了经典的诊断。他认为生产力需要某种愈加复杂、机械高效的组织形式;由于这类组织对个人所施加的越发严重的异化影响力,个人的本性和禀赋受到了压抑和破坏。只有这类质疑和批判才能使公共行政的伦理问题引发重大的哲学关注。由于组织在某个方向上的合理化要求与人类自我完善和发展已经超越了个人道德的层面,更广泛地涉及行政过程与组织运作的合理性方面,所以本节研究将围绕公共行政合理性问题展开。

1. 公共行政的合理性问题

公共行政不仅需要在政治秩序的外部环境之中得到辩护,还需要在切实可行地运作这个内部标准的审判台前为自身辩护。这意味着公共行政不仅需要关注合法性的问题,还需要建立在合理性辩护的基础之上。合理性问题与合法性问题类似,都是需要在哲学层面进行澄清的重大问题。这个问题不是关注的某种行动、关系或者事物是否能够促进在道德上得到充分辩护的政治秩序,而是关注这些实在是否被限制在人类自身处境的范围之内。合理性问题的架构在现代主要是由康德的主体哲学所提出的。康德所建构的主体的概念首先具有通过理性认知现象的能力。具有普遍有效性的知性范畴能够确保人类知识的可靠性,而这种人类存在的理性能力为指导个体或集体行动的科学知识提供了基础。但另外一方面,理性主体的概念又是人类道德和伦理的基础。人类个体因具有至高无上的尊严,而被康德视为道德行动的绝对发起点和任何行动的最终目的。这意味着社会行动或者关系要将其影响所辐射的任何人类个体都视为目的而非手段。因此合理性的概念意味着任何关系或者事物既要提供人类在特定处境中行动所必要的可靠知识,还要符合以人性化的方式相互对待的道德要求。

合理性不仅是哲学本体论的重大问题,也是公共行政的核心问题。由于公共行政是国家治理结构的重要组成部分,所以这个领域的合理性与特定地域之内最普遍人类群体的整体处境密切相关。只有当公共行政的特征符合深思熟虑的合理性标准的时候,行政过程和公共组织的实证形式才是可以接受的。合理性首先意味着公共行政体系要具备为实现公共目标而进行管理的知识和手段；还要求公共行政的运作要将所有个体视为最终的目的来对待。康德哲学体系中理性和认知主体的概念为公共行政的研究者和实践者获得设计行动方案所需要的知识提供了哲学基础；另外，康德实践哲学的道德律，又严格要求公共行政所涵盖的所有个体都得到具有最高尊严的同等对待。因此合理性为公共行政提出了两个方面的要求：一方面，公共行政的研究者与实践者要提升科学认知社会现象的能力。这既有利于政府提供更加广泛的公共服务，又使公共组织的运作更具效率。另一方面，人们运用公共权力、制定公共政策或者设计组织模式的时候，都应当尊重某种道德界限，以确保公共行政的运作符合人性化的根本要求。

公共行政的合理性问题具有悖论的性质。复杂性的概念有助于研究者识别这个悖论。卢曼认为世界包含着体验和期望的广泛可能性，但是仅存在有限的可能性能够被认识、处理为信息或被行动所俘获。① 复杂性是指与已经获得了的现实化的可能性相比，总是还有其他更多的可能性存在。任何系统要想在复杂的社会环境中发挥行动导控的能力，就必须具有降低环境复杂性的功能。例如法律规则和宗教条例就能够通过限制自我理解与自主行动的可能性，在特定的社会系统中规范和组织社会行动。尽管当代公共行政很少从不受质疑的基本原则或者宗教禁忌出发，但是这个领域在社会系统之中的有效性还是依赖于能够降低环境复杂性的认知手段。政治经济学和实证主义社会科学就是当代公共行政用以降低环境复杂性的手段。公共行政要想在应对当代社会环境复杂性的问题上具有合理性，就必须利用这些认知手段去将复杂性降低到使组织运作和治理实践成为可能的限度之内。但是由于人类在哲学层面被理解为自由行动的发起点，所以个体之中包含最高程度的复杂性。公共行政要在人性化的方面匹配合理性的要求，就要尽可能将受治理行为和组织实践所影响的每个人最广泛

---

① 卢曼.法社会学[M].宾凯,赵春燕,译.上海:上海人民出版社,2013.

的平等基本自由体系纳入进来。但是这类做法同时也会导致系统复杂性的增长,从而阻碍公共行政在有效性方面实现合理性。因此,公共行政的合理性是一个自我矛盾的概念。一方面,公共行政需要通过对现象进行准确评估的认知手段去降低社会环境的复杂性,使组织实践和治理行动能够行之有效;另一方面,公共行政还需要将人类自身的高度复杂性纳入考虑,使其和人类自我实现的基本要求相互适应。

2. 公共行政理论的合理性论辩

主流理论认为通过认知手段降低环境复杂性是行政合理性的主要源头。西蒙为这个立场作了具有代表性的辩护。他用以支撑该主张的立场是有限理性的假设。西蒙认为,人类处理信息和解决问题的能力是有限的,但是环境却具有高度复杂的特征。如果缺乏施加在环境之上的必要限制,人类就无法作出决定或者进行管理。由于管理行为所需要的信息量与可替代的决策方案的数量极为巨大,孤立个体的行为不可能达到高度的合理性。只有当必要的假定与前提被提出来的时候,行政行为才能够实现合理性。这些假定和前提属于人类刻意设计的社会结构,其为有限理性的人类提供了某种可以理解的、合理稳定的环境,以便人们思考、行动和创造。所以组织设计者就必须通过界定组织目标、设计假定与前提为个体提供理性行动的环境。只有在这种人为建构的理性环境中,人类行为才是可以预测的。人们可以基于这种可预测性获得有关人类行动和社会现象的描述性知识,并通过对人类行为理性维度的描述性研究去拯救人类自身的处境。因此,通过认知理性化,主流学者倾向于将行政合理性的概念等同于个体行动、组织决策和运作的理性化,而组织环境和决策的理性化会将行政合理性的问题引到如何提升行政效率的方向上。

虽然"如何通过理性的认知提升行政效率"的问题主导着公共行政的合法性论辩,但是行政合法性的另外一个维度也逐渐受到了关注。自首次明诺布鲁克会议以来,部分学者开始转向研究行政过程中的道德伦理以及组织生活中人类自我实现这类问题。他们不仅研究什么使组织更加有效,还关注使组织的运作更加人性化的条件和方案。如果要使研究者更多地从人类自我实现的维度去理解行政合理性的问题,就必须对以西蒙为代表的主流理论架构合理性问题的方式进行批判。克里斯·阿吉里斯是这些批判者当中的代表。他认为如果组织设计和管理理论不能将人的问题涵盖在内,组织卓越的表现就难以为继。[1] 而西蒙的理论显然没有对能够更为全面地反映人类自我目的性的模型予以充分重视。阿吉里斯认为西蒙的理论对理性的强调往往忽略了那些悬置理性并依赖于信念的直觉和行为。但是人类作为以自我为目的之位格,不仅具有根据目标选择手段的理性能力,还能感知周遭的环境;时常经历混沌;以自发的方式表现自身;发生未经计划且无法解释的反转;进行自我分裂而非融贯地进行思考;等等。如果将这些因素都纳入合理性的范畴,这会使研究者和实践者暴露在深刻的复杂性面前。但是,如果片面地为追求组织化和效率的结果而去用理性化的方案把自发的行动转变为机械的和可预测的行为,[2] 建立在这个基础之上的组织模式就会通过压制个体的自我实现而降低人类作为自由行动发起者的丰富可能性。因此人类位格的自我目的性要求研究者将自我实现作为行政的合理性的重要指标。

阿吉里斯和西蒙围绕行政合理性问题的争论是20世纪70年代公共行政学界的重要事件。但遗憾的是,这场争论并没有促成富于意义的结果。阿吉里斯所期待的争论双方针对同样现象所展开的联合研究并没有出现,他与西蒙的对话也并没有增进人们对行政合理性问题的理解。从这场争论的开始,西蒙似乎就将批评

---

[1] Argyris C. Organization Man: Rational and Self-Actualizing[J]. Public Administration Review, 1973, 33(4): 354-357.
[2] Argyris C. Some Limits of Rational Man Organizational Theory[J]. Public Administration Review, 1973, 33(3): 253-267.

的矛头指向了阿吉里斯从未主张过的观点。他将阿吉里斯的观点描述为狄俄尼索斯的世界，那个世界将理性视为阻碍人类自我实现的枷锁。但事实上阿吉里斯从来没有彻底否定理性在促进行政合理性方面的价值，他的目的只是找到对理性与自我实现这两种合理性进行整合的方案。不过在如何界定以人类自我实现为导向的规范性立场的时候，阿吉里斯转向了马斯洛的心理学。马斯洛更加关注于人类的潜能在自我实现过程中的重要价值。他认为分析性概念无法把握人类的潜在可能性，所以这些概念不足以为人类自我实现提供具有意义的规范性立场。这意味着如果研究者要尝试提出某种具有规范性的人类模型，就需要抛弃描述性的立场以及借助这种组织化的意识。如果需要打破旧的行政秩序对个体的压抑和束缚，以设计出为人类自我实现创造更多机会的组织形式和政策实践，就有必要去否定那些通过人类的理性活动建立起来的种种结构。因此，阿吉里斯和他的论敌西蒙一样，都没有找到能够使行政合理性问题的两个维度彼此兼容的路径。

3. 公共行政中的实用主义

围绕公共行政合理性问题在理论上展开的争论并没有产生富于意义的结果。尽管传统的理论路径在试图整合公共行政合理性两个维度的方面是失败的，但是西蒙还是认为我们所生活的社会在人类自由和社会限制之间保持着某种精致的平衡。[①] 这种论断在人类历史的多数时期都是适用的，但是阿吉里斯对当代组织化社会人类自我实现紧迫性的洞察也是真实的。其实西蒙也并不否认组织和公共行政的合理性存在向人性化方面发展的需要，他只是认为在没有可靠指引的前提之下就去破坏当前有序的权威结构并舍弃对理性过程的依赖是不明智的。所以公共行政合理性问题

---

① Argyris C. Organization Man: Rational and Self-Actualizing[J]. Public Administration Review, 1973, 33(4): 354-357.

的实质并不是界定两个维度的优先秩序,也不是在特定环境之中确立二者的选择原则,而是如何去改善行政和理性的境况。由于其并不符合传统理论探索结构问题的方式,所以没有任何一种传统理论能够解答这个问题。在哲学层面,如此架构的合理性问题并不追求某种确定的知识形式或者有效的行动方案。如果研究者选择从社会行动或希望的角度,而不是从思想的种种建制物去界定公共行政合理性的问题,那么他就已经从传统理论转变为实用主义立场。

在实用主义者眼中,公共行政的合理性不是在理论与经验之间建立静态关联的合理性,而是某种现实的合理性。从处境之外对表现进行测量只能获得有关现实的静态抽象的肖像画。正如弗里特所言,没有什么比静态目标的概念更具致命灾难性了。[1] 这意味着在公共行政合理性的问题上,并不存在某种理性结构与自我实现之间相互兼容的静态关系等待着研究者去发现。事实上自我实现的潜能并不是人类天生具有的品质。对于公共行政的研究者而言,人性是一个悬而未决的问题。在这些潜能与现实世界相互作用之前,研究者无法界定这些潜能的具体内容。同样,某种理性化的社会结构或者决策安排既可能是像西蒙所说的那样为自我实现提供基本条件,也可能像阿吉里斯所说的那样成为人类自我实现的阻碍。在个人与理性建构物在现实中遭遇之前,这类结构或安排对公共行政合理性所产生的效应也是悬而未决的。只有在实践的过程当中,那些为促进公共行政合理性的设计才能够得到检验和评估。所以研究者应该拒绝任何针对公共行政合理性问题的静态解决方案:他们不应该像西蒙那样通过理性所建构的社会结构去降低环境的复杂性,以确保人类的行为符合理性;也不应该像阿吉里斯那样认为应当把情感这类具有更高程度复杂性的概念考虑进来,以增加人类自我实现的可能性。只有在实践的动态过

---

[1] Follett M P. Community Is a Process[J]. The Philosophical Review,1919,28(6):576-588.

程中才会出现界定行政合理性问题两个维度的真正视角。

实用主义能够将公共行政领域的研究导向社会变革的方向。与批判理论所诉诸的激进社会变革的类型相比,实用主义者在公共行政领域所倡导的变革通常会使人联想到渐进社会工程的概念。但这并不会阻碍研究者预测到实用主义思想可能会给公共行政领域所带来的激进变革,这种变革更多地与人们关于公共行政的特征和架构之基本方式有关。由于实用主义者相信对方案的评估乃至于对问题的界定都必须在经验的动态过程中才能真正实现,所以他们把公共行政理解为围绕公共事务的持续性实践,而不是对静态技术的应用活动。从将现实视为不断发生的动态过程的实用主义立场来看,公共行政并不像其向世界所呈现的那般坚硬。机构成员之间所发生的互动交织不断躲避着那些为维护完全控制所作出的最积极的努力。尽管研究者们不断搜集数据、检验评估并且作出预测,但是绝大多数行政生活的动态过程都没有被主流理论所把握。这些重要的行政现象并非消极地驻留在某处等待着研究者去发现,它们是在动态的创造性过程当中不断涌现的。因此尽管很多实用主义者们在推动具体改革方案的事上谨小慎微,但是这种哲学对公共行政领域认识论和方法论的改造却具有彻底激进的变革意义。

三、自然经验对两种理论的整合

公共行政理论通过合法性与合理性问题同哲学发生关联。由于对这两个问题的界定和研究都超越了传统理论话语的规模,所以本研究只能在公共行政研究的主流范式以外去寻找解答这两个基本问题的方案。经研究发现,批判理论能够通过将公共行政置于政治经济的复杂背景之中,去审查该领域所促进的政治秩序类型。这为研究公共行政的合法性问题开辟了道路。而实用主义则为在社会实践的动态环境中重新界定公共行政合理性问题的两个维度贡献了富于启发的方案。通过将批判理论与实用主义吸收到公共行政的话语中,就可能在公共行政与哲学反思之间建立关联。但是要通过整合这两种思想去建构公共行政哲学的话语仍然困难重重。尽管批判理论和实用主义在推动公共行政变革的政治倾向上具有某些共通性,但是这两种思想在纯粹哲学的层面却存在着显著的矛盾。这意味着研究者如果将它们等同视为行政哲学的根基,则几乎不可能获得一种融贯的哲学理论。这两种理论的矛盾既能反映它们彼此之间的差异,也能揭示其共享的前提。而这个前提就是批判理论与实用主义共同的局限。研究者只有通过扬弃这个前提,才能够在新的思想平台上建构真正的公共行政哲学。本研究将这个平台称作自然经验主义,在其基础之上所建构的公共行政哲学具有激进变革的特征。

1. 实用主义对批判理论的否定

多数实用主义者都会认可批判理论的基本前提,但是他们马上会发现批判理论家们用来推动社会变革的基本预设背叛了这个前提。实用主义者与批判理论家所共享的基本前提根植于社会建构主义的激进形式中。批判理论家相信所有思想观念和社会实在都是更加广泛之秩序背景的社会建构物。这个前提是批判理论架构行政合法性问题的基础,但是激进的社会建构主义也对批判理论家的社会变革路径提出了挑战。如果所有的话语体系、理论范畴和社会制度都受到人为建构的社会结构的影响和控制,那么就不存在可资利用的语言形式可以主张自身是免于缺乏合法性的社会秩序之调整的。如果缺乏公正、平等、自由和解放这类概念,究竟应该如何获得具有合法性的政治秩序的概念呢?实用主义者选择坚持激进社会建构主义的前提,他们会放弃任何在理论上去澄清某种政治秩序合法性的尝试。由于他们相信只有在实践中,那些推动理论建构的目标、价值和利益的范围才能够得到准确界定,因此像扎内蒂和金这样持实用主义立场的学者通常会根据社群关注以及解决眼前问题的有效性来选择和发展理论。只是这种方案实际上是用合理性问题取代了合法性问题。

但是合法性问题具有独立的重要性,研究者不能按照合理性问题的处理方式去发展或解决合法性问题。无论人们对那些受到合法性辩护之观念、价值和规范的内容存在怎样的差异,合法性都以相同的方式对人类行动产生着真实的影响。如果将公共行政理解为人类联合行动的特殊形式,那么合法性就是这类行动的内在生命力与真实开端。只有当公共行政人员确信自己的行动是在回应某种合法秩序所发出的呼召,他们才能够在各自的工作中找到内在的意义。此外,合法性论辩的功能是为了防止实践中的基本错误,这类错误通常都无法通过短期效果的反馈被检查出来。所以对于公共行政以及其他类型的社会行动而言,合法性问题绝对不能像合理性问题那样被悬置起来。这使很多持社会建构主义立场的学者在是否应该对人类本质或者具有根本重要性的价值方面进行描述和辩护的问题上犹豫不决。马克思可能是首位在这个问题上举棋不定的批判理论家。马克思对人类实践绝对优先性的强调,阻止他提出任何与人类本质有关的实证内容。但是,马克思后期为推动社会变革实践,不得不从自己对共产主义只言片语的描述中透露出自己对人类本质的实证主张。最近在这个问题上引起重大争议的批判理论家是哈贝马斯。他试图在主体之间通过交往理性重构公正和平等这类对人类集体行动具有重要意义的概念。哈贝马斯认为如果某种社会规范在理想条件下经过符合逻辑的论辩,那么这些规范就具有合法性,并且应当被论辩所代表的每个人所接受。

实用主义哲学无法接受批判理论的这种论断。哈贝马斯和大多数批判理论家都将自身视为启蒙遗产的继承人,他们像传统理论那样坚持认为社会的自我理解和意向必须体现普遍主义以及某种形式的理性主义。批判理论家不同于传统理论家的地方在于他们试图用交往理性或者批判理性的概念去取代主体中心的理性或者工具主义的理性这类概念。哈贝马斯其实和西蒙一样确信理性是人类联合的基础,只是前者希望用交往理性的概念去代替主导传统公共行政的工具理性。批判理论与传统理论都保留了在人类主体和知识对象之间建立前定和谐的基本方案,而实用主义者却要求彻底抛弃这类源自传统知识论或形而上学的方案。对于以杜威为代表的经典实用主义者而言,那些用来促进社会联合之现实的最终和绝对的形式不可能通过交往理性或者主体中心理性以任何认识论的路径来把握。所以那些有充分理由的信念也不可能永久免于未来的批判性审查和实证的检验。像自由意志这类具有神学性质的学说以及像交往理性这类认识论学说都不能成为免受经验和批判性检验的信念。但是经典实用主义也并未彻底倒向某种虚弱的相对主义立场。这种哲学并未否认为服务于集体行动的可靠知识提供坚实基础的可能性,只是实用主义者拒绝以基要主义的方式回答这个问题。因此批判理论与实用主义在纯粹哲学的层面存在不可调和的矛盾。

2. 自然经验对实用主义的扬弃

杜威和皮尔士等人将日常经验视为理论这类反思性范畴的对立面和出发点,这是一个未经理论所抽象、未受理性所操纵、也没有被社会建构的概念所调整过的体验领域。在这个意义上,日常经验可以被更加准确地界定为前理论的自然经验。实用主义者正确地将日常经验视为通达可靠知识的本质部分,而把通过反思性探究建构起来的事实视为可靠知识的中介部分。这种认识论相对于批判理论中所残留的本质主义倾向具有足够的说服力。但是研究者仍然不应该忽视批判理论中的两个重要洞见:(1)任何(社会)行动都需要某些不受质疑的观念或者价值作为绝对的发起点;(2)合法性这类重大的问题往往不能够根据杜威意义上反思性探究向经验过程回归的短期效应进行评估。这两个洞见并非来自任何理性类型的反思性筹划,而是批判理论家从前理论的自然经验中所把握到的。杜威和坎贝尔等人片面地将（自然）经验把握为历史或者连续性过程这类具有高度相对主义特征的范畴，但是却忽视了这个领域内部具有不同的结构性特征。正是这种结构特征使自然经验服务于本质上相互冲突的行动方式。其中与合法性这类问题有关的行动对公共行政乃至整个政治秩序具有重大影响。尽管传统理论没有办法证明自然经验内部结构的何种类型具有规范性价值，但是这种结构却可以在理论的层面得到澄清。这就要求研究者在扬弃实用主义的基础之上重构自然经验的概念。

重构自然经验的出发点仍然是以这个范畴把握为前理论的领域。当研究者对某事物采取理论态度时，就会通过将该事物对象化来获取有关的理论。但是任何人却无法对自然经验的整体进行概念化，所以人们永远无法获得有关自然经验的完整理论。由于本体和现象、认知者与对象这些人为建构的反思性范畴并不存在于自然经验之中，所以避免了理论思维对实在事物的抽象、割裂与操纵。因此自然经验正像杜威或皮尔士所竭力澄清的那样，相较于理论思维而言具有认识论方面的优先地位。依靠反思性范畴所获得的理论可能会使自然经验深化，但是自然经验的有效性绝不会被科学知识这类理论思维的产品所抹杀。不过，尽管自然经验并不会给出事物的终极本质或者现实，但是也绝不只是实用主义者所说的那样是纯粹的历史和连续的过程。历史与过程性是自然经验的组成部分或者特殊维度，但是将自然经验的整体化约为历史就是对这个概念进行过度的理论化。为了避免这种具有化约性质的反思立场的介入，研究者应该同时从多种意义维度汇聚或者融合把握自然经验。尽管事物在实体的面向上是高度偶然的，但是这并不意味着自然经验是只能从彻底相对主义立场才能理解的领域。不同意义维度的分别、交织与融合也是自然经验的重要面向。因此通过同时把握具有高度偶然性的实体面向与具有稳定规范性结构的意义维度面向，研究者可以在扬弃实用主义的基础之上重新构造自然经验的概念。

这里所提出的自然经验主义的立场事实上是对批判理论的本质主义态度和实用主义哲学的相对主义态度的整合，是事物规范面向与实体面向的辩证统一。自然经验主义的概念在扬弃实用主义哲学的同时，也是在向批判理论的基本洞见回归。批判理论家相信合法性这类具有根本重要性的问题应当在某种（尽管可能是较弱的）本质主义的立场上得到界定。研究者应该针对公正、自由和解放这类作为人类联合行动基础的观念以及在诸多价值之间进行选择的基本原则，提出深思熟虑的方案。事实上，在自然经验主义中，人类行动的确是受某些基本信念所推动的。在被其他竞争性信念取代之前，这些信念仍然具有人类行动发起点的独特功能。没有个人或者群体会以怀疑者或者相对主义者的姿态去接受这类信念，这种姿态是实用主义者与其他怀疑主义者对自然经验主义过度理论化的结果。正因为如此，激进的自然经验主义的立场绝不会对那些与合法性问题密切相关的概念避而不谈。但问题是：如何去界定这些作为人类行动基础的规范、价值和信念？自然经验主义的哲学可能从怎样的支点发展出具有规范性特征的内部结构，又如何通过这些结构去重建合法秩序的概念？本书会在后面针对这些问题提出独特的研究进路。

3. 自然经验主义的公共行政学

自然经验主义的立场通过整合批判理论与实用主义，能够为建立公共行政与哲学之间的关联提供基础。当研究者们试图考察公共行政的合法性问题与合理性问题时，可能会采用回溯型图示引入哲学论辩。批判理论与实用主义哲学有助于研究者在更加广泛的领域中以更加融贯的方式分别架构这两个问题。但是这两种理论话语在纯粹的哲学层面却相互矛盾，这些矛盾揭示出二者在哲学反思方面所存在的共同局限。批判理论与实用主义的局限都源自对某些范畴的过度理论化：前者尝试界定有关人类本质或者重大价值的实证内容；后者则将经验化约为历史的范畴或者持续性过程。如果要建设性地利用这组悖论,研究者就需要舍弃二者共享的局限根源。如果否定两种理论所共享的过度理论化的路径,批判理论和实用主义就将抵达自然经验主义的立场。一方面,这种立场承认与合法性有关的重要信念是人类联合行动的出发点,同时也向否定和更新这些信念的内容开放;另一方面,这种立场强调自然经验是人类通达可靠知识的必经之路,但是研究者也能以理论的方式澄清某些给定在经验中的规范和原则。

自然经验主义的立场为哲学层面架构公共行政的合理性问题与合法性问题提供了更为融贯的方案。合法性问题不再被视为公共行政所促进的政治秩序以及对这种秩序规范性理解的静态符合关联。对人类本质与基本价值这些与合法性有关的种种要素的界定只是为变革型公共行政行动提供必要的出发点。这些通过批判理论或类似理论资源所建构的规范界限需要在实践过程中不断否定自身而促进研究者与实践者的视域融合。合理性问题也不再像实用主义者那样被理解为不断检验和否定静态知识的连续过程。实践行动对行政知识的检验不是为了忠实于某种相对主义立场,而是为了利于某种更为可靠的知识建立更加合理的界限。所以合法性问题有助于公共行政通过建立界限来否定这些界限,而合理性问题则能够推动公共行政通过不断的否定去建立某些界限。因此,无论是合法性问题还是合理性问题,最终都被自然经验主义的立场导向共同的目标,即以切实可行的方式将尽可能多样化的秩序类型吸收到公共行政的理论与实践中,以使公共秩序的实证形式能够为人类多样禀赋的充分发展提供可能性与建制化的环境。

在自然经验主义立场的基础之上建立和发展公共行政理论的做法并不等同于那些将公共行政的知识视为实践智慧的理论尝试。将公共行政视为实践知识领域的观念影响着20世纪那些为公务人员的需求开发实践工具,并输送量身定制的应用知识的组织机构向实践者所提供的培训项目。侧重于将应用型知识转变为行之有效的工具是这个进路的特征。在方法上,案例研究被认为是生产或者传输这类实践知识、衔接式理论知识及经过详细证实的决策制定。检测行之有效的实践、理解那些带来可欲产出的社会技术机制，并且为在别处复制这种实践与预测机制是将公共行政视为实践知识的中心要旨。这个传统认为，在公共行政领域中，问题不能得到毫无疑问的陈述；概念不能被毫无争议地标准化；对解决方案的共识有可能缺失。所以公共行政并非独立的科学领域，而是与哲学具有广泛的关联。这个洞见与自然经验主义的立场高度一致。但是将公共行政理解为实践知识的领域，这个进路与自然经验主义立场在哲学方面的竞合主要发生在认识论的层面。这个传统所强调的实践推理在本体论和方法论的领域向多个哲学传统开放，这种立场是自然经验主义拒绝接受的。自然经验主义涉及包括本体论、认识论、方法论和伦理学在内的体系化的哲学论辩。这种立场在各个哲学领域的独特主张都对公共行政主流理论的基本假设基础变革要求。因此自然经验主义的哲学要求为公共行政领域提出体系化的变革方案，并致力于将这个领域建立在全新的根基之上。

4. 小结

本章的目的是为变革型公共行政建立哲学基础。在现有研究公共行政的文献中，批判理论与实用主义分别通过解决合理性与合法性的问题，在公共行政与哲学之间建立了广泛的关联。尽管有持变革立场的公共行政学者将他们的观点称为批判实用主义，但是这两个传统在纯粹哲学层面彼此矛盾。本研究通过扬弃批判理论和实用主义，发展出自然经验主义的立场。这种哲学立场能够将批判理论和实用主义吸收为两个环节，共同推动公共行政领域行之有效地建立发展人类多样可能性的实证条件。自然经验主义的哲学原理对于以管理主义为主导并且受效率追求所推动的传统公共行政模式而言是一场激进的变革。但是，这种变革主张并不像20世纪很多学者那样是为了确立公共行政领域的独特身份，而是为了推动更加广泛之领域的社会变革。所以,尽管本研究会同时在公共领域自身的变革与更广泛层面之社会变革这两个意义上使用变革的概念,但这并非对概念界定不清。事实上只要将公共行政视为社会系统中行之有效的运作单元,就会发现组织变革与社会变革从来就不是彼此割裂的。公共组织相对于社会体系而言并非绝对封闭的黑箱子。在当代组织化社会中,组织模式内部蕴藏着社会结构的基因。本研究的目的是独一的,就是通过在自然经验这个新的基础之上变革公共行政,以将社会发展引导到使人类处境不断改善的方向上。最后,究竟什么是变革型公共行政?这是在吸收批判理论和实用主义的基础之上所形成的,用自然经验的哲学原理不断回应和改善由合法性与合理性问题所界定的人类根本处境的公共行政模式。

第二章

以变革为导向的公共行政哲学

上一章陈述了在整合两种哲学思想基础之上所形成的自然经验主义的立场,并且提出围绕这个基本立场建构的公共行政研究方案的目标。这主要是回答"什么是变革型公共行政哲学"的问题。本章将回答为什么说这种建立在自然经验主义哲学传统之上的公共行政研究是变革型的这一问题。如果将认知模式和技术手段革新视为变革的要素,那么西蒙的行为主义转向以及兴起于20世纪80年代的公共部门私营化改造都属于这个类型。但这些理论的实质是在科学支配自然方向上的技术提升,并不包含超越社会劳动过程内在逻辑的自我反思。[1] 如果将变革型理论界定为任何以质疑经验分析模式与功能主义立场为基础的研究,那么20世纪70年代以来有大量研究都属于此类。[2] 20世纪后期兴起的人际关系学派与组织社会分化也常被视为变革管理理论的运动。[3] 但近半世纪里与本研究"变革"概念相关的只有新公共行政运动、后现代主义公共行政学以及公共行政学中的批判实用主义。本章

---

[1] 霍耐特. 权力的批判:批判社会理论反思的几个阶段[M]. 童建挺,译. 上海:上海人民出版社, 2012.
[2] Steffy B D, Grimes A J. A Critical Theory of Organization Science[J]. Academy of Management Review, 1986, 11(2), 322-336.
[3] 阿尔维森,维尔莫特. 理解管理[M]. 戴黍,译. 北京:中央编译出版社, 2012.

会从这些研究传统中提炼出变革型公共行政研究的基础、形态和使命。

当民众生活方式的基本矛盾被暴露出来，社会结构在代际之间得以维持的关键手段逐渐失去可行性的时候，涌现以重申个体自职权的方式对权威进行限制之要求的种种变化。

一、公共行政研究的变革基础

实证主义因价值无涉的客观性要求，无法深入更加基础的层面体认变革要求。而20世纪以来大量以变革为标签的公共行政理论不仅包括信息采集、科学预测与优化管理方面的技术革新，还涉及更根本的环节。我们可以通过精神科学"前反思知觉"的概念将这个实证科学无法企及的环节概念化。前反思知觉指一种先于理论的直接要求，该要求先验地规定了认知模式和理论的形成。在这个前理论环节中，形式与内容、主体与客体的对立等反思意识的特点尚未出现。[①] 这意味着将实证主义对科学研究提出的中立性要求视为一种脱离现实的虚构。由于客体体认无法与意识关系分离，所以认知作为意识活动，多少包含价值与目的。若将理论命题视为符号符合规则之运作形成的产品。[②] 理论形成中意识活动的差别就可表述为这些先验规则间的差异。因此变革型的公共行政哲学意味着拒绝实证分析模式的认识规则，并在采纳自身独特的认知旨趣、反思模式和根本动机的基础上，对公共组织与社会结构提出变革要求。

1. 以解放为认知旨趣的变革

科学理论与公共行政成为社会结构再生产的核心环节是近两

---

① 狄尔泰.精神科学中历史世界的建构[M].安廷明，译.北京：中国人民大学出版社，2010.
② 哈贝马斯.认知与兴趣[M].郭官义，李黎，译.上海：学林出版社，1999.

百年来一种独特的社会建构。① 这种社会建构要求行政理论成为一种知识学(Die Wissenschaftstheorie),通过掩盖认知的先决条件这个主体哲学无法回避的先验逻辑问题,使认知的意义陷入他律。当代行政学脱离哲学反思,在科学范式下仅将客观上可确定的东西视为真实的,② 最后被实用动机定制为知识学的产品。对自然过程的操纵性干预之要求建构了知识学的定制过程。这种操纵性干预在模仿神圣秩序的政治神学方案破产后,③ 与巫术同源兴起于欧洲。④⑤ 对自然过程的介入不仅要求概念服从于先验的操纵性规则,还要求测量程序所确认的事实与体系联系起来的符号相一致,以便将操纵性规则植入有限的经验模式。公共行政将实证主义的科学产品转变为治理技术学,使操纵性规则向生活世界渗透,使全面管理(Total Administration)得以兴起。

变革型公共行政的哲学研究要求拒绝实证主义的操纵性旨趣,并继承源自批判理论传统的解放概念,最终将认知与旨趣统一起来。批判理论认为公共行政的理论和实践只有与理性反思的解放性旨趣相联系,才能避免操纵主义和客观主义的扭曲——由于操纵性旨趣对自然经验的渗透导致主体支离破碎的破坏性实践,而解放旨趣则能够恢复主体经验的统一性。在操纵性旨趣建构的机械化世界图景中,解放性旨趣拒绝将认知规定为对异于自我的社会存在的临摹,而要求以感性世界为中介,回归主体经验。这一切都须借助反思活动,而解放就是反思的实现。这意味着行政学

---

① Roy W G. Making Societies[M]. Thousand Oakes,Calif:Pine Forge,2001.
② 胡塞尔.形式逻辑和先验逻辑:逻辑理性批评研究[M].李幼蒸,译.北京:中国人民大学出版社,2012.
③ 霍克海默,阿道尔诺.启蒙辩证法:哲学断片[M].渠敬东,曹卫东,译.上海:上海人民出版社,2003.
④ Lewis C S. The Abolition of Man[M]. New York:Collin,2001.
⑤ 有关巫术与科学同源为技术所推动的观点可以参考路易斯的论述:在巫术领域和在科学领域的认真努力,就像是一对双胞胎,只是其中一个生病而夭折,另一个则强健而兴盛,但其实它们是双胞胎,是从同一股推动力所产生出来的……但是对于巫术和自然科学而言,最重要的问题是类似的,都是如何使那实体臣服于人类的愿望,而其解决之道则在于技术……

者与实践者应遵循一种公共服务伦理①,即:在官僚体制所分配的角色与自我间持续开展一场隐秘的对话,使理论和实践符合自我深思熟虑的判断。② 主体需要在反思中以他人为媒介实现建构自身,③在抵抗官僚制非人格化规训的基础上,突破行政组织对其成员造成的隔离。

解放性旨趣在概念批判中得以阐明的同时,也会自然诉诸社会改造。④ 批判理论中解放的概念继承自德国古典哲学的基本诉求。黑格尔将这种诉求规定为摆脱一切束缚的抽象冲动,其在社会建制中遭遇挫折和否定,最后通过革新公共行政系统和法律体系得以实现。解放意味着公共行政将这种诉求作为规定性,朝向规范性秩序变革。以解放为旨趣的变革是否定性与肯定性的统一。解放的否定性环节指向一种全面管理的社会图景。作为一种理想类型,全面管理主要用来描述支配型经济关系、全景敞视监视技术以及知识、权力的同源建构⑤将个体转变为全面依赖于管理的社会要素的内在趋势。针对全面管理社会的解放意味着拒绝参与导向社会控制的行政过程,这种解放运动通常与反行政⑥相关。解放的肯定性环节指向生产机构与行政系统的建构能满足个人自由支配其生命的规范图景。

〔补充〕马克思区分了解放的两个基本类型,即政治解放和人的解放。政治解放使人成为市民社会的成员。市民社会成员是利己的、独立的个体。这种非政治个体是当代行政管理所预设的对象。人的解放则意味着人的各种关系摆脱异化,回归自身。马克

---

① 黑格尔.法哲学原理[M].范扬,张企泰,译.北京:商务印书馆,2013.
② 马克思.1844年经济学哲学手稿[M].中共中央马克思恩格斯列宁斯大林著作编译局,译.北京:人民出版社,2002.
③ 全钟燮.公共行政的社会建构:解释与批判[M].孙柏瑛,张刚,黍洁等,译.北京:北京大学出版社,2008.
④ 麦金太尔.追寻美德:道德理论研究[M].安继杰,译.上海:译林出版社,2011.
⑤ 米尔斯,C.赖特.社会学的想象力[M].李康,译.北京:北京师范大学出版社,2017.
⑥ King C S. Papers on The Art of Anti-Administration[J]. Journal of Organizational Change Management,1999.

思与卢梭一样,要求在政治生活中实现人的解放。这意味着"只有当现实的个人把抽象的公民复归于自身……(并)认识到自身固有的力量是社会力量,并把这种力量组织起来从而不再把社会力量以政治力量的形式同自身分离的时候……人的解放才能完成"。[1] 批判理论对晚期资本主义的诊断为马克思的解放设想蒙上了一层阴影。阿多诺认为文化工业和意识形态不断破坏着形成个人良心的心理过程,通过植入控制代码塑造管理依赖型人格。唯有强制行政手段能在晚期资本主义中把个体社会活动集合为社会系统的秩序。所以个人解放在政治上必然与全面拒绝行政管理体系的危险要求相关。

2. 以反讽为言说风格的变革

新自由主义、科学管理以及新公共管理是政治上论证从目的商谈转变为方法讨论这一趋势所取得的最新成果。[2] 当工具理性赋予效率和效能以最高的优先等级后,经济学家与工程师成为最佳实践的技术方案的保驾护航者。这种公共行政模式不仅表现出对技术形式的偏爱,还表现出本质主义倾向。行政学中的本质主义要求严肃地对待实证科学的知识产品。这意味着在科学分析中被证实为真的命题,应该成为实践中最佳方案的技术支持。新保守主义和新实用主义的批判揭示出这种本质主义实际上混淆了政治与技术,扭曲了管理实践。理想的政治与管理实践者很少反思行动的科学原则,而是以对事实的可靠嗅觉为基础,雷厉风行地实践。这意味着传统的政治家和管理实践者的形象更接近于依靠判断力的艺术家,而与依据事实施行治理的经济学家与工程师大相径庭。事实上公共行政领域的理论和实践没有办法完全被实证主义社会科学所把握,公共行政的技艺则要求在言说中以反讽取代

---

[1] 马克思,恩格斯. 马克思恩格斯文集:第一卷[M]. 中共中央马克思恩格斯列宁斯大林著作编译局,译. 北京:人民出版社,2009.
[2] 西蒙. 管理行为[M]. 詹正茂,译. 北京:机械工业出版社,2013.

本质主义。

　　与科学真理的本质主义不同,反讽坚持本质与现象间的对立,并进一步认为任何现象都无法完全展现真实的本质。反讽将理性最终依赖的东西视为虚伪,也就是为防止指谓无限滑动,对事物边界所作的虚设。所以反讽将技术知识视为使观念的清晰表述和世界的建构成为可能的权宜之计。它是道路,而不是真理,且"自以为有真理在手中的人并不能通过这条道路来占有它"。若本质如维特根斯坦所言永远向人隐藏,那么行政学思想和理论就不能被视为现实必须与之咬合的范本。对公共事务管理而言,范本只能作为参照物。所以诸如"公正"、"科学"和"本质"等词作为终极语汇出现时,并不保证脱离错误的游戏规则。当代公共行政学有必要把科学成果置于人类生活之中,以保证个人吸收这些成果,而不是以实证理论的科学代码去瓦解生活。

　　反讽要求变革理性主义公共行政研究的本质主义要求。理性主义者一般并不认为生活世界可以彻底实现合理配置。但他们未像康德一样认清现象的界限,最终使自身委身于本质主义信念。西蒙坚持有限理性,并将管理视为一种艺术而非科学。[①] 但他还是通过界限模式,使有限理性与本质主义在管理实践中相互兼容。自西蒙以来的现代主义公共行政就这样失去了与反讽的关联。公共行政理论与反讽的分离使公共行政一方面过于严肃地对待技术主义信仰,另一方面却回避严肃的判断。当代行政学因进步主义意识形态支配,忽视传统理论中反讽与行政的同源建构。马基雅维利认为一位政治领袖或管理者应以狐狸和狮子的双重面孔对待真理,"以随时顺应命运的风向和事物的变幻情况而转变"。[②] 因此公共行政应对技术知识采取反讽的态度。这意味着要放弃寻求由科学论证所支持的最佳方案,而将公共行政领域重新定义为以

---

① 西蒙.管理行为[M].詹正茂,译.北京:机械工业出版社,2013:84.
② 马基雅维利.君主论[M].潘汉典,译.北京:商务印书馆,2011:70.

实践行动和自然经验为导向,在不确定的环境中坚持创新,并抵制腐败之技艺的学科。

〔补充〕由于反讽拒绝委身于任何独断信条或理论,所以其并非一种认知旨趣。又因反讽仅将个人生命的彻底诗意性和作为社会制度基础的第一人称复数意识的纯粹诗意性作为严肃对待的目标,所以其只是一种与言说有关的艺术风格。这种风格反对隐藏在逻辑本质中且构成西方文化根基的乐观主义,憎恨将单纯的现象提升为唯一的和最高的实在性。即使是批判理论也因将自身视为启蒙精神的继承者,不可避免地要求将逐渐枯萎的理性主义汰旧换新。哈贝马斯主张在社会化的各个层面以交往理性替代工具理性,以实现知识与解放旨趣的统一。商谈论因主张依照商谈伦理重构公共部门,而与作为反讽者的罗蒂要求无扭曲的沟通在行政学制度设计上发生竞合,但二者依旧存在纯粹哲学上的差异。反讽要求接受语言的偶然性,这意味着公共领域互动所产生的行动基础虽非根本暂时的,却不具有交往理性所要求的客观确定性。

3. 以超验为根本动机的变革

作为社会科学的公共行政研究在某种程度上可以说是康德和韦伯遗产的继承。康德以逻辑范畴为中心的主体筹划赋予理论思维以自治性。韦伯将一类特殊的人类行为视为社会科学的研究对象,而人类行为要么服务于一定意图,要么体现一定价值。韦伯认为科学观察的目的是通过理性清楚地理解行动。[1] 他将康德赋予理论思维的自治性转译为社会科学的价值中立性。康德认为只有通过先验逻辑范畴对经验领域进行综合,[2] 才可能以理性的方式对现象进行认知。这就预设了逻辑概念与非逻辑经验领域的对立。从此对立中产生了一个理论问题,即如何获取非逻辑经验领

---

[1] 韦伯. 社会学的基本概念[M]. 顾忠华,译. 桂林:广西师范大学出版社,2008:5.
[2] 李泽厚. 批判哲学的批判:康德述评[M]. 北京:生活·读书·新知三联书店,2007.

域的逻辑概念。理论思维需要找到一个中心参照点，方可将经验概念化。科学分析的通行方案是将某种或几种经过综合构想的模态维度绝对化。这种绝对化的设计并不是出于理性本身，而是受前理论动机所推动。这就驱散了科学中立性的幻想，而使根本动机成为公共行政研究的重要论题。

在这里首先需要对模态维度的概念进行初步界定。模态是事物存在的模式，或者说是事物具有意义或者成为良善的方式。在某种意义上，存在与具有意义是同等的。尽管任何事物的存在都无法离开其意义，但是意义却并没有通过事物本身来揭示，而是通过模态显示出来。所以模态是赋予事物（事件或者处境）意义的维度。由于事物存在的意义是通过多种方式呈现的，所以经验的模态维度是多元的。所有的模态领域共同构成了某种框架，杜伊维尔将之称作事物存在的规范维度。模态维度各不相同，但它们却又彼此交织。这种关系可以用来解释自然经验的多样性与一致性乃至于人类经验的整体。这些维度相互之间不可化约，任何一种模态维度的意义内核都不能通过其他模态维度的意义来进行解释。任何试图将某种模态维度化为另外一种或者几种模态维度的理论活动都可能导致逻辑上的矛盾。不幸的是研究者具有某种天然的倾向，将事物存在的整体化约为某种或者少数几种意义维度。在极端情况下，他们甚至可能将某种意义维度提升到具有绝对重要性与源头性的地位。在这些情况中，人类存在意义维度的多样性都受到了压抑或者破坏。而这类将某种维度绝对化的理论行动是受某种宗教动机所推动的。

使研究者将某一模态领域绝对化的动机被称为内蕴性（Immanent）动机。康德将仅在可能经验的范围内应用范畴的原理称为纯粹知性的内蕴性原理，[①]并认为只有纯粹知性的内蕴性应用才使理论具有通达真知的合法性。只有接受康德赋予理性的

---

① 康德.纯粹理性批判[M].邓晓芒,杨祖陶,译.北京:人民出版社,2008:260.

自治地位，纯粹知性的内蕴性原理应用才会匹配合法性。外在于经验现象的先验的逻辑主体（Transcendental Logical Subject）是使理性拥有自治地位的哲学预设。但逻辑维度和非逻辑经验的对立无法为理论综合提供一个支点。这意味着认知主体概念作为此对立之一极，无法成为多模态维度的支点。物理学与经济学等学科研究对象的主导功能集中于某个特定的模态领域，逻辑抽象虽伴随模态领域的疏离，却无需整合诸经验领域。但哲学研究须将所有模态领域概念化，故需要某个绝对化的支点。由于先验逻辑主体无法抹杀对象的多元性，所以纯粹知性的内蕴性原理要求在可能经验的范围内设定一个本源或者支点。

公共行政研究时常与哲学面临同样的合法性难题。其本应在政治或法律的单一维度中处理其对象，却常使自身从属于对象所在领域的主导模态秩序。由于公共行政需要协调和管理多元模态领域所主导的各个对象，使得很多想在公共行政领域发展某种元理论的学者越过理论自身的处境，去寻求诸领域间的理论综合。制度主义框架下的古典理论因无力描述复杂的行政现实和组织过程，只能用一些模糊不清且相互矛盾的原则来表述理论。西蒙就将传统主义管理原则解构到荒诞不经的地步。他将其与日常生活的格言等同，从而消解了这种研究的科学价值。现代主义行政研究为描述行政组织的实际过程，提出了一种行为主义的方案。西蒙将"选择"抽离形而上学的意义，化约为"若个人采取特定行动方案，必定要放弃其他备选方案"。[①]"运动之物"成了用以描述复杂行政现象的绝对支点。但这种内蕴性哲学动机在依靠前理论的化约性立场建构诸领域一致性的同时，扭曲了模态领域在自然经验中的自然黏合。

〔补充〕由于实证主义社会科学的中立性要求不过只是一种虚设，所以导向变革的行政学需要以超验（Transzendent）的根本动

---

① 西蒙.管理行为[M].詹正茂,译.北京:机械工业出版社,2016.

机替代现代主义理论的内蕴性哲学动机。康德将超验定义为超出一切经验界限的规定,[①]并将其视为自我的唯一规定性。因为具备这种规定性特征,超验自我符合解放旨趣的本质性要求。但由于超验性意味着在经验中无法找到赋予自我以统一性的支点,自我就其自身而言空无一物,无法通过历时性经验中任何一种或几种模态领域的意义得以界定。所以超验自我的规定性否定了自身,通过放弃本质主义主张而转向反讽的言说风格。最终超验向规定性回归,成为反本质主义的规定性。作为反对将特殊模态维度绝对化的根本动机,超验是解放旨趣与反讽风格之统一。超验自我首先在日常经验的意义统一体中获得知识。变革型公共行政研究由于破除了理论思维自治地位的虚设,不能将自身视为公共行政知识的出发点,因此本研究必须将自身定性为一种研究多维度模态领域中已然存在之行政现象的人类活动。

二、导向变革的理论形态

解放、反讽和超验这三个相互关联的环节对变革进行概念化的同时,重构了公共行政研究的前理论环境。接下来的问题是:这个前理论环境如何规定理论的建构阶段。变革的进一步概念化需要基于变革的旨趣、风格和动机,提出将行政现实问题化的方案。变革型公共行政学之所以可能,是基于某种诊断性洞见,即:官僚制是一种体制化压抑个人创造力的系统。所以很多公共行政的批判研究都试图将创造性作为价值追求,实现在公共行政管理工作中。这种体制化压抑依靠知识/权力媒介得以再生产。社会化媒介中提供压抑代码的就是科学分析模式的行政研究。在腐败的社会中,科学是唯一可取的东西。所以作为知识学的行政研究与不断丧失实践能力的腐败社会相得益彰。而以变革为导向的公共行

---

① 康德.纯粹理性批判[M].邓晓芒,杨祖陶,译.北京:人民出版社,2008:379.

政学以瓦解知识/权力媒介为政治意图,阻碍行政控制的社会化再生产,为重塑公民德行留出空间。辩证、怀疑和渐进这三种方案能清除公共行政学中的技术代码,实现理论的变革要求。

1. 公共行政研究的变革框架

实证主义基于奥卡姆剃刀原则,将其研究对象限定为感性材料,从而在极为有限的经验范围内探索规律。这种原则使自然科学对无机材料应对自如。① 但由于人类行为无法被视觉印象的直接确定性所穷尽,所以实证主义研究试图跨越自然之物的界限,进入社会组织和行为研究时,便失去了提供可靠知识的合法权威。实证主义社会科学并不揭示现象的统计学规律,而是将人类行为表象为统计学规律。也只有通过表象将人类行为把握为确定对象,对之进行操纵才是可能的。社会科学的行为主义于是要求效法物理学中的操纵主义,使概念的意义被局限在对特定的操纵和行为的描述上。当这种行为主义理论不断生产的专业知识与行政过程结合,就能排除个体的意义关联,减少和压制分歧,并对诸经验领域实施操控。虽然当代行政机构通常能在物质生活条件上予以补偿,但行动意义向消费品的转化却是不可逆的。

批判理论通过将受到压抑的维度界定为潜在的现实,以推动行政学的变革。正如马克思理论的所有范畴都涉及对现存秩序的否定,变革型研究即使在描述普遍流行的形式时,其目的都在于确立新的社会形式。这种公共行政学要求以辩证的概念重构对社会现象和行政过程的解释。辩证是在现实行政世界的矛盾、冲突和分割中寻求批判性综合的过程。官僚制这样的行政学概念最需要辩证分析,以揭露这种社会事务从虚伪的普遍性和科学的抽象性产生的终极镣铐。② 例如史蒂福斯曾发现,当代官僚制的合法性

---

① 柏格森.材料与记忆[M].肖聿,译.南京:译林出版社,2011:179.
② 杰姆逊.晚期马克思主义:阿多诺,或辩证法的韧性[M].李永红,译.南京:南京大学出版社,2008:38.

身份是通过"客观性、匿名专家、自律等"这些本质上男性化的概念得以界定的。"机关男人"的程序改革也使行政机构变革更科学更有效。而以社区为导向的女性角色在公共行政建构过程中逐渐边缘化。当官僚制的合法性身份的建构历史得以揭示时，公共行政学就能从其女性角色中获得变革的资源。

有两个因素促使行政现象的辩证法与一种激进的解放旨趣相结合。一个因素是真理仅存在于否定的整体中。在社会领域中，每一个简单事实和条件的矛盾只有以社会过程为媒介，并最终在其所属的整体中被发现时，才能被把握。例如马克思不是将英国劳工生活条件的恶化视为个别资本家缺乏仁慈的结果，而是认为这种现象与社会结构的组织方式密切相关，所以唯物辩证法必然以阶级社会整体为变革对象。另一个因素是对概念与现实二元论的拒绝。在黑格尔看来，理论应当达到这样的阶段，即人类在把握关于事物的思维范畴过程中，也就把握了世界在其展开过程中所遵从的根据或基本结构。这意味着理论思维可以获得对事物的本质性理解。当一种行政学对官僚组织的本质性理解涉及否定的整体性时，就不可能像功能主义理论一样在现有秩序的基础上提出管理方案或技术革新。所以变革型公共行政学的辩证模态是以社会自身为对象的激进解放行动之体现。

〔补充〕辩证法有助于公共行政的研究者发现人类行动的意义，并复活行政领域的服务意识和整体意识。[1] 但其作为行政学的问题化的技术方案面临两种危险。在哲学方面，辩证法是一种委身于终极真理的信念表达。正如阿多诺在《启蒙的辩证法》开篇所言，社会中的自由无法与启蒙思想分离。问题在于：现代文化生活的整体或真理是否能被逻辑地或哲学地化约为启蒙这个历史的出发点？如果启蒙只是一种有限的历史经验，将启蒙的内在要求

---

[1] Denhardt R B, Denhardt K G. Public Administration and the Critique of Domination[J]. Administration and Society 11(1), 1979: 107-120.

视为本质性规定的做法,是否会因排斥其对立面,而无法经受自反性考验?在政治方面,启蒙辩证法以中断资本主义的自我筹划并摧毁支配原则所主导的社会建构为目标。在人类经验的自然结构稳固并强势的环境下,辩证法可以温和的方式推动社会变革。但当必然性以科学代码或普遍贫困为媒介被植入政治社会,从造成社会自然结构的瓦解时,辩证法所推动的变革只会带来毁灭。

2. 公共行政研究的知识变革

批判理论虽以启蒙的辩证法来看待科学所取得的成就,但它与实证主义一样相信事物具有一个有待表象的本质(罗蒂,2005:13)。这种区分源自苏格拉底,但传统理论相信真理的本质主义要求与社会或政治生活无法兼容。霍布斯也曾指出传统智慧将公共领域的知识隐匿于寓言,[1]用本质性真理的科学认识取代政治智慧与意见相反只会瓦解社会。[2] 如果健康政治社会的基础是具有德性的公民,那么基于对事实本质性认识的治理不过是一项将公民改造为自然人的系统工程。在这种改造得以实现的地方,公共行政必须承担社会诸领域技术整合的职责。迫于社会整合的压力,公共行政需要寻求最具效率的方案重组公共部门。官僚制因诉诸统一的理性规则,可以满足社会整合的效率要求。[3] 但这种模式因推动公民向自然人的改造,从而在社会层面形成一个再生产回路。中断知识的本质主义信念是抑制这种再生产的明智之举。

一种更为激进的知识批判要求超越批判理论的观念论洞见,它不仅拒绝承认表象的实在性,更进一步否认真理的实在性。由于概念化的语言无法把握高度个体化的事实,哲学家转而将语言视为理论和事实之间的桥梁。因为只有语言才有真假可言,人类

---

[1] 霍布斯.论公民[M].应星,冯克利,译.贵阳:贵州人民出版社,2003:8.
[2] Strauss Leo. On the Intention of Rousseau[J]. Social Research 14(1),1947:455-487.
[3] Amitai Etzioni. Modern Organizations[M]. N.J.:Prentice Hall,1964:53.

通过利用语言构成语句的方式建构真理,所以真理是语言元目或语句的一个性质。唯有当人们用程式语言设计自身后,世界才能引发或促使人持有真理的信念。这种知识批判因拒绝赋予超越语言的事实以合法地位,而被称为语言转向。为避免一种将语言视为媒介的新的形而上学,语言转向要求进一步消解实在论。戴维森否认哈贝马斯的观点,认为可理解性不是语言的形而上学要求。他认为杂音和记号能使沟通各方有效预测他人的言说和行动时,暂定理论就会趋于一致。[1] 这种理论彻底瓦解了政治社会的制度与管理的理性基础,而将公共行政学抛入了语言的偶然性中。

将公共行政学视为一种语言现象意味着哲学与知识论方面的重大调整。怀特、法默尔、福克斯与米勒都在这个方向作出了杰出的贡献。公共行政学知识类型的变革同时包含破坏性和建构性两个维度。语言转向以解构知识特权的建构为目的(语言转向的矛头也可能指向批判理论的真理建构)。公共行政学的语言转向旨在将科学分析的真理特权消解为一种语言现象,认为科学革命不过是对自然隐喻式的重新描述,而非对自然内在本性的洞见。若此目标得以实现,公共行政学便从科学分析模式的宏大叙事中解放,成为容纳多种由不可通约的语言游戏建构的地方性叙事的集合体。在建构性方面,这种变革要求公共行政的政治理论从本质主义转向罗尔斯意义上的建构主义。这意味着变革型公共行政学即使要维持理性的观念,也应拒绝将其与本质主义的真理概念等而视之。由于建构主义政治观念中没有这种真理概念,所以以之为基础的公共行政学应对本质主义的绝对真理保持沉默,而满足于接受拥有一个公共基础的实践理性原则。

〔补充〕后现代理论的语言转向在哲学上属于现代人本主义思想,与批判理论以及实证主义共享同一历史起源,即现代唯名论的兴起。现代唯名论者相信在人类概念之外不存在任何秩序或其他

---

[1] LePore Ernest(Ed.). Truth and Interpretation[M]. New Jersey:Blackwell,1989.

普遍性。现代唯名论同时导向理性主义和非理性主义两个相互矛盾的方向。由于舍弃了亚里士多德内在形式的观念，现代哲学被委以重构人类经验结构的使命。理性主义路线就是康德所谓"人为自然立法"的过程。科学分析模式的行政学是这条路线在当代所结的果实。非理性主义的唯名论则因坚持事物的个体性特征，反对经验结构的理性重构。行政学的语言转向不过是依靠语言的偶然性推进对理性建构方案的怀疑。这种变革有助于当代行政学严肃对待詹姆斯·威尔逊对组织理论所持的怀疑主义立场，以抵消良序社会中官僚制的负面效应。但是，行政学的语言转向因坚持反本质主义立场，一方面拒绝承认西方体制概念革新的必要，另一方面难以推动发展中国家的社会转型。

3. 公共行政研究的技术变革

只要辩证法不放弃发掘被工具理性压抑的本质性规定，就无法彻底清除对经验的操纵性干预。与之相对，后现代语言转向反对一切本质主义规定，却因无法提供一个持续有效的立足点而否定理性的价值。这两种理论形态虽彼此矛盾，却同为现代唯名论所结的果实。假设这组二律背反产生于唯名论的固有规定，那么否定了这种规定，辩证法与语言转向的矛盾就能消解（而不是解决）。唯名论以分解/综合为基本方法，要求在彼此疏离的个体之基础上实现结构化（无论是自然结构还是社会结构）。关键问题是：得以建构的结构是否和疏离个体具有同样的实在性。现代主义要求以理性的规定将经验结构化，并承认建构产品的实在性。后现代理论则因否认这种实在性，而对理性的结构化工作保持怀疑。如果实在性只被赋予疏离的个体，那么最为初级的经验建构也需依靠理性从外部去整合个体。所以只有否认唯名论这个基础预设才能打破此僵局，具体方案是承认个体的某种间性具有根本的实在性。

具有实在意义的间性首先被理解为某种具有普遍性的结构。

当这种结构在先验条件下被给予时,就会表现出这种普遍性。康德通过修正亚里士多德的范畴表获得了逻辑主体的先验规定,①并以之为理论综合的起点。但逻辑综合离开多样性无法实现经验的完全统合,另一方面多样性作为结构特征,因掺杂经验内容,而使逻辑失去纯形式的先验性。逻辑是具有先验性的间性规定。康德受缚于理性主体的自治要求,拒绝承认逻辑只是人类经验被给予的一种方式。现象学对康德哲学最重要的突破在于承认经验是以多种方式被给予的。经验被给予的方式被称为模态或者模式。②除开逻辑,经验还以可数、空间、运动、物性、生命、心理、历史、象征、社会、经济、审美、正义施行、伦理及信仰的方式被给予。只有将先验性与多样化视为某种结构属性,理论的基本矛盾才会出现。多维度模态领域作为结构范畴的替代性概念,使人类经验得以在不损失先验性的前提下保证其多样性的特征。

结构通常被视为实体的属性,与"什么实存"的问题有关,涉及多样组织和社团的具体经验。模态则指实体的存在方式,与"如何存在"的问题相关。模态维度不是作为个体事物而被直接经验的。这类范畴是人类经验普遍确定之边界。模态具有自明性和多元性两个重要特征。模态的概念与存在一样具有自明性,所以不在于用推导的方式进行论证,而在于用展示的方式显露根据。但相较存在这种未分化的概念,模态却拥有一种结构特征,这种结构与具体事物的个体性构成无关,而是由人类经验本质的多元性所给予的。因此理论思维若要避免扭曲多元经验结构,必须遵守非化约原则。这个原则可被表述为:人类经验的任何维度都不能被视为独一真实的维度,也不具备使其他维度的存在成为可能或现实的基础性地位。③

---

① 康德.纯粹理性批判[M].邓晓芒,译.杨祖陶,校.北京:人民出版社,2008:71.
② 索科拉夫斯基.现象学导论[M].高秉江,张建华,译.武汉:武汉大学出版社,2009:18.
③ Clouser Roy A. The Myth of Religious Neutrality: An Essay on the Hidden Role of Religious Belief in Theories[M]. South Bend: University of Notre Dame Press, 2005: 242.

非化约原则要求理论拒绝一切化约工程。霍布斯受伽利略物理学启发,认为将实在等同于运动中的物质时,所从事的就是理论的化约工程。西蒙受布里奇曼影响,认为将行政学建立在行为主义基础上的努力也是一种化约工程。现代主义行政学要求用实证观察的事实或情况对概念进行可操作性加工,从而取消了不可进行操作性描述的概念内涵。化约理论之所以可能,是因为模态领域具有普遍性,亦即任何一个模态都规定了每个实体的某一维度。一些事物所分享的特殊本性的确主要源自某种特殊的模态的规定。例如公共事务主要源自律法维度(Juridical Aspect)之规定,公司机构的行动原则一般为经济模态所规定。虽然侧重于某一维度的模态分析可以揭示一些事物的特殊性质,但不意味这类事物仅由这种模态所规定。由于任何事物、事件、事态都运作于所有模态领域,①所以任何一种或某几种模态都无法穷尽实体的规定。

　　模态分析是研究社会实时避免化约论技术方案的。一方面,理论的化约工程能最有效地推动国家建构,另一方面,在实体层面,政治社会也未展现本质意义上的多元结构。所以当理论无法基于其本质要求提供某种多元屏障时,就可能沦为化约工程的知识媒介。服务于国家建构的理论就像缩略地图,当它们与国家权力结合在一起时就能重新塑造所描述的事实。国家建构需要以实证理论为工具将社会量化,这不仅意味着人类和各种事务要被重新分类定义,质量标准也须相互换算。② 治理理论和行政学中出现的这种简化就属于化约工程。政治保守主义者抓住传统的多元结构,主张管理工作的复杂性,反对理性的化约工程。这种历史中偶然形成的多元结构只是多元模态展开的结果,只有坚持不可化约的模态分析,才能重现自然经验的多维度特征,并揭示政府因其特殊身份结构而在所有模态中的独特运作。

---

① Ouweneel Willem J. Wisdom for Thinkers[M]. Paideia Press,2014:52.
② Porter Theodore M. Trust in Numbers:The Pursuit of Objectivity in Science and Public Life[M]. Princeton:Princeton University Press,1996.

〔补充〕模态分析是从语言转向的极端相对主义立场向本质主义预设回归。这种技术方案承认社会生活拥有一个本体论的基础，但这个基础既不是某种替代性的社会建制，也不是对疏离的个体的绝对化和理想化。与后现代语言转向一样，模态分析没有将本体论基础视为现象背后的实体，并否认这类实体的存在。此本体论基础是一种在自然经验中直接被给予的秩序。这是一种先验秩序，但并不具有现代自然法传统的理性主义特征。给定秩序不是理性综合规定的结果，①而是在直观中就已然为经验的自然统合所约束（Bound Systatically）。只要研究者持续在现世经验内寻找理论的阿基米德支点，就只能将一种模态的规定设为公分母，并对多维度经验进行综合。从一种内蕴性理论的立场上看，自然统合（Systasis）②必须被转译为综合（Synthesis）。只有一种先验动机能使理论将经验现实领会为先验统一体通过时间秩序透镜的极致分殊途的折射。所以模态分析是与理论先验动机相匹配的技术

---

① Dooyeweerd Herman. The Crisis in Humanist Political Theory[M]. Grand Rapid：Paideia Press，2010：76.
② Systasis 是杜伊维尔直接从希腊文转译而来的单词。《理论思维的新批判》一书英译本在注释中提道：这个古老的概念是用以区分人现实经验统一体的自然联合与"综合"（Synthesis）一词所暗含的理论态度。康德以降的现代哲学以理论思维的自主性假设为起点，认为准确知识由逻辑范畴对感觉经验综合而成。源自古希腊哲学的前现代思想则认为理性可以超越日常的本真经验，以获得亘古不变真理之理性形式。这两种思想范式都预设具有自主，位的理性能通过理论分析与综合机能获得对经验的说明。杜伊维尔认为这种预设错误理解了理性的机能。在理论思维的每一个行动以先，现实的经验就已经系统黏合为一体。日常经验不是作为有待理论理性整合的感觉经验呈现给人。相反，日常经验是一个人类生活所有维度的自然统一体。所谓的自主理性与理性之外的感觉经验之间的对立是一种虚假的前设。如公民、政府这些日常经验的对象并非理论思维的客体（杜伊维尔以荷兰语单词 Gegenstand 指思维的客体，或思维的对立物）。对日常经验对象的理解源自多元生活模态中整体人格的经验。人类的思维活动是人类经验整体的一部分，而非外在于经验的独立观察者。只有当人们决定将经验的某些部分问题化并提示给思维时，他们才开始为逻辑分析与综合构造一个客体（Gegenstand）。所以人类经验并非有待思维综合之客体。毋宁说，思维综合与分析的所有行为都取决于（并开始于）一个已然综合为整体的既定现实。综合（Synthesis）与统合（Systasis）源自两种整体的对立。综合整体是由理论的整合机能所建构的。统合整体是一种既定现实，任何一位研究者都是这种现实的一部分。研究者先于理论思维的任何行动本真地经验着这种现实，并以这种现实为理论思维的基础。

方案。

三、行政研究的变革目标

变革既是前理论条件的规定,也是对理论形态所提出的要求。其不仅源自这些哲学反思,还与一种明确的政治立场有关。这种立场把基于必然性统治的典型现代政治社会诊断为新型的僭政。实证主义公共行政理论由于能将必然性代码植入社会现象的解释和说明,因此发挥着这种僭政统治知识媒介的功能。变革作为改善人类处境的政治立场,要求抵御这种统治模式,阻止公共领域进一步受到腐化。这要求公共行政研究对社会系统所分配的知识媒介功能具有批判性反思的能力。变革型公共行政的哲学理论可能为推动社会变革或文化转型提供指引。即使必然性代码已经毫无希望从公共生活中分离出去,但这种哲学反思也能为未来社会留下某些遗产。具体而言,变革视野中公共行政的哲学研究至少肩负如下三重使命:(1)脱离自然科学程式,成为一种严肃的哲学活动;(2)对人类在偶然性基础上采取的行动[①]进行概念化;(3)在阻止公民进一步腐化的前提下,为重构公共组织与社会结构提出一个方向。

1. 培育公共行政的批判想象力

实证主义使主流行政学不假思索地依赖官僚体制的定义对问题进行研究。这种研究以价值中立的科学优越感探究有关事实的真理,却不知事实在被察觉时已经受到科学、商业以及政治惯例的严格规整。它将社会现象的统计学规律规定为事实,使现实条件永恒化。这种研究越精致,就越表明自己对以下真理的无知:首

---

① 曼斯菲尔德.新的方式与制度:马基雅维利的《论李维》研究[M].贺志刚,译.北京:华夏出版社,2009:17.

先,正是一些占据支配地位的社会条件创造着事实和行为;其次,这种既存条件不断压抑着社会现实的替代解释与行为的潜在可能性;最后,传统理论是思想的载体,它从不服从现实的支配性结构。这种理论是真理的助产士,能引导并诱发具有解放潜能的事实或行动。理论上的墨守成规和坚持,认为理论是社会整体的某种固定职业和自我封闭的领域,都背叛了思想特有的本质。[①] 因为只有当思想在理论中沉默时,现实才会肆无忌惮。所以变革型公共行政学要求立基于批判行动,恢复思想在理论中的地位。[②]

作为批判理论的变革型公共行政学面临的首要任务是揭示行政现象的历史与社会建构。从社会建构的角度理解行政学的理论与实践,需要预设的这些内容都源自历史中形成的政治、经济和文化的权力关系。这种权力关系不仅塑造了占据支配地位的公共行政理论与实践,还压制替代性选择的知识。在社会层面,福柯揭示了行政学与权力机构形成的共生关系网络。变革型公共行政学需要通过揭示公共行政理论与实践的社会建构,断开以再生产与自我强化为目的的知识权力的循环系统。例如,博克斯发现美国公共行政建立在宪法与联邦主义的历史文献根基上,这种历史元叙事的建构是以系统性排斥反联邦主义文献为代价。比尔德和史密斯的分析表明美国宪法背后是联邦主义者为巩固自身社会阶层经济利益的筹划,其内容与民主制相背离。这种分析在揭示主流行政学历史叙事建构特征的同时,也帮助人们从另一角度思考替代性方案的潜在可能。[③]

变革型公共行政学还需通过批判想象力促进具有价值的行动。批判理论面对的最严峻的挑战是在不放弃启蒙理想之前提下避免工具理性的强制思维。这意味着变革型公共行政学既要避免

---

① 曹卫东. 霍克海默集[M]. 上海:上海远东出版社,1997:211.
② Kellner Douglas. Critical Theory, Marxism, and Modernity[M]. Baltimore:John Hopkins University Press,1989:46.
③ Rorty R. Philosophy and Social Hope[M]. London:Penguin Books,1999:5.

完全以普遍概念把握日常经验,又不放弃概念的媒介。所以批判理论只能从给予的特殊出发,寻找具有普遍性的制度与方式。这种思维机能被康德称作"反思的"判断力,以区别于以科学知识的应用为目标的"规定的"判断力。在反思判断力中,作为先天直观能力的想象力与作为理性概念能力的知性,借一个客体表象而发生自由的、不确定的却合目的的游戏。在想象力与知性的协调一致中,知性服务于想象力,却不能越过想象力对日常经验进行操纵性干预。因此变革型公共行政学需要提升想象力在思维中的地位,重构想象力与知性协调一致的关系。这种重构能使研究者、行政人员与公民辩证地使用想象力展望替代性前景,[1]并有意识地选择未来。

〔补充〕变革型公共行政的哲学研究作为一种批判理论,最终必须面对自我批判。只有使哲学反思以否定的方式转向自身,批判理论才能坚持其认识论要求。阿多诺发现对经验的操纵性给予在根本上源自现代理论以概念为媒介的同一化方案。当批判理论基于现有环境和流行概念规定人类未来潜能时,它正在赋予未来以同一性,因此正在破坏这个概念。除非理论完全舍弃同一性而转向非同一性,否则批判理论就无法贯彻自身主张。但由于理论正是被逻辑维度所规定,所以转向非同一性就意味着其在根本上否定了自身。只有当主体放弃技术支配的意图,而以乐于交往的态度面对自然、自我与他人时,批判理论才能在社会层面达成其目标。阿多诺在艺术家的模仿与艺术作品的审美体验中发现这种解放潜能。不过审美经验只是一种静观与沉浸,不具备公共领域所要求的行动特质,所以后期阿多诺极少涉足公共事务的分析,霍克海默也逐渐从社会与政治理论转向了哲学与神学思考。

批判理论因社会变革的规范愿景不断威胁经济和政治的平衡

---

[1] Marcuse Herbert. Negations:Essays in Critical Theory[M]. Boston:Beacon Press,2009:154-155.

而难以彻底被行政学消化。审美转向体现出这种理论最激进的政治要求。阿多诺后期的自反性思考,使批判理论彻底向浪漫主义传统回归,这种传统将意义的审美维度高举为最深刻的现实根基。为避免一般公理与普遍规则的压抑特征,沙夫斯伯里赋予审美以自治地位,使其成为道德实践与公共事务的内在要求。席勒将审美规定为非理性主义个性理念的现实,拥有优于逻辑思维的绝对重要性。批判理论对概念同一性方案的彻底清算,使其最终选择了将审美模态绝对化的方案。这种方案在政治上面临两难之境:一方面审美经验只能在可能性中揭示自身,而不具有建构性;另一方面将审美经验直接转换为建构性事实会引发激进的政治运动,其后果比技术知识未经中介地应用于现实所致的渐进式破坏更为可怕。所以批判理论难以提供一种与公共行政相匹配,且具有解放潜能的行动主义理论。

2. 释放公共行政的行动创造力

批判理论在其最激进的表达中虽然彻底放弃了理论化的方案,却因使审美模态绝对化而保留了本质主义立场。这种立场使行政学在政治上陷入进退两难之境。一些持批判态度的公共事务学者为保留行政学的可能性,最终选择了后现代理论的立场。这种立场以否定实证理论的客观化倾向为目标,却拒绝牺牲理论自身价值。它预设认知过程无法离开人类意图的参与而抽象地实现。即使研究者观测一个自然对象(Gegenstand),也需靠意图与行动构造此对象。后现代理论在避免陷入客观化的同时,还必须保持社会建构的可能性。在语言转向中,这意味着阻止指谓的无限制滑动。皮尔士为主体保留了一个无意识维度之本真规定的前提,认为人类意识都是以关系为媒介的社会整合之产物,正是意识的社会性确保了指谓的相对稳定性。所以行政学必须以一种彻底不同的方式思考社会现象,即不再将其定制为孤立的自然对象予以把握,而是在一种社会性关联中理解这些现象。

公共行政研究如何能与认知理论的变革相适应，以发展出一种理解公共事务的方式？社会性是理解行政现象的关键。社会性关联与事务的结构特征有关。按照皮亚杰的定义，结构是一种具有转换性与自身调整性的整体规律体系。① 以社会测量学为基础的行政学一直致力于用实证方法研究初级社会关系。这些关系在可观察的层面具有整体性，但还不构成结构。结构虽是意识的建构性要素，其自身却不属于意识。如拉德克利夫-布朗所言，结构不能等同于可以观察到的相互作用系统，所以实证主义行政学依靠统计方法获得的要素关联还未达到结构的高度。现象学预设理论和经验发生在既定的前设解释和高度结构化的背景中，② 从而尝试在结构中重构对组织现象和管理行为的理解。但这种研究仍然将结构建立在一种非时间性的基础上。现象学如果与实证科学一样将理论视为自然之最后与完备的终结，就沦为社会现存阶级划分合理化的手段。

为实现理论变革对语言风格和知识类型的要求，行政学需要在一个历时性（Temporal）维度内实现结构主义所保留的先验要求。杜威将"永久性"与"实质"的概念视为必不可少的虚设，以使历史流变具有一个实体和轨迹。③ 皮尔士也采取类似的策略，他拒绝接受康德对事物自体与现象的割裂，将科学命题的普遍有效性转换为无限探究过程的目标。在杜威和皮尔士的实用主义要求下，实现结构主义方案需要满足以下两个条件：(1)结构不属于意识而属于行为，无法被一种要求终结与完备性的理论所把握；(2)结构不是抽象法则的先验规定，而是在历史进程中不断创造自身。只有共同体作为行政学认知过程的首要媒介才能把握结构的这两个层面。这意味着任何行政学知识都需在共同体中公开达成共识，从而转变为行动上有效的资源。所以群体组织应成为探索联

---

① 皮亚杰.结构主义[M].倪连生,王琳,译.北京:商务印书馆,2010:3-16.
② Fassnacht G. Theory and Practice of Observing Behavior[M]. London:Academic Press,1982.
③ 杜威.经验与自然[M].傅统先,译.北京:商务印书馆,2015:120.

合原则的新方法,这也要求行政学转向集体合作的行动主义方案。

〔补充〕行动主义改造使行政学不再以探索官僚机构的控制技术为首要任务,而是聚焦于如何将公共组织建立在一个交往共同体的理想模型上。这可能使行政学将一个无限交往共同体的先验语言游戏设立为认识论和科学理论的先验语言前提。采纳阿佩尔的方案,意味着用交往共同体的概念改造康德哲学的先验前提。哈贝马斯在社会理论中坚持阿佩尔的方案,认为制度和政策的变革需要依靠在公共部门各个环节建立无宰制的沟通机制来实现。此方案由于在形式层面保留了理性主义内核,所以在行政学上切实可行,但其哲学预设并不符合语言偶然性的要求。罗蒂认为哈贝马斯不过是用意见会和取代其他非历时性的原理,语言偶然性与历时性必须拒绝这种普遍性,而真正的联合只能产生于历史上偶然的终极语汇。[①] 这种具有浓厚相对主义色彩的哲学改造方案能够通过丢弃良序社会创建过程中的理性主义架构,推动这类社会在各个层面的自我升级。但是其仍然无法对需肩负社会转型与秩序建构职责的行政系统提供进一步指引。

罗蒂的激进实用主义立场在政治上依旧面临更加有力的质疑。事实上只有一种实在论信念才能为公民对(存在缺陷的)政治社会的持续委身提供充足理由(即合法性基础)。罗蒂却认为人类团结可以在普遍怀疑的基础上实现。他相信在一种乌托邦社会中,相对主义责难已丧失效力,所谓历史背后的东西云云也已经无法理解,可是人类团结感却原封不动。[②] 当某种信念只是由偶然历史环境所引起,而别无深层原因时,清楚认识这一点的人依然能够为这一信念赴汤蹈火。怀疑主义与社会行动彼此兼容的情形可能出现,但整个思想历史中只有哲人能在这种深层张力下保持平衡。苏格拉底之后的每一位哲人都必须不断消化这种张力,一方

---

① 罗蒂.偶然,反讽与团结[M].徐文瑞,译.北京:商务印书馆,2003:273.
② 罗蒂.偶然,反讽与团结[M].徐文瑞,译.北京:商务印书馆,2003:270.

面要追求真理与最佳政制（也就是在制度上实现自律），另一方面要忠诚于那些不完美世界（我们就在其中生活和行动）的法律和规则。而当公民普遍采纳怀疑主义立场时，政治社会就会因腐化而丧失了团结的基础。所以激进的实用主义可能会破坏哲人在公开言论中保留怀疑主义立场这个秘而不宣的传统。

肩负秩序建构使命的行政系统不能陷入彻底的怀疑主义。以普遍交往重构行政学的诸方案中，是否有一条哲学上行之有效的路径，既能绕过阿佩尔对交往共同体的先验假设，又满足这种需求？朱利安通过跨文化研究，找到了一种富于启发性的方案。这种方案采取以审视交往和社会认知的前提为出发点的方式回到康德。但朱利安拒绝为先验规则寻找更为复杂精巧的变体。① 他认为唯有可理解背景下的可沟通性是先验的。这不是一种给定的理性形式，而是追求或努力。这种追求或努力与沟通的意图、情感、目的、动机相关，福克斯和米勒将之定义为能量。他们将公共政策与行政过程重新理论化为一种公共能量场，一方面将人们的注意力直接引向真实、生动的事件，另一方面也把人们引向建构理解过程的社会互动。② 此方案对公共组织的描述摆脱了官僚体制语汇的僵化，赋予可沟通性以动态生成的特征，推动公共部门不断超越理性规定的界限，匹配永无止境的历史进程。

3. 确立公共行政自然经验基础

思想的规定转变为对沟通的普遍追求是将运动而非思想视为人的本质性规定，这是由实用主义退回到叔本华与尼采唯心论立场的标志。这里的运动是指"基于自由筹划的形式赋予"，属于历史模态的核心意义。历史模态绝对化能释放为官僚制所抑制的创造性自由，但也使公共行政排斥诸社会结构间稳定规则与清晰界

---

① 朱利安.论普世[M].北京：北京大学出版社，2016：153.
② 福克斯，米勒.后现代公共行政[M].北京：中国人民大学出版社，2013：77.

限。实用主义和唯心论方案都有内蕴性哲学的一般问题:如果研究者赋予某些模态或先验规则绝对实在性,社会结构只能通过被涵摄到这些规则以下获得衍生的实在性。但无论是模态还是先验规则都只是理论思维的概念媒介,这些方案的实质都是通过理论的还原工程再造社会结构的实在性。日常经验的某些维度无法进入这项还原工程时,就会失去实在性。所以实用主义的缺陷并非过于遵循经验,而是相反——不理解经验。当历史模态被高举为唯一实在时,经验的其他维度的实在性就被舍弃了。

要找到一个在哲学上深思熟虑的行政学方案,必须回到笛卡尔为内蕴性哲学提出的奠基性命题,即"思考的我"是自我最具实在性的规定。[①] 由于思考者无法怀疑他的怀疑,所以"我思"成了内蕴性哲学的起点。内蕴性哲学需要寻找一个阿基米德支点,以将经验整体涵摄进来。但这种努力通常以失败告终。因为日常经验的一些固有规定无法被理论思维所涵摄,而这些规定与思维规定一样具有实在性。在笛卡尔哲学中,怀疑否定了经验的实在性。不过怀疑并非认知实在世界的唯一渠道,[②]实在是以多种方式被给予的。此命题并不必然导向经典现象学的立场。胡塞尔预设,作为一种全备现象学主体的超验自我是一切意义的终极建构性源头。这种现象学态度原则上欠缺一种激进的超验性自我反思,这种反思一方面说明现象学主体不可能具有超验性,另一方面其方法也无法把握完整的意义。而进入意义综合的理论洞见本质上只在历时性意义统一体中才得以敞开。

历时性的意义统一体并非由思维的综合机能整合而成。它在理性和推论之前就被给予,[③]从而完全内在于日常经验。唯有这种原始经验才能展现有关实在之真实可靠的认知。任何理论与日常经验相比都只是第二性的,必须以之为基础。黑格尔认为"为了

---

① 笛卡尔.第一哲学沉思集:反驳和答辩[M].庞景仁,译.北京:商务印书馆,2009:28.
② 克尔凯郭尔.论怀疑者[M].陆兴华,翁绍军,译.上海:上海人民出版社,2006:58.
③ 巴文克.启示的哲学[M].赵刚,译.成都:四川人民出版社,2014:47.

说明世界应该是怎样的,哲学无疑总是来得太晚,作为对世界的思维,哲学只有在现实结束其形成的过程并成为过去后才会出现……密涅瓦的猫头鹰只有在夜幕降临的时候才开始飞翔"。① 这种对哲学性质的评估完美契合行政学理论,所以作为治理技术学的行政学理论在哲学上是一个悖论。只有采取彻底的经验主义立场才能避免技术操作对经验的扭曲和干预。宰普斯曾将讲故事视为公共事务研究面向经验开放的一种技艺。他认为研究者可以将社会现实与象征性叙述对立起来以揭示公共领域的冲突。金和扎内蒂则以试验性的方式将宰普斯的方案应用到行政学中,希望通过研究者讲述自己故事的方式实践变革型公共行政。②

　　金与扎内蒂的试验性工作为行政学拓展了一种宝贵的可能性,但是严格来说讲述故事并不符合理论的内在规定。彻底面向经验有可能使研究者支持詹姆斯·威尔逊的激进立场,否认公共行政学的可能性和价值。事实上由于逻辑是诸模态领域之一,在逻辑上澄清行政现象能促进经验和价值的增长。行政学理论提供准确信息的目标并非是为改造经验而消除差异,而是避免混乱。为实现这一目标,行政学理论需要聚合(大量事物运作其间的)律法模态的比较概念,以使模态的普遍性得以概念化。但这种理论知识不能直接被转译为公共事务的现实,而应以行政实践者的整体经验为媒介对行动产生间接影响。此外当研究者从理论支点检视日常经验时,疏离的模态维度才得以显现。模态至少有以下三方面的规定:(1)具有一个结构社会分疏的内核;(2)任何一种模态都有其独特的内在规定性;(3)理论思维无法建构模态的统一体,而这种统一被预留给了日常经验。以模态分析为基础的变革型公共行政学需要研究如何将这些规定应用到公共事务的分析中。进一步的应用会在后面部分讨论。

---

① 黑格尔.法哲学原理[M].范扬,张企泰,译.北京:商务印书馆,2013:14.
② King C S,Zanetti L A. Transformational Public Service:Portraits of Theory in Practice[M]. London:Routledge,2005.

〔补充〕在变革视野中给公共行政的哲学研究定位,需要从根基上讨论公共行政的"神学"问题。这个问题最早出现于索福克勒斯的悲剧《安提戈涅》中。在这部悲剧的核心冲突中,安提戈涅超越公共理性,诉诸永恒秩序的权威;而克瑞翁则作为政治行动的喉舌,主张自主灵活性和实践判断力。① 变革型公共行政研究所面对的根本矛盾在于先验规则与自由创造之间的对立。纽约市政研究项目与田纳西山谷项目奠定了现代公共行政的本质,即超越法律的稳定性,②作出灵活自由的管理安排。但现代主义的行政学在预设具有超然自由地位的管理者的同时,将先验的技术代码植入了公共生活,最终使这门科学沦为建构先验技术秩序的知识媒介。批判理论认为实证主义社会科学错误地理解了政治生活的本质,将人类支配自然的技术向社会生活移植,结果使技术控制成为公共行政的本质。这种传统认为有一种本质性的认识能矫正公共生活的扭曲,他们诉诸这种致力于解放的知识,以破坏行政知识中被先验植入的技术控制代码。

批判理论的变革视野是一种修正的安提戈涅立场。与之相对的实用主义则要求彻底舍弃这种立场,而转向克瑞翁的政治行动主义。这种新的立场要求行政学以激发公民联合行动与公共部门的创造性实践为变革目标。表面看上去批判理论与实用主义因分别持守安提戈涅与克瑞翁的对立立场而互不兼容,但事实上,这一公共行政的神学问题是在人本主义的框架内提出的。人本主义自身就是由一个绝对化的自然理念与一个同样绝对化的自由理念所组成的充满内在张力的思想范式。前者先验地要求将事物理解为符合规则的存在,而后者则相反——高举个体的个性自由。但是,二者都共享一个笛卡尔哲学的出发点,即以理论思维作为实在的支点。只有在这个人本主义的理论支点上,先验规则与自由创造

---

① 史密斯.耶鲁大学公开课:政治哲学[M].贺晴川,译.北京:北京联合出版公司,2015:21.
② 庞德.通过法律的社会控制[M].沈宗灵,译.北京:商务印书馆,1984:13.

才水火不容。一种更激进的批判要求在行政学中推动哥白尼式革命。这种批判所推动的变革表现为恢复日常经验相对于理性的真理地位,这意味着理论不再是知识的基地或起点,而仅仅只是检视现存经验的人类行为。

康德曾使用哥白尼式革命来形容自己对形而上学的革新。这次哲学革命是通过先验理念论,将知识的对象解释为一种普遍有效的主体综合过程的产物。但是康德的哲学革命还不够彻底,并未寻求超验立场对逻辑主体的进一步批判。认知领域真正的哥白尼式革命应将现有行政学的问题追溯为一个根基性的错误——将抽象思维的产品混同于事物的真实状态。为矫正哲学对二者的混淆,必须认为每一个社会实体在日常经验中都展现出具体的独特个性,但同时又在给定的所有模态中起作用。这一方面意味着只有在日常经验中,多元模态才以独特的方式联合为一体,由于这种联合无法为理论所把握,所以这一领域完全被预留给人类实践中的自由创造;另一方面当人们转向理论视角时,疏离的模态才会出现。行政学理论可以通过分析真实事物的模态功能,获得普遍有效的独特概念。这种理论可以间接促进经验增长,却不会将操纵性代码强加给经验,最终化解公共行政的神学难题。

4. 小结

本章内容对当代公共行政学中出现的变革要求进行批判性重构,以之为基础提出一套行政学的系统改造方案。这种重构由前后相继的三个部分组成:①变革作为一种前理论规定;②变革作为一种理论形态;③变革作为一种行政学的任务。

这里有必要简要重述将变革概念化的过程。

(1)激进的变革要求需要通过改造前理论环境,为行政学奠定一个崭新的起点。实证主义以价值中立和理论的自治性为预设,事实上这种研究的旨趣在于对日常经验施加操纵性干预。变革型公共行政的哲学研究以哈贝马斯的洞见为概念化变革的起点。批判理论诉诸解放的概念,将认知与旨趣统一起来,提供了一种不同于实证主义的前理论环境。解放旨趣能支持行政学抵抗官僚经验的异化作用,并推动一种导向乌托邦图景的社会变革。不过这种旨趣将政治解放捆绑人的解放,可能因要求自律的制度化而走向对整个行政系统的拒绝。实用主义对语言偶然性的信念既能回避批判理论解放旨趣的政治风险,又能缓和实证主义异化过程的破坏性后果。语言偶然性预设因排斥本质性认知,而将行政学定义为一种基于特定语言游戏的方言。这种认知否认理性的真理认知价值,将其功能降低为防止谓述的无限制滑动。只有反讽的语言风格在前理论中得以规定,才能保证行政学不受本质主义捆绑,以自由进出语言游戏。前理论环境与"自我"的规定性相对应。批判理论作为启蒙遗产的继承者,必须坚持理性主义筹划,这种传统相信逻辑模态是通向自我本质主义认知的媒介。本研究冒着简单化的风险,认为实用主义之所以坚持反讽的言说,是因其将审美/历史的模态规定为自我的双重结构。批判理论和实用主义都试图将一种或数种疏离模态作为自我的本质性规定,所以它们同样在从事内蕴性哲学的化约工程。只有一种激进的超验立场才能彻底免于这种化约工程,并挽救公共行政学。

(2)前理论阶段不会提供一种理论的房角石或元命题,因为在本质上,它只是一种环境,还未将自身建构为任何一种理论形态。但前理论环境的变革能为理论建构提供一个崭新的基地,这必然会在一般意义上推动理论形态的变革。这部分讨论的起点依旧是实证主义的行政学理论。实证主义向日常经验植入操纵性代码是通过"化约"与"凝固"这两种技术才得以实现。化约使概念具有可操纵性,而凝固能使现行支配结构永恒化。为阻止实证理论对社会实在的改造,批判理论也提出两种针锋相对的技术方案。①非同一性原则:保持概念与认知客体之间的差异;②矛盾和历史原则:承认社会条件自身之中就包含它们的对立面,这使社会结构时刻处于不稳定的发展进程中。这两种技术方案使理论必须呈现为辩证法的形态。辩证法通过矛盾分析,认为任何社会存在既是合理的,又在其自身埋下了死亡的种子。这种理论形态致力于揭示主流行政学历史建构过程中所压抑的对立面,并推动行政学从治理技术学向社会变革媒介转型。辩证法由于依旧保留了潜在的关涉社会整体的本质主义认识,从而对政治社会的持续性提出挑战。实用主义再次站在实证主义与批判理论共同的对立面,通过知识类型的语言转向在理论形态层面贯彻反讽的要求。知识类型的语言转向无意建构一种新的形而上学,只是以语言模态的偶然性特征重申历史主义的主张。这种理论变革一方面有助于破除"基于事实的治理"这个广为接受的行政学神话;另一方面还将这门学科导向基于深思熟虑判断的建构主义,使其重新与伦理学以及政治哲学发生内在联系。与批判理论经常面对政治上的责难不同,激进实用主义所导致的后现代语言转向无法承受哲学上的追问。与批判理论的有效遮掩不同,语言转向使其历史主义内核以及背后的唯名论立场暴露无遗。一方面,唯名论在"具体事物"层面将疏离个体绝对化,使个体的间性结构缺乏实在性。解决这一难题需要理论放弃针对具体事物分析,而严肃地对待模态分析。另一方面,历史主义试图将"基于自由筹划的形式赋予"这独一模态绝对化。但若没有非历史的模态与之相对,历史模态会因彻底的无定形为在哲学上无法设想。为脱离历史主义的内蕴性哲学立场,超验动机要求平等对待经验的诸种模态,而拒绝将某一模态绝对化。所以理论形态层面的变革要求行政学符合模态分析的规则,拒绝任何形式的化约论。

(3)变革的概念化意味着重构行政学的前理论环境,并在此基础上奠定一种新型行政学的理论形态。但这种由辩证法、语言转向以及模态分析所规定的理论形态可以容纳多领域的社会科学研究,所以变革概念化的最后一步是在具体的情境中为行政学的改造提出历史使命。在治理层面,操纵性代码使社会实在服从于必然性。当代治理与公共行政的本质是由必然性规定的。在政治思想史的政制类型中,基于必然性的治理是后宪政时代的典型特征。变革对当代行政学提出的历史使命就是通过改造行政学,扭转后宪政时代公共部门与公民的双重腐化。持批判和变革立场的行政学者的首要目标是要求这门学科拒绝充当后宪政统治的知识媒介。变革型公共行政学需要通过解释主流理论范式的历史建构过程,使自身成为一个自我反思的单元。如果要将公共行政学建立在反思判断力的基础上,研究者不仅需要有历史视野,还需培养批判想象力。批判想象力能与知性以一个对象为媒介,发生自由且合目的的游戏,使经验免于理性的操纵性干预。这种认知要求对行政现象的研究符合如下两个特征:在消极方面不依赖于规则制定和程序执行,而在积极方面赋予运用想象力以首要地位。当批判理论以自身为对象时,会彻底否定理论的同一性而将审美模态绝对化。批判的审美转向要么会导致对公共事务的全面拒绝,要么会提出一种彻底激进的社会改造方案。这两种可能性都意味着对公共行政系统的全面拒绝,所以审美转向实际否定了行政学的可能性。一种更可行的方案能在与实证主义维持距离的同时,又保留行政学的可能性。这种改造要求放弃批判理论持守的本质主义立场,将个体认知转变为社会实践,以真理共识论替代真理符合论。这意味着行政学以释放行动中的创造力为目标,转向联合行动的实用主义模式。

第三章

变革型公共行政的问题意识

本书的第二章讨论了什么是变革型公共行政的哲学研究,本章主要讨论这种公共行政的哲学研究要变革的究竟是什么?它与一般科学研究中的问题意识相关。一般而言,问题指理想境况与现实条件之间的差值。该定义将问题视为理论研究的一个环节。一个完整的研究程式以问题的提出为第一阶段,接着是分析研究,最后形成结论。提出问题是分析和形成结论的前提,但这些环节的区分只是暂时的,它们的提出是出于概念规定性的需要。所以科学研究的三个环节不是抽象、僵死的,它们在整体中被具体地规定着。韦伯用外部环境与内在条件的概念区分了科研的环节与其依赖的整体。他认为外部环境由专业化学术的诸环节构成,内在条件则与学者的灵感(Eingebung)相关。[①] 问题意识超越了专业化的规定,指向一种与整体相关的精神投入和价值关注。所以变革型公共行政学将主流理论问题化的方式涉及历史和哲学传统对该领域的精神与价值关怀。

相较主流行政学从其范式与学科内部所进行的批判性反思,本研究将当代公共行政的症状诊断为一种"癌症"。这份研究的目的不是提高机体对癌细胞的免疫力,也不是减少致癌物质的危险。

---

① 韦伯.学术与政治[M].钱永祥,等译.桂林:广西师范大学出版社,2008.

麦克斯万与怀特教授指出，我们（对公共事务的思考）被束缚在一种对疾病的思考方式内，这一方式限制了研究的进程。[①] 他们认为要对这种疾病展开一场攻坚战。这意味着要根除它的病灶，找到摧毁（治愈）它的手段。这种病灶的根源与其表现出的种种症状的关系，类似于基督教神学体系中原罪与各种特殊罪行的关系。原罪首要后果是人与上帝关系的改变，此后一切历时性罪行只是这种关系的必然产品。公共行政研究的根基性错误是指公共事务管理对精神及价值关怀的扭曲。麦克斯万与怀特在美国公共行政创立的根基上找到了这种病灶的源头，他们认为联邦主义是美国公共行政研究确立其精神气质时所犯的根基性错误。本研究认为由于人类管理公共事务有着悠久的历史，公共行政研究的原罪也应当有着更为古老的根源。

　　本研究将按照三个步骤探索和界定（也许并不能把握）当代公共行政最为基本的问题。由于对病患的界定通常渗透着人类基于价值的诊断，而这种诊断是以被赋予某种可欲价值的机理为基础。[②] 只有以完全健康的机理为原型才有助于我们全面理解病患的性质。施特劳斯相信政治科学在大难临头之时却依然在歌舞升平，[③]他认为只有哲人才能够充分理解公共事务和价值之间的关联。所以本研究通过古典理论中哲人所关注的几个问题来思考公共行政的性质。一份病原学的说明需要理解公共行政研究诞生于其中的欧洲精神危机。本研究冒着过度简化的危险，通过几种观念要素重构行政学的诞生环境。这种解释会遭遇知识考古学的挑战。福柯认为考古学只以话语本身为目的，解释服从于某些规律的实践。[④] 但思想史的进路依旧因某些连续性的机制而具有一定说服力。由于美国公共行政背后的意识形态如今深刻影响着各国

[①] 麦克斯怀特.公共行政的合法性：一种话语分析[M].吴琼,译.北京：中国人民大学出版社，2002:147.
[②] 哈特.法律的概念[M].许家馨,李冠宜,译.2版.北京：法律出版社，2011.
[③] 刘小枫.施特劳斯与现代性危机[M].上海：华东师范大学出版社，2010:47.
[④] 福柯.知识考古学[M].谢强,马月,译.北京：生活·读书·新知三联书店，2008:152.

公共事务的行政，其根基、创立和主流的形成会作为病理学研究而得到讨论。

一、公共行政研究的古典渊源

尽管大禹治水和摩西在西奈山颁布律法都证实了人类管理公共事务的悠久历史，但公共行政学却是现代世界的作品。这个新兴学科的基础是大型城市管理项目所要求的通过理性设计和科学运作所实现的各个社会要素之间的和谐。这种观念要通过制度和政策实现人类事务的最终和解。泰勒的科学管理研究是人类探寻实现最终和解的社会团结模式的高峰。在进步观念主导的当代行政学视野中，追求彻底和解的行政学以及公共行政部门的决策是毫无问题的。施特劳斯立足于古典传统，为分析当代公共行政学的内在问题提供了一个暂行的批判性基础。他认为只有彻底贬低政治生活所服务的目标，才可能实现这种最终和解。施特劳斯相信，人类事务无法在制度和公共领域实现最终和解。追求最终和解的意愿以及公共事务的有限性之间的矛盾在不同时期分别表现为哲人与城邦、神圣秩序与世俗政治、现代科学与历史经验之间的冲突。本节试图从这三组冲突概念出发，评估公共行政学的性质。

1. 公共事务的超验标准

古典理论对公共事务的思考源自人类学原则。根据这个原则，城邦是一个大写的人。[1] 研究城邦的建制与研究人类的灵魂有本质性关联。这意味着每种政府形式都会造就某种与众不同的个体，而这种个体将表现出这种政制（Politeia）品质的主导特征。城邦的本性是充分发展的社会生活中的人的本性，这种本性是思考制度和其他公共事务的限制性因素。所以古希腊的政府形式研

---

[1] 柏拉图.理想国[M].王扬，译.北京：华夏出版社，2012：369a.

究首先以区分人类灵魂的不同类型为基础。由于城邦是一个多样化的大众,公共事务研究接下来应思考如何通过全面教育(Paideia)将他们转变为一个共同体。当代行政学仅以行政人、理性人等高度同一,且过分简化的人类学模型为基础,但古典理论中政制与个体灵魂之间的关联并未因此而失效。行政学一方面以理性形式确立官僚制,另一方面也通过植入科学代码塑造高度同一化的公众。其成为一种知识媒介,将政府形式与同一腐化的公众结合起来。

行为科学进一步放弃了提升个体品质的可能性。异化的官僚体制与危险的意识形态都是这个问题的副产品。古代哲人讨论公共事务时从未放弃改革特定群体精神的迫切呼求,柏拉图正是在这种呼求下讨论城邦的范式。他希望在秩序良好的灵魂意向中唤起正当社会的范式,却不认为城邦之善源自制度的范式。亚里士多德也将城邦本性界定为同有理性秩序之人,以友爱为媒介组织起来的完美共同体。精神变革的哲学追求与公共事务的经验因以下两个要素而富含张力:①即使亚里士多德也承认自己所考察的158种历史样本都远低于由城邦本性与秩序形式合成的最好城邦的要求;②柏拉图对良好秩序范式原型的思考因担负在城邦中实现的使命,也只是某种洞穴墙壁上所反映的图像。公共事务永远无法使哲人的研究与城邦的实证条件和解,因此哲人会因城邦抵押而面对下行压力,但这也推动公共事务因上行而不断展开富于意义的对话。这种对话不仅能促进精神而抵制当代立宪政府的腐败,也能阻止意识形态的复仇。

如果说城邦的范式或本性是古代哲人关注公共事务的出发点,那么立法者的行动领域则是政府形式。马尔库塞断言当代公共行政所造就的是同一种政府形式,这种形式能兼容不同意识形态。若严肃对待这个命题,那么政府形式的比较研究框架应当是公共行政的研究者所关注的首要问题。但当代公共行政无法匹配亚里士多德所提出的六种理想类型政制。他将政府视为城邦卓越的代表。当代典型的政治社会因偏好缺乏卓越精神的人，无法成为古典理论值得关注的对象。和行政国家相互匹配的政府形式与古典理论家所建构的范畴究竟存在何种关联？事实上很多批判理论家都将全面管理的政治社会视为僭政在当代的变种。这种僭政是在共和国宪政秩序崩溃的历史条件下建立起来的。它本质上与腐败的人民有关，与低级的政治生活有关，与社会的衰落有关。当代行政学至少在两方面为这种政制提供了基础：受征服自然之动机所驱动的科学，以及科学知识的普及。以之为基础的政府形式与古典政治的目标和原则背道而驰。

〔补充〕古代哲人对政制（Politeia）的研究一开始就将诞生于腐败土壤中的行政国家排除在外。这种管理和组织社会的模式好比僭主凯撒对腐败人民恶行的复仇，从而否认了公共事务中可能出现的高贵精神。但古代哲人因执着于这种高贵理想，从而与公共事务之间持续存在不可缓和的紧张关系（所以苏格拉底才会在雅典遭遇致命的判决）。这种紧张关系源自古希腊政治哲学中范式的"形式赋予"与质料的"形式领受"的双重性。沃格林认为这种双重性是亚里士多德将形而上学的本体论范畴不加批判地应用于公共事务的结果。[①] 但事实上，"质料"在成为一种形而上学的范畴前，早在古希腊自然宗教中就作为一种根本动机而存在。这种动机后来被保存在盖亚（大地之母）、乌拉诺斯（诸天之神）、德墨忒尔（谷物与丰收的女神）以及狄俄尼索斯（酒神）的象征符号之中。作为一种宗教动机的形式，则诞生于奥林匹斯山诸神的崇拜，这种宗教后来成为希腊城邦的官方宗教，并主导了哲人对公共事务的思考。

主导古希腊自然宗教的根本动机是对无形无体、周而复始的生命之流的圣化，这种动机被包含在质料的概念中。与之相对，新兴的文化宗教中奥林匹斯山诸神则具有不朽的光明特质。这种宗

---

① 沃格林.柏拉图与亚里士多德[M].刘曙辉，译.南京：译林出版社，2014：375.

教的巅峰表现在德尔斐主神阿波罗的形象中。他作为一位伟大的立法者,赋予政治、艺术等人类事务以理性形式。荷马以及荷西俄德等一代又一代希腊先哲试图融合两种宗教,但他们最终都未能消除二者的紧张关系。即使是在奥林匹斯山诸神成为城邦的官方宗教时,希腊人也从未终止私下的自然宗教崇拜。主导二者的根本动机在宗教衰落时期被保留在古希腊哲学中,最终沉淀为亚里士多德形而上学中质料和形式这一组无法调和其对立关系的基本范畴。古希腊哲人受文化宗教的影响,在思考公共事务时致力于研究其不朽的形式。但他们同时认为当纯粹理念(eide)道成肉身时,会受到尘世自然(physis)的污染。《理想国》第九卷末尾提到,理想的城邦不属于经验实在。源自命运(ananke)的黑暗力量经常会使城邦腐化,并在历史进程中引诱良好秩序偏离其范式。

即便如此,古代哲人也从未放弃任何推动现实政治秩序上行(ascend)的可能。柏拉图与叙拉古僭主之侄狄翁相遇,并立志在精神和政治上复兴雅典乃至整个希腊世界。[①] 这表现出他将政治智慧建构为现实秩序的渴望。古希腊哲人认为公共事务的拯救在于精神的上行。[②] 这种方案意味着以牺牲历时性结构与秩序为代价,补偿理念在下行中遭受的腐化和破坏。限制私产、废除家庭、确立哲人王的三波社会变革浪潮,以及围绕统治者、护卫和工匠之阶层结构的设计都是柏拉图在来不及等待表现真理秩序的符号,于经验的各个领域彻底分化的前提下,因上行的压力而试图牺牲历时性秩序的后果。所以柏拉图的政治理论常遭到误解。波普尔甚至将柏拉图在公共事务方面的主张斥责为法西斯主义。不过这些指责也反映了哲人思考公共事务的重大缺陷。他们受形式与质料这组对立动机的捆绑,只重视整体秩序的垂直结构。但政治现实在垂直方向的提升并不必然以牺牲水平方向的历时性经验结构

---

① 尽管柏拉图的叙拉古之旅宣告失败。
② 作为代价,苏格拉底需要下行到比雷埃夫斯。

为代价。毋宁说只有历时性经验结构的分化和完善才能证实精神在垂直方向的提升，而历时性经验结构的分化只有当基督教普世与历史的观念和古希腊思想发生碰撞时才会出现。

2. 公共事务的现代视域

古希腊城邦的政制戏剧性地终结于公元前 338 年底。① 幅员辽阔的帝国取代了熟人的共同体，成为公共事务的空间背景。斯多葛学派和伊壁鸠鲁学派曾试图在这个新背景下重新解释政治经验，但这种政治实在的重建工作直到早期基督教的兴起才逐渐完成。正是教会组织和政治机构的冲突与融合创造了一种新型的政治实在。教会在早期神学与促逼的背景下被确立为一种属灵共同体。但随着康士坦丁大帝的改教，基督教于公元 313 年在米兰被确立为罗马帝国的官方宗教。从这个历史转折点开始，教会不得不持续面临政治化的环境，并且不断以政治方式做出回应，从而逐渐发展为一种强制权力基础上的决策组织。但早期基督教并未放弃属灵共同体的观念，这使政治秩序因无法满足其理想要求而面临合法化危机。政治理论必须重新解释公共事务，以补偿这种合法性缺失。它一方面要使政治上具有离心效应的精神追求获得超验满足，另一方面要通过稀释政治概念的内涵，使公共事务在一个较低的层面被理解、接受和实践。

政治概念的稀释表现为一种权威机构能赋予仪式性行为以效力的观念。公元 4 世纪的多纳图派信徒认为圣礼的效力会因圣职人员的道德瑕疵与异教信仰而遭受破坏。但由于教会机构与圣职被视为彰显神恩典的媒介，圣礼自身就应具有神圣效力，所以奥古斯丁所捍卫的正统坚持将一种神秘而持久的有效性赋予罗马公教会的有形仪式。圣职的正统教义在中世纪逐渐发展为一种代表权

---

① 这是喀罗尼亚战役的日期，在这场战役中，马其顿的腓力征服了希腊的独立城邦，将它们转变为一个帝国的附属国。

的观念。此观念将公共机构视为圣职人员权威的坚实基础,所以教士圣礼行为的效力与个人品质无关,而是取决于他们作为一种制度化秩序的公共代理人的地位。现代国家公职人员行政行为的效力同样源自这种代表权。公共事务的运作和决策的合法性源自职位和任命。这正如圣职因被视为神恩典的媒介而获得最终权威,公共部门作为一个整体,其合法性最终取决于政治代表性。当代公共行政的合法性问题最终只是罗马公教会圣礼有效性问题的世俗化。

概念的转变还不能带来真正的政治变革。如果缺乏一种与之匹配的文化转型,个体经验和建制之间就会出现断裂。奥古斯丁的政治著作在管理公共事务以及护教这些主题外,也肩负推动精神和信念变革的文化使命。正是这场变革为现代政治与行政管理提供了合宜的土壤。公元410年阿拉里克率领哥特人洗劫罗马城,为这场文化转型提供了契机。罗马异教徒降罪于基督教,认为正是这种新宗教的传播削弱了罗马人的政治德性与军事能力。奥古斯丁在与这些观点论辩的同时,向曾经主宰罗马的异教文化发起全面进攻。他认为罗马人对德性的追求是受对赞美的过分热爱所驱使的。① 罗马崛起之基也非这种德性,而是统治欲所推动的政治权谋。虚荣与统治欲都是一种和谐共融之心灵秩序被扰乱的结果,因而是一种堕落的政治原型动机模式。奥古斯丁通过否定自然、贬低德性并驱逐命运,将政治秩序引向心灵秩序。② 因此可以毫不夸张地说,这位罗马帝国晚期的拉丁教父成功破坏了传统的公民宗教,终结了古典政治秩序。

一些现代政治理论家将公共生活的腐化归咎为这场文化变革。马基雅维利认为基督教因教导人寄希望于天国,使政治生活

---

① 奥古斯丁.上帝之城:上[M].吴飞,译.上海:上海三联书店,2012:189.
② 吴飞.心灵秩序与世界历史:奥古斯丁对西方古典文明的终结[M].北京:生活·读书·新知三联书店,2013:497.

软弱无力,也使世界沦为恶者掠夺的对象。① 卢梭也因此认为基督教与良序的公共生活格格不入。② 但摩西和以斯拉曾在不同时期分别通过颁布妥拉与《希伯来圣经》的编纂塑造了充满活力的政治社会,为攻取迦南以及马加比中兴奠定了基础。这使霍布斯相信,腐化公共生活的罪魁祸首不是基督教,而是教会正统中潜藏的古希腊形而上学。这位现代理论家为复兴公共生活开出的处方是将基督教犹太化,以发挥其作为公民宗教的潜力。事实上奥古斯丁也一直为捍卫基督教而抵制新柏拉图主义的侵蚀。如果心灵秩序从政治秩序中退出意味着对公共事务漠不关心,这是将新柏拉图主义的二元论强加于基督教所产生的后果。奥古斯丁促使宗教向心灵秩序转向,是希望其从政治领域分化出来。他认为基督教在内心的渗透会推动个体以实用主义的态度,在承担公民责任以及促进和平繁荣等各项事务上积极投入公共生活。因此这种变革的本质特征是促成社会结构在部分领域的分化。

〔补充〕奥古斯丁还通过引入基督教的时间观,给古典政治以毁灭性打击。古典观念中的时间以自然界的生长衰败、季节性重复为模板,使人类事务按照周期循环往复。政治形式是时间与历史进程得以展现的媒介,这种观念烙印在柏拉图与波里比阿的政府循环周期理论中。古典理论的最佳政制是政治家以自身技艺同命运抗争的结果。他们寄希望于自身美德与能力所缔造的实现至善生活的孤岛,以暂时逃避时间之流的侵蚀。基督教打破了这个封闭的循环周期,代之以一种渐进式发展的,不可逆转的线性时间观念。其将历史视为一个以基督的受难与复活为中心,囊括过去、现在和将来在内的持续性的时间进程。所以奥古斯丁将古典的时间观念讽为人们用意见建构的轮回怪圈,而定义在一个末世论框架内重构政治秩序。如果最好的社会生活只存在于历史的尽头而

---

① 马基雅维利.君主论·李维史论[M].潘汉典,薛军,译.长春:吉林出版集团有限责任公司,2011:327.
② 卢梭.社会契约论[M].何兆武,译.北京:商务印书馆,2003:177.

不能在时间维度之内得以实现，那么公共事务的首要问题就是政治秩序能在多大程度上满足人们朝向最终和末后时刻(kairos)生活的精神需求。

线性时间对反思公共事务提出的第一项要求是脱离古典理论的政治抵押。由于时间绵延被理解为一个朝向历史终点发展的均质序列，所以政治经验的绝对性以及彼此间的差异也被相应弱化。例如以新耶路撒冷的建立为目标时，罗马城的毁灭与否就不再具有根本重要性。另一方面，末世论框架通过压缩编年时间的松散绵延，使当下具有一种迫在眉睫的紧迫感。由于每个当下都是弥赛亚到来的可能时刻，所以具有爆发力的道德实践应充满整个时间绵延。时间秩序的变革使一种义务伦理成为公民科学的重要组成部分。政治科学从此分化为稳定的规则体系与具有实践能力的道德主体两个部分。霍布斯认为后摩西时代的祭司（包括士师）相对武装先知具有合法主权的优势地位，这是现代政治理论家偏爱稳定的制度性权力一个范例。[①] 在历史绵延中无差别地实践道德义务的个体被康德概念化为基于自主意志的实践主体。正是这种激进的哲学彻底清除了政治理论对古典观念的最后依赖。

奥古斯丁对时间秩序的革新因错误的解读，使一千年之后的公共事务不得不在一个腐败社会的背景下寻找复兴之路。正如阳光穿过棱镜折射为各种不同的色彩，经验世界的超验统一以及完成的意义结构在时间秩序中被折射为各种不同的意义模态。自然经验之中所涌现的意义只能被理论的反思活动把握为模态规则。根据杜伊维尔的理论，每个模态维度都具有自身的规则或者法则，例如，物理领域的热力学定律、万有引力定律或者语言的语法规则等。这些模态规则使存在和行动在特定维度的有意义成为可能。例如没有语言规则，沟通就不可能发生。模态规则不能被混淆为社会规则或者人类为自身所制定的其他种类的规则与法律。这类

---

① 霍布斯.利维坦[M].黎思复，黎廷弼，译.北京：商务印书馆，1985.

规则并不是人们所制定的,虽然人们可以在直观中理解模态规则,但是这类规则的内核是任何理论甚至符号表征系统所无法穷尽的,正是这些规则构成了人类存在和行动的意义架构。中世纪高度发展的逻辑反思将宇宙体系中的政治经验把握为一套错综复杂的模态规则系统。统治(gubernaculum)虽然依旧按罗马政治的含义被理解为一项掌舵的无限活动,但其合法性却由司法权(jurisdictio)补偿而来。过分依赖于静止的规则系统导致公共事务因丧失活力而腐化堕落。事实上日常经验的统一体在时间秩序中的折射只能展现各种疏离模态的反思性范畴。若将对基于这些范畴的理论知识的应用混同于实践,会使真正的个体实践单元瘫痪或窒息。当代公共行政的实践领域同样充斥着实证科学的反思性范畴,所以马基雅维利对公共事务性质的拨乱反正对致力于变革的行政学有着本质的重要性。

3. 公共事务的实践性质

马基雅维利所面临的问题是如何使意大利城邦动荡腐败的政治生活恢复活力。他首先将之视为一个理论问题,要求重新定义什么是政治科学。马基雅维利拒绝中世纪的观念,否认将政治视为发现规则体系,是通过司法加以适用的活动。他认为政治是研究如何在环境压力与高度偶然性的背景下运用权力采取行动的学科。这意味着命运是政治行动的半个主宰。马基雅维利将命运比作毁灭性的河流,人事屈从于它怒吼的暴虐;命运又是放荡不羁且神秘莫测的女子,只有迅猛冲击的政治德性才能压倒她。① 公共事务的舞台应被理解为一个模棱两可的世界。任何规则系统都不能对政治行动提出本质性要求。新君主要显得慈悲为怀、笃守信义、合乎人道、清廉正直;但他同时也准备随时顺应命运的风向和事务的变幻而转变。所以政治学被确立为是反思政治行动在其纯

---

① 马基雅维利.君主论[M].潘汉典,译.北京:商务印书馆,1985:121.

粹性中条件和形式的科学。

　　这种新科学是人文主义思想范式对腐败政治社会的回应。腐败主要指共和国统治所依赖的公共关系被私人关系所取代。如果要将最腐化的统治质料改造成具有政治美德的公民，治理者需要深谙德性（virtus）与命运（fortuna）的辩证法。由于神意在世俗化进程中仅保留了历史的非理性与非此不可的含义，所以命运被视为一个必然性的范畴。于是德性突出表现为对必然性的征服。例如新君主由于不具习俗的合法性而将自己暴露在必然性之下。他必须采取短期视角、先发制人、迅速行动，并结合必要的暴力建立统治的正当性。由于必然性与选择相对，而选择的余地越小，德性越多，所以必然性是丰功伟绩不可缺少的条件。由于德性的增长不足以抵消当代技术变革所创造的必然性，这种革新不断使公共事务与政治生活向必然性卑躬屈膝。正如施特劳斯所言，那些激励过马基雅维利与其继承者的必然性日趋强弩之末，逐渐消耗殆尽。①

　　虽然霍布斯在诸多方面都与马基雅维利不同，但这位英国哲学家依旧被视为后者事业的真正继承人。②二者主要的不同在于实现各自事业的方式。马基雅维利认为没有进行武装的先知总会失败。霍布斯却试图继续柏拉图曾经失败的言辞驯化的事业，他寄希望于未来主权者以全部权力保护《利维坦》的公开讲授。③此

---

① "一个时期以来，曾经激励驱策过马基雅维里，激励驱策过他的那些伟大继承者的那个必然性，人去强弩之末，逐渐消耗殆尽……现代人在理解自然的同时，并不比亲人具备更大的能力，去逃避模拟仿效自然。在对一个急剧膨胀的宇宙加以模拟仿效的过程中，现代人自己，比以往的任何历史时期，都更加扩张膨胀，因而也就比以往的任何历史时期，都变得更加庸俗浅薄……古典时期的作家们懂得，如果我们不是对发生在技术领域的变革采取不信任态度的话，我们就不能对政治领域和社会领域的变革采取不信任的态度。所以他们就不赞同对技术创新予以怂恿鼓励，也许只有一个例外，就是僭主暴政，在那种政体机制之下，技术变革显而易见被认为是称心合意的好事。"
参见施特劳斯.关于马基雅维里的思考[M].申彤，译.南京：译林出版社，2006：477.
② 尽管霍布斯从未明言自己收益于马基雅维利与博丹，但这是他写作的一贯做法。
③ 霍布斯.利维坦[M].黎思复，黎廷弼，译.北京：商务印书馆，1985：289.

外马基雅维利采取新君主的短期视域,只期望在混乱无序的社会背景中创立一个有限的、仅具部分正当性的政府。霍布斯则效法萨伏那罗拉做一个没有权威的原型(prima forma)赋予者,以塑造持久和平的政治秩序为旨趣。尽管存在这些不同,但他们都怀有同样的愿景,即建立合一且富于活力的政治社会。在这项共同事业中,马基雅维利开垦荒野,霍布斯建立房屋和制度。霍布斯同样将德性与必然性的辩证法视为重现政治生命力的关键。由于他希望向公民植入一种有关主权者的新观念,以实现其写作意图,所以霍布斯将德性和必然性的概念转译为政治权威与理性、尘世上帝与巨型机械的辩证法。

霍布斯与马基雅维利一样,认为开展这项伟大事业的第一步是确定政治科学的性质。马基雅维利生活在古典人文主义理想复兴时期的意大利半岛,他的主要工作是通过历史注疏和经验反思阐明公共事务中以纯粹方式运用权力的根本重要性。霍布斯则身处一个现代自然科学蓬勃发展的文化氛围中,现代科学开始冲击传统政治理论的合法性。马基雅维利与古典学者一样,相信公共事务的真知灼见是通过从前人丰功伟绩的伟大智慧中汲取营养而获得的。但由于历史经验无法提供普遍性的知识,所以霍布斯相信只有科学才是政治知识的可靠来源。不过,这位深受伽利略物理学影响的家庭教师也注意到现代科学对政治的潜在威胁。他意识到皇家科学学会的实验室创造了一个限制性的封闭空间,这种脱离公共议程的专业化领域具有危害政治秩序的可能性。在霍布斯看来,即使是科学也不能拥有一个非公共的本质,科学与哲学的目标是一致的,都是为了确保公共秩序的和平,所以二者都是建立在激进的公共认同的基础之上。

霍布斯主张政治理论与现代科学的性质相互吻合,但他并未动摇公共事务的传统内核,而是将后者奠定在一个与玻义耳的实验科学完全不同的基础之上。霍布斯对科学性质的认识源自一种激进的怀疑主义立场,他不相信知识和信念具有超验的、非人格的根基,所以霍布斯既否认《圣经》基于文本自身的启示权威,也否认推理可以获得对事物本质的绝对认知。① 由于真实和虚假仅是语言的属性,所以真实在于断言中名词的正确排列。科学命题的正确性不仅要靠合理的计算规则,还在根本上依赖于名词的正确定义。由于无法参照于某物的关联定义名词,正确定义只能取决于一致同意。这意味着普遍有效的科学知识最终建立在社会契约的基础上,而只有公共权威才能保障社会契约的效力。霍布斯实际上是按照公共事务的精义构造了现代科学。这种方案既确保了政治不会因实证科学的入侵受到腐蚀,也使国家不至于因实验主义科学中潜在的古典自由主义立场而沦为一个中立的技术框架。

霍布斯著作的理性主义外表使人经常忽视其思想孕育的权威内核。如奥克肖特所言,正是理性而非权威,毁灭了个体性。② 霍布斯在近代自然科学的冲击下拯救个体性的关键就在于权威。马基雅维利曾谏言洛伦佐·美迪奇以坚决果敢的德行创造权威,但霍布斯需要通过自己的著作实现类似的目标。由于只有修辞能以言辞为媒介诱导权威的观念,所以霍布斯在《利维坦》中复兴了这种人文主义的政治技艺。修辞对几何学的征服成为德性与必然性的辩证法在方法论上的投影。但修辞如果仅仅作为一种雄辩术,只能增强观点的有效性。《利维坦》中的修辞不仅需要使观点为读者接受,还要创造新的共同体纽带。修辞技艺要实现这个目标,必须与某种实质性资源携手合作。在民族主义兴起前,马基雅维利和霍布斯都相信这种资源只能是宗教。他们认为一种建立在彻底启蒙的理性个体之上的政治社会只能是专制主义的,所以只有宗教能为公民联合提供一个非专制主义的基础。

现代早期理论家都将他们的著说聚焦于一个根本性的问题,

---

① 霍布斯.利维坦[M].黎思复,黎廷弼,译.北京:商务印书馆,1985:305.
② Oakeshott Michael. Hobbes on Civil Association[M]. Indiana:Liberty Fund. 1975:67.

即怎样的宗教方案可以在前民族主义的语境中为公共事务提供基础？马基雅维利认为基督教弱化了公民精神。他试图模仿古代异教创造一种公民宗教，并使之成为自由国家的社会纽带。霍布斯认为基督教同样是英国内战和腐化的诱因。他将长老会牧师、天主教教士、重洗礼派和亚当派的信徒视为败坏人民、制造混乱的祸根。但马基雅维利与霍布斯身处不同的宗教和知识环境，这使他们必须选取不同资源推动政治社会的重构。教会对16世纪意大利半岛的精神影响已开始衰退，具有支配地位的知识观点不再为基督教所左右。马基雅维利笔下的新君主可以仿效立法者，通过刀剑将任何一种形式强加于混乱不堪的人民。而17世纪的英国内战则爆发于浓厚的宗教背景之下，霍布斯需要面对具有强大习俗力量的基督教，他的工作不是给予原型，而是使既有的旧形式转变为新形式。

这项独特的工作使霍布斯比马基雅维利更加审慎地对待基督教与公共事务的关联。霍布斯认为孵化公共事务的罪魁祸首并不是这种起源于巴勒斯坦的宗教，而是古希腊宗教和哲学观念中的二元论。这种洞见赋予他的写作生涯以强烈的文化使命，去彻底清除潜伏在17世纪英国基督教观念中的希腊元素。霍布斯认为亚里士多德的学说（尤其是形而上学）赋予精神权威以合法的政治地位，使之与世俗权力相互对立。他斥责亚里士多德的形而上学，将其视为黑暗王国的缔造者，并且进一步通过否认圣灵的工作能使人通达上帝的旨意这一说法，拒绝这种二元论的观念。霍布斯的上帝是在历史中说话和行动的神圣人格。人只能在过去和将来的两个神圣王国中经历其同在。① 在两个时段之间，基督教与世俗政治又有怎样的关联？《新约》对《旧约》主题的模仿提供了一种修辞方案。霍布斯的政治理论效法《新约》作者的写作，模仿上帝

---

① Pocock J G A. Politics, Language, and Time[M]. Chicago: University of Chicago Press, 1989: 194.

主权和救赎叙事的主题,通过诉诸读者的联想,将信仰生活中对上帝主权的经验世俗化。这种技艺一方面旨在阻止私人权力兴起必然导致的公众腐化;另一方面又通过将宗教的习俗权威世俗化,再现公共事务的活力。

〔补充〕马基雅维利与霍布斯在公共行政领域最重要的成就是在现代政治的环境之中揭示了公共事务的性质。尽管受到现代自然科学的冲击,但这两位思想家都将公共事务限定在实践领域之内。马基雅维利认为统治是一种以偶然性为背景的行动,[①]这种行动以创造政治合法性为目标。霍布斯将政治社会视为一种公民联合。合法的政治权威是公民联合得以可能的原因,先验法则只能以这种权威为媒介才具有效力。这意味着公民并不是作为组成要素被整合进社会系统,而是作为具有完整经验的个体参与到公共事务中,所以公共行政必须在统治与公民联合的框架下理解。但这个框架在当代行政管理的冲击下已日渐式微。以偶然性为背景的政治判断不断让位于一系列以实证主义社会科学为基础的模态规则。经济与社会管理技术以这些模态规则为基础,使个体按照疏离模态被抽象地整合为一个整体。这一方面使作为公民的个体被某种生物学意义上的人取而代之;另一方面以权威和服从为基础的统治活动则不断让位于治理。这些变化逐渐扭曲了公共事务的性质。

早期现代理论家虽然能够正确理解公共事务的性质,但是却将这个主题推入了一个具有根本重要性的问题领域。这些理论家是在一个充满分疏化活力的社会背景之下去理解公共事务。宗教、伦理、审美、经济与社会等领域的自治原则开始被承认。马基雅维利与霍布斯都将公共事务理解为一种通过历史行动创造政治合法性的技术。他们试图通过操纵宗教、道德、经济甚至生物的表

---

① 曼斯菲尔德.新的方式与制度:马基雅维利的《论李维研究》[M].贺志刚,译.北京:华夏出版社,2009.

象建构这种合法性。诸多社会领域由于被转变为了某种生产合法性的资源，丧失了领域的自治性，从而沦为政治过程的重要环节。但事实上那个推动公共领域形式赋予实践的历史原则，也同样使经验的各个模态领域充满活力地建构自身的独立地位。公共事务与其他经验领域成为相互对立的文化事业，在历史发展中彼此冲突。这种矛盾后来在自由主义的法律体系中被确立为公共法律与私人权利之间的对立。冲突的各方最终又因实证主义和新自由主义的兴起而遭受重创。尽管现代早期公共事务的观念遗产部分保留在实用主义中，但变革型公共行政学为阻止公共领域的进一步扭曲，必须重构行政与多元领域的关系。

二、公共行政研究的现代背景

1. 近代科学与公共事务

社会科学中的实证主义由 19 世纪法国社会学发展而来，是近代自然科学在人文与社会科学中所结的果子。但实证主义并不等同于近代科学，只是其丰富内涵的一种可能性。近代科学建立在批判亚里士多德传统的基础上，其将认识的起点设定为经验而非理性。16 世纪以来，这个新起点的开创者们因为对科学方法持不同认识而走向了两个方向：①玻义耳、哈维和伽利略认为科学论证首先应观察对象、描述分析过程，在此基础上引导人们发现科学原则；②霍布斯和斯宾诺莎则认为科学论证是以数学分析和综合论述的方式建构命题的过程。[1] 当代行政学中的实证主义更接近于玻义耳的实验科学。玻义耳以自然客体为研究对象，将实验纲领视为科学知识的要义。霍布斯[2]则认为自然科学的任务与哲学一

---

① Watkins J W N. Hobbes's System of Ideas[M]. London: University of London Press, 1965: 67.
② 一直到 18 世纪早期，霍布斯的自然哲学论文还是苏格兰大学课程最重要的读本。

样,根据原因来发现结果,或者根据结果去推导原因。实验中的假设和推测无法提供与原因相关的万无一失的知识,从而缺乏真正的科学(哲学)所具有的力量。①

尽管18世纪早期,霍布斯的自然哲学论文还是苏格兰大学课程最重要的读本,但到18纪末时,这些文献已经基本上被排除在科学史以外了。与霍布斯科学进路的衰落相对,以这种观念为基础的国家学却持续保持其影响,并在19世纪英格兰法律实证化运动中获得了正统地位。② 所以法国社会学并非近代科学与社会理论的第一次接触,但二者的每一次接触都会引发重大的政治后果。格劳修斯与霍布斯根据唯理论的自然科学方法为博丹的绝对主权概念提出了一个分析框架。格劳修斯将这种主权定义为:凡行为不从属于其他人的法律控制,从而不致因其他人意志的行使而使之无效的权力。③ 霍布斯通过分析综合的几何学方法,使国家的概念通过其要素得以重构。这种分析过程瓦解了包括采邑与行会在内的社会自然纽带。而在综合中,生活的所有领域都被置于一个绝对主权的控制之下。当霍布斯的学说在欧洲蔚然成风时,人们开始将国家视为施加在社会所有个体之上的整体结构。

尽管新兴的自然科学早在16、17世纪就对国家学说和政府理论产生了深刻的影响,但这种新型的思维样式并没有直接孕育出实证主义的苗裔。近代科学还需要一个类似于托克维尔、孔德与斯宾塞的社会概念作为媒介才能最终通向实证主义。很多人指责霍布斯和他的前辈因缺乏对社会结构和经济因素的洞见,④并未从理论上区分国家与社会。事实上格劳修斯和霍布斯拒绝承认社会能独立于政治权威存在,缺乏这种权威的自然状态是"每一个人

---

① Shapin S,Schaffer S. Leviathan and the Air-Pump:Hobbes,Boyle,and the Experimental Life[M]. Princeton:Princeton University Press,2011:152.
② Johnston D. The Rhetoric of Leviathan[M]. Princeton:Princeton University Press,1986:63.
③ 格劳修斯. 战争与和平法[M]. 何勤华,译. 上海:上海人民出版社,2005:88.
④ Wolin Sheldon S. Politics and Vision:Continuity and Innovation in Western Political Thought[M]. Princeton:Princeton University Press,2016:257.

对每个人的战争"状态。自然状态中并不存在社会生活,在其中的人们不断处于暴力死亡的恐惧和威胁中,"人们的生活孤独、贫困、卑污、残忍而短寿"。[①] 但德国三十年战争的结束、法国王制的巩固,以及英国内战中人们与威廉和玛丽[②]达成的协议证实:没有法律和秩序机制时,社会并非如霍布斯设想的那般不可思议。洛克总结了这种历史经验,承认社会具有某种自治机制。这种被称作古典自由主义的自然和谐观念对实证主义和行政学的出现有重大影响。

洛克通过对国家自然法建构的根本性调整,提出对实证主义具有基础重要性的独立自治的社会概念。他认为自然状态并非充满暴力与谋杀的混沌之境,而是一种受自然法统治的道德境况,霍布斯学说中的自然法因其内在性而无法在自然状态中发挥实效。但洛克理论中的自然法则决定了自然状态的和平与社会性。格劳修斯与他的继承者们指出,自由与平等的个体通过社会契约,将所有自然权利完全转授给主权者,从而离开自然状态进入政治社会。洛克则限制了社会契约的功用,他认为个体并不以放弃所有权利为代价进入政治社会,相反他们只是出于保护自由、生命和财产的自由权利的目的而联合起来。[③] 自然权利并未完全湮灭在社会契约中,而是成为宪法权利与私法权利的基础。自然状态的自治机制被保存在基本权利框架建构的市民社会中。由于宪法和私法所建构的领域理论上排斥政府权力的干预,所以国家与社会第一次在原则上得以区分。

〔补充〕在 1650 年到 1750 年之间(尤其是 1689 年以后),英国积极推行重商主义措施,以扩大在世界冶金业和纺织业中所拥有的份额,其依靠施行全面控制的行政机构成为了世界经济体的金

---

① 霍布斯.利维坦[M].黎思复,黎廷弼,译.北京:商务印书馆,1985:95.
② 指尼德兰执政官威廉·奥兰治娶英国詹姆士二世之女玛丽为妻。1688 年光荣革命后威廉成为英国国王,称为威廉三世(1650—1702)。玛丽同时被尊为英国女王,称为玛丽二世。
③ 洛克.政府论:下篇[M].叶启芳,瞿菊农,译.北京:商务印书馆,2008:52.

融中心。强调国家和社会相区别的洛克式古典自由主义与亚当·斯密的古典经济学随即取得了重大成功。尽管英国政府在农业方面所起的作用完全超出了社会关系的法律规定,[①]不列颠在棉纺织工业的贸易保护还是不可避免地干预国内生产过程。但这种理论依旧深刻影响了英国的商业政策,使政府废除了对贸易和工业的全面掌控。法国在大革命清除封建主义最后残余后,也逐渐采纳了这种理论。这一时期政府对社会(经济)采取自我节制的态度,将自身视为社会经济生活的形式法律支点。国家学以避免政府干预,捍卫不可侵犯的主观权利为目标,在维持和保护这些法律权利的所有政策与其他行政行为中寻求政府的(合法)目的。

2. 社会研究与公共事务

以洛克为代表的古典自由主义虽坚持国家和社会的二元结构,但并未推动向社会学发展的方法论革新。这一工作是由圣西门和孔德完成的。很多人认为这两位法国实证社会学创始人因其经验研究方法首次确立了社会学的性质,事实上早在半个多世纪前,孟德斯鸠就已经在使用社会学的基本方法了。他认为应当透过表面上偶然发生的事件,把握引起这类事件的深刻原因。但孟德斯鸠反对自然法理论家的方法,认为这种研究应从经验而非具有自明性的公设出发。这使他和洛克一样不是在法律意义上讨论权力分立,而是从社会权力的制衡这一角度对之加以论证,孟德斯鸠认为事物之间存在必然关联,他将之称为一般精神。孟德斯鸠将这个概念应用于法律和政体的分析,提出"法是来源于事物本性的必然关系"这个著名的论断。在此基础上他支持一种类似决定论的结论,即:法律和制度类型可以根据其人口数量、地形、气候和土壤推算出来。

孟德斯鸠立法者的概念背离了这种决定论。立法者是必不可

---

① 主要是指英国议会在圈地运动中所起的作用。

少的法律制定者,他不能武断地创造法律,却有理解事物本性的能力,并尊重反映一般精神的风俗和习惯。立法者并非事物本性颁布法律的工具,他能自由作出偏离这种本性的决定。例如君主能用法律改变由法律确立的东西,能用习惯改变习惯确立的东西。[①]但已经存在的事物本性和制度没有不可改变的决定论特征。孟德斯鸠的方法论同样存在这类矛盾。他认为有些国家天气酷热,使人身体疲惫,大大削弱人的意志。只有惩罚的恐怖能强迫人履行艰苦义务。孟德斯鸠这是在断言,有些时候奴隶制是符合事物本性的。但他接着用是否违反理性来评述奴隶制,这种评估只能依据普遍人性的道德观念。他的理论存在两种并列的解释:一种是对制度作存在论解释,另一种则利用政治哲学的概念对制度作批判性反思。所以孟德斯鸠在政府与法律的经验研究中仍旧保留了与国家学的精神关联。

圣西门比孟德斯鸠更彻底地贯彻了经验方法。他发现法国于1789年到1875年间颁布了十几部不同的宪法,相较之下社会和人类境况却没有剧大改变。这使圣西门断言:规范政府形式的宪法在人类社会中不具根本重要性。他认为议会政府仅仅只是一种形式,财产的管理才是社会真实的根基。财富不以政治组织为转移,只要财富管理得当,国家就能繁荣,[②]所以政府研究应以生产过程的实证科学为基础。圣西门以法国革命为实例,预设政治原则无法理解此事件的本质。他认为1789年法国革命的本质是贵族、资产阶级和无产者之间的阶级斗争,其目的是建立一种工业体系。圣西门就这样以阶级形成和冲突的概念对社会整体发展给出因果说明。由于坚持经济状况是政治制度的基础,圣西门最终走向了无政府主义。他预言政治学最终会彻底转变成经济学,统治人的政府将被对物的管理和生产过程的领导所取代。

---

① 孟德斯鸠.论法的精神:上卷[M].张雁深,译.北京:商务印书馆,2004:371.
② 圣西门.圣西门选集:第1卷[M].董果良,赵鸣远,译.北京:商务印书馆,1985:166.

圣西门强调经济学解释的同时,也以观念的历史解释社会发展,并且在1803年左右放弃了建立以实证主义为基础的统一科学的伟大目标。奥古斯特·孔德坚持此宏图大志,认为立足于普遍规律,可以发展出一门总体决定论的综合科学。这种科学要求贯彻实证主义方法,即以研究被观察现象之间的恒定关系,来替代无法认识的本义的起因。① 这种方法使孔德作为实证主义奠基人被广为接受,但只有孔德自己深刻地洞察到贯彻实证方法所引发的危机。这场危机之实质是文明价值被逐渐破坏。当代所谓的实证主义者一方面满足于实证主义对传统的破坏,另一方面要求限制破坏的程度,使残存物可以继续充当部分价值的载体。换言之,实证主义者兼具破坏和保守于一身,时代的实证精神也是一种不折不扣的调和品。所以当孔德为直面这场危机而要求激进变革时,他的追随者李特和穆勒将这种观念称作令人忍俊不禁的奇思异想。

〔补充〕通过与孟德斯鸠的立场作对比,可以明确孔德眼中社会危机的实质。孟德斯鸠的使命是理解社会历史中各种机构的差异。他满足于提出一些局部的解决办法,并对科学理论向实践的转化谨慎而留有余地。孔德却希望建立与整体科学相匹配,且能管理万有的社会组织。但实证科学在描述社会现象时,必须进行抽象分析。这种分析只能在疏离模态中探索事物间的联系,而无法重构出经验整体。② 孔德担心这种科学在分析日常经验时会瓦解社会纽带。他接受卢梭的洞见,即一个健康社会无法建立在纯粹的实证科学之上。所以这场危机的实质就是与激进实证科学如影相随的社会解体。孔德发现任何社会都有宗教作为协调统一的原则,宗教之于精神就像健康之于身体,所以孔德最终要求实证主义从一种知识形式转变为国家宗教,以补偿社会纽带的断裂。假如实证科学在知识整合和社会管理中获得了全面胜利,而作为宗

---

① 孔德.论实证精神[M].黄建华,译.北京:商务印书馆,2001:11.
② 这个整体是给定在日常经验中的。

教形式的实证主义却失败了,那么文明就会沦为一片沙漠,匍匐在精神瘸子可怕的独裁统治之下。

3. 实证主义与公共事务

以孔德为代表的实证社会学使政府理论的传统立场岌岌可危。他试图以自然科学的实证方法推动人类社会多元领域的科学综合。欧洲宪法学为维护传统立场,坚决抵制实证社会学向公法领域的入侵。很多公法学者相信宪法的规范意义不能通过实证科学得以解释,但随着拉班德将纯粹法律方法引入公法学,国家学和政府理论的意义维度难以为继。传统宪法学是与政府相关的观念混合体,拉班德则要求分离政治、经济和伦理内容,将宪法建立在纯粹法律方法之上。受康德哲学的影响,这种新方法将外在于意义统一的纯粹逻辑视为宪法学的内核。拉班德还试图清除私法的特殊内容,通过提纯其中的一般性概念来重构公法领域。这种所谓的概念法学抹杀了政府与非政治性社团的结构性差异,将政府与公民的宪法关系还原为个体间专制权力的关系。正如基尔克所言,如果公法被剥夺其理想内容而降为一种逻辑技术形式,公共部门将难以抵抗政治、经济以及社会力量与利益的肆虐。

拉班德进一步否认了基本权利的法律价值。[1] 认为无论这种观念是否被载入成文宪法,都可能使政府具有无限的法律权能。当意义结构被全面抹杀时,国家最终会萎缩为法律虚设。在这一时期的欧洲,作为政府目的学说基础的自然法和基本权利观念,被公共行政法律秩序所取代。政府在促进文化和福利时,其行政行为受到这种法律秩序的限制。这种限制的目的是防止行政专断,以保护公民的法律安全。[2] 为实现此目标,制度设计应保证行政机构臣服于立法权威。斯塔尔讨论此制度设计时指出:"正如古典

---

[1] 只有一方面考虑到调节性法律与构成性法律之间意义的结构性差别,另一方面考虑到宪法与非国家性社会组织性法律的根本区别,才能建立基本权利的真实意义。
[2] 在这里公民的法律自由逐渐被法律安全的观念所取代。

自由主义观念中,国家能以法律方式界定公民自由领域。在公共行政秩序的观念中,国家也应当成为一种法律框架,以精确决定政府行为的道路和界限。这种公共行政的法律框架不能确定政府的目的,只能规定政府实现其政治目标的模式和角色。"①事实上这种公共行政法律仅是外在于政府的形式限制,政府在追逐其特殊目的时并不受实质法律原则的限制。

对行政法的形式限制将政府行为的效用问题从法律问题中分离了出来。如何理解这个新兴的效用问题? 18世纪中期以前,法律都是作为政府行为的外在限制发挥作用。19世纪法律形式主义兴起时,这种外在限制逐渐被行政行为合理性要求的内在限制所取代。此时宪法和行政法依旧是行政行为的外在限制,但这些形式限制以外的政府行为所涉及的广泛领域只能通过内在限制进行约束。由于这种限制源自实证社会学所确认的事实,福柯将治理合理性的内在限制称为事实限制。② 与这种观念的广为接受对应,同一时期的欧洲政府围绕经济生活进入了社会立法的阶段,政府针对工商业持一种开放的实质性法律立场。与欧洲宪政所推动的对专制权力的限制不同,社会立法要求拆除近代国家在经济和社会方面从过去继承而来的法律机制。由于拆除中世纪和重商主义的法律建制需要依靠强有力的代理人才可能实现,所以19世纪中期欧洲普遍出现政府权力向中央集中的趋势。

〔补充〕由于实证社会学持续使国家的形而上学观念名誉扫地,拉班德又坚持切断政治学与社会学的任何关联,拒绝宪法学消解为实证社会学的对象,所以国家的概念陷入了彼此矛盾的境地。一方面纯粹法律方法要求从多元领域的混淆不清中净化自身;另

---

① Stahl F J. Die Philosophie des Rechts:Band Ⅱ[M]. Adamant Media Corporation,2001:138.
② "就是说一旦治理置这种限制不顾,越过它设置的界限,治理并不因此就是非法的,并不能说它丧失了自己的本质,它并没有丧失其基本权利。说存在一种对治理实践的事实限制,就意味说,不接受这种限制的治理还是一种治理,它并不是一种非法的治理,它不是篡权者,而是一种笨拙的治理,不合适的治理,做事不恰当的治理。"参见:福柯.生命政治学[M].莫伟民,赵伟,译.上海:上海人民出版社,2013:8.

一方面政府理论又无法忽视实证社会学所研究的复杂问题。耶利尼克提出了一种双重国家概念。他认为国家首先是一种公共产品,其次还是一个法律机构。相应地,政治学也分为社会政治理论和宪法学两个门类。① 这两个门类的确立需要国家学和政府理论同时容纳因果性和规范性两种研究方法。前者将政府理解为一个符合规则行动的主体;后者则将行政现象理解为各种社会机制塑造的结果。这种二元国家观促使学者将行政从一般政治理论中区别出来。② 法国学者维维安认为政治是国家总体利益的道德导向,而行政主要在于公共服务的效果。③ 做此区分的原则就依赖于国家的双重概念。

4. 浪漫主义与公共事务

实证社会科学在欧洲公共事务中的渗透遭到古典自由主义的抵抗。一些学者通过修正功利方法,捍卫了国家的规范意义结构。由于社会科学只能在疏离模态中研究同一领域事物属性和概念之间的关联。功利主义通过不同模态间的还原和要素简化,使与政策问题有关的准确计算得以可能。实证主义受此方法推动,成为公共政策的基础。但与此同时,个体身份和意义结构却面临被普遍法则淹没的危险。自由主义者认为实证科学的模态分析不能发现真正的规范,这种规范源自完整的个体性。穆勒和斯宾塞都不乏此洞见。穆勒认为"无论身体、思想还是精神的健康上,每个人都是他自己最好的监护人"。④ 斯宾塞也断言没有任何两个人的心智包含大体相同的要素组合。⑤ 由于自由主义者并不要求在政治上充分实现这种个体性,所以他们满足于划出尽可能不受政府

---

① Jellinek G. Allgemeine Staatslehre[M]. Caroline: Nabu Press, 2010: 10.
② 与孟德斯鸠单纯从社会力量制衡的实用角度提出行政事务的独特性不同。
③ 李振,鲁宇. 行政学的威尔逊悖论:学科起源正统史论的祛魅与反思.[J]. 中国行政管理,2016(4):79-85.
④ 穆勒. 论自由[M]. 孟凡礼,译. 桂林:广西师范大学出版社,2011:13.
⑤ 斯宾塞. 社会静力学[M]. 张雄武,译. 北京:商务印书馆,1996.

舆论和他人干预的自主行动领域。这位英国思想家对古典自由主义立场的重申可以在一定程度上限制实证社会学与功利主义对个人生活和国家意义结构的侵蚀。

19世纪欧洲浪漫主义比自由主义更激进地贯彻这种洞见。当自我个体性被严肃对待时，任何规范都必须排除理论的同一性工程。早期浪漫主义受康德第三批判的影响转向审美领域。根据康德的理论，自由和自然只有在审美判断力的艺术作品及其鉴赏中才能彼此协调。这种浪漫主义因强调审美和谐而彻底拒绝伦理的一般准则，从而带着浓厚的非理性主义色彩。为避免政治上的无政府主义，浪漫主义需要限制这种个性自由的理念。但这种限制既不能像实证社会科学一样诉诸普遍有效的道德法则，也不能效法古典自由主义者，以规定私人领域界限的方式得以实现。唯一可行的方案是将个体人格视为一个无所不包的共同体的成员，这个共同体拥有独特的性情和人格。黑格尔以这种共同体信念为基础，发展出一种国家概念，他认为国家是绝对精神完全实现的共同体，在其协调组织下，充分发展的个体主体性与普遍性在公共生活中协调一致，所以国家就是具体的自由。

正如功利主义为实证主义提供了一种认知技术，历史主义也为黑格尔的国家观念提供了一种科学方法。尽管霍布斯曾否认历史是政治知识的充分来源，但历史学能对事物的个体性和独特性获得理论洞见。其拒绝和实证社会学一样，以探寻决定个体事件的普遍法则为目标。这种新晋的科学方法认为传统是过去与当下之间的纽带，只有通过研究一个国家自身独特的传统，才能了解其民族精神。19世纪欧洲历史法学派创始人萨维尼将国家视为精神性的民族共同体的实在形态(leibliche Gestalt)。[①] 他认为政府组织和法律需要通过传统，在代际之间维持和更迭。1870年以来，以格林为代表的英国观念论者受黑格尔国家观影响，将教育观

---

① 萨维尼.当代罗马法体系[M].朱虎,译.北京:中国法制出版社,2010:23.

念与机构的角色视为民族精神发动机。他们也受历史学派的方法启发,发展出一系列富于创造力的教育行政实践模式,这种模式直到第一次世界大战后才作为专制主义的威胁被排除出公共政策。①

〔补充〕当实证社会学与浪漫主义开始对公共机构和其他社会建制的实证形式产生塑造力时,就可能因观念之间的制衡使政府具有温和的治理形式。多元经验结构、相互冲突的观念以及历史建制都制约着政府大刀阔斧的改革行动。就如平民和元老院之间的不和实际上确保了罗马共和国的温和统治,观念冲突也是确保健康政治社会的关键。但实证主义与浪漫主义因参与一项共同的社会工程,可能将现代社会的危机推向巅峰。由于实证科学无法胜任多元经验领域的综合,其在行政理论中的运用可能会超出合法领地。政府以实证知识为媒介推动社会整合时,不可避免地以牺牲多元社会结构为代价。浪漫主义因将共同体观念绝对化,同样缺少对多元领域内在特征和结构的洞见。正如恺撒乃是对腐败人们之恶行的复仇一样,当实证主义作为经验结构清道夫,预备高度腐化人们时,浪漫主义会以恐怖复仇者的面目君临天下。哈耶克曾批评将纳粹视为彻底的反理性运动这个将人们引入歧途的观点。他正确地发现法国实证社会学与其组织原则正是纳粹和普鲁士的国家主义根源。所以"敌基督"的政治危机只可能爆发在实证主义全面胜利的时代。

三、公共行政研究的当代处境

1. 联邦主义与公共行政

如果说美国行政管理经验是特殊的,那么这种特殊性就蕴藏

---

① Gordon P. White J. Philosophers as Educational Reformers[M]. London:Routledge,2010:4.

在其殖民经验中。殖民地生活的核心是个体间自然且密切的关联。拓展交流的渴望和基于共识的地方自治主义是殖民地时期美国群体生活的运作前提。由于政府对个人施加的影响极为有限，所以人们能够积极且全面地享受政治权利。《联邦条例》所体现的就是殖民地非中心化、地方性与高度自治的政治经验。该条例为公民参与公共事务提供了宪法性依据。杰弗逊所设计的农业共和国与《联邦条例》高度吻合，这种共和国以公民德性为原则，政府与人民的灵魂相互影响，政府致力于培养公民德性。反联邦主义者相信，只有话语才能创造这种德性。所以政府需要对抽象的行政过程持怀疑态度，并拒绝以行为调节为中心的管理进路。很多人怀疑这种政府形式无法保障一个稳定政治社会所要求的同质性，但反联邦主义者相信政府形式是社会互动的产物，他们认为同质性不是政府机构存在的静态先设，而是在这种互动中不断创造生成。

1787年通过的宪法将美国政府形式以及社会生活引向了一个完全不同的方向。战争打乱了商业的节奏，由此引发了通货膨胀与流通停滞。很多人开始认为《联邦条例》的集中性和建制性依据过于软弱，从而无法为一个持久的政府提供基础。事实上，当时由《联邦条例》赋予合法性的政府已成功实施了一系列的管理活动，政府在应对各项公共事务时不断扩大其治理范围。一些评论者尽管对公共事务的某些方面不满，但并未对政府绝望，人民也相信《联邦条例》能经受考验，并未准备接受一个新政府。但是，麦迪逊与其同僚决定通过宪法建立一个不同的政府，它以个人经济利益为中心，致力于创造标准稳定的货币流通体系。宪法以秘密的方式在费城制宪会议上通过。宪法的出台使理性高效的行政管理取代政治参与，并最终将建立在公民德性基础上的农业共和国转变为以人的自私贪婪为驱动力的商业帝国。由于联邦党人是具有经济特权的特殊阶级，所以立宪在某种意义上是这些特权者为建立一个能保护所有权和投资的贵族政府，向具有广泛公民权的政府发动的政变。

宪法虽成功建立了具有贵族精神的联邦政府,但这种政府形式不得不面对现代民主的社会环境。美国人的生活经验比法国革命更能说明贵族制向民主的转型是不可抗拒的深刻变革。19世纪公共事务的研究者通常将民主视为一种社会状态而非政府形式。托克维尔认为,一种在西方现代历史进程中逐步实现的社会条件的平等是民主政府的"源发性事实"。[①] 由于民主对于美国而言是一项未竟的事业,所以这种"源发性事实"会使民主将公共事务引导向哪个方向依旧是悬而未决的事情。早期美国经验证明,民主背景完全能与灵活高效的公共行政彼此兼容。事实上即使到了19世纪,地方的乡镇组织在美国公共事务中依然具有基础重要性。平等的社会条件与自然简洁的行政过程使卢梭意义上的公意与自治得以可能。这种结合既能保障自由精神,又能培育个体在公共事务中的美德。另一方面,平等条件塑造了一种温和宽容的新型伦理,这使得美国社会能够容纳多样的自由团体。这些团体的存在能有效限制政府规模,并使行政过程发生在公民联合行动的背景下。

民主时代的地方自治极为脆弱,思想观念与制度因素都可能埋葬这种行政模式。启蒙思想的传播会摧毁地方自治的条件,使行政过程逐步依赖于强有力的政府机构。此外民主生活还可能会催生一种泛神论的观念。平等促使差别意识被舍弃,理论家不再像修昔底德这样的古典作家一样根据个人的杰出才干理解历史,社会理论开始将人视为一个无差别的整体。失去个性之人日渐渺小无力,臣服于一种非人格的强大力量,这种力量在行政集权中道成肉身。托克维尔认为行政集权与政治集权具有不同的性质。他认识到立法机构至高无上的地位是美国取得重大进步的原因,所以政治集权在一些历史条件下是必要的,但行政集权则是一种系

[①] 托克维尔.旧制度与大革命[M].冯棠,译.北京:商务印书馆,2009.

统监督、操纵公民日常事务行为方式的管理模式。托克维尔在路易十四时代法国市政档案中发现行政集权的源头。它标志着官僚制开始向日常生活渗透,并最终生产出政治上冷漠的现代个体。这种个体虽循规蹈矩并严于律己,但行政控制使其永远处于政治上不成熟的状态。

〔补充〕在宪法所确立的代议制政治与强大中央政府的架构之下,行政过程依旧可以容纳一定范围的集体合作,从而能与激进的民主环境相匹配。虽然史密斯认为宪法在修正过程、司法独立、立法监督、遏制与平衡以及权力分立等方面都是为了制约大众意志的表达,其内在原则是对民主制的反动。① 但是托克维尔的分析揭示出宪法在政治层面所设计的政府架构,对以集体合作为模式的行政过程不会带来直接的负面影响。事实上,美国自殖民时代以来在公共事务中普遍存在的集体合作并不会在某种政治形式下自动出现。与杜威和哈贝马斯的设计不同,这种模式并未预设以语言为媒介之普遍交往的建制化,它是一种公民政治德性在历史冲突中的体现。这种德性一方面以严酷环境的必然性为基础,另一方面又依靠清教徒的精神驱动力,② 在战胜这种必然性的斗争中创造出能在具体情境中克服冲突的合作实践。

宪法与民主对这种行政模式的破坏性影响是间接的。美国早期社会合作实践的真正威胁来自以下两个方面:①宪法所设计的强大政府使美国走上商业帝国的道路,商业的繁荣使人因支配财产获得了更大的自由,正是这种自由使作为必然性的严酷条件不复存在,从而间接腐蚀了支持合作实践的公民德性。②民主又因泛神论的精神内核,使以神圣位格为信仰基础的清教精神日渐衰

---

① Smith J A. The Spirit of American Government: A Study of the Constitution, Its Origin, Influce, and Relation to Democracy [M]. Charleston: Create Space Independent Publishing Platform, 2014.
② 这种自殖民时代以来广泛开展的社会合作受新教伦理的超验原则所驱动,逐渐孕育一个多元简朴、富于活力的政治社会。

落。在一项反对马克思历史唯物主义的研究中,韦伯认为正是清教徒基于其天职观念的禁欲主义工作,在实践中孕育了资本主义精神。但他同时遗憾地认为,这种精神已经从牢笼中溜走了。已然得胜的资本主义因机械化运作的系统,而不再需要禁欲精神的支撑。① 同样,当国家通过商业和技术的发展与繁荣逐渐将政治社会转变为某种依靠经历迫力和规范机制自主运转的系统,社会合作就不必依靠为清教徒的宗教信仰所支撑的行政过程。当合作不再以传统和未来之间令人心碎的冲突为前提,② 这种助人胜过严酷必然性的清教徒的精神力量就在公共事务中失去了存在的价值。

2. 进步主义与公共行政

美国早期经验揭示出民主背景下的公共事务建立在合作原则之上的可能性,但联邦党人最终通过立宪,建立了一套远比《联邦条例》更为强有力的政府架构。在阴谋论者看来,《联邦党人文集》所阐释的代议制政府的主要目的就是在人民与政府之间制造社会与道德距离。③ 宪法的出台使美国走上了汉密尔顿所设计的道路。这条道路建立的信用与稳定货币为重的政府使商业逐渐取代社会合作,成为政治生活的主题。尽管如此,地方治理仍然在美国公共行政经验中居于主导地位。但是到了南北战争之后,美国社会生活逐渐向联邦主义者的宪政原则所无法充分理解的方向发展。在战争所激发的强大经济需求下,私人团体逐渐将小型企业合并到大型企业中。当这些企业进一步壮大时,便开始利用规模优势去压低价格。这种策略使大型企业逐步吞并中小型企业,创造出具有支配地位的市场权力,粮食、煤油与火柴等必需品最终完全处于大型公司和托拉斯的控制之下,这些商业寡头随后利用这

---

① 韦伯.新教伦理与资本主义精神[M].阎克文,译.桂林:广西师范大学出版社,2010.
② 胡絜.越界的现代精神[M].徐卫翔,译.上海:华东师范大学出版社,2008:108.
③ 麦克里兰.西方政治思想史[M].彭淮栋,译.北京:中信出版社,2010:423.

一权力追逐其他优势。在这一背景下,自由贸易最终开始毁灭自身,并进一步腐蚀社会关系乃至政治过程。

南北战争后大型公司的迅速崛起给美国公共领域带来了从未经历的挑战,宪法以及联邦主义的政治理论都没能为公共部门与这些机构之间的关系提供一种合适的框架。1890年通过的《谢尔曼反托拉斯法》也没能为有效的政府调节提供行动指南。政府既要经受日渐高涨的民粹主义运动(这种控制因激发人们对抽象权力的恐惧,从而催生了民粹主义运动)的外在冲击,又在商业寡头和党魁所建构的权力框架内步履维艰。[①] 这种内忧外患的险恶环境催生了进步主义。作为小型企业的利益代表,进步主义一方面要求打击限制商业寡头和贸易联合体的权势,另一方面为避免沦为无政府主义和社会主义,要将瓦解支配政府的私人权力的变革行动限制在建制化的公共部门之内。新的政府形式不仅要维护一个以自由竞争为原则的市场,使各人才能得到充分发展,促进物质繁荣,还要为社会提供道德庇护,激发社会领域的公民德性。由于只有积极广泛的社会行动才可能实现这两个要求,所以进步主义可被视为新经济情势下的反联邦主义。

美国公共行政学诞生于进步主义的背景下,它的使命是为新的政府形式提供一种政府过程的概念框架。新的政府形式要求将(政党)政治从城市管理中分离出去。20世纪前后美国城市公共系统掌控在私人手中,他们只关心能否取得特权并在经营中积累财富。另外因缺乏必要的控制手段,政党难以对人民负责,[②]所以政客在签订城市管理项目的开发合同时经常接受贿赂。很多人相信政党的功能是在中央政府的层面表达国家意志,而城市管理作为地方商业事务无须政党的介入。[③] 为改善公共设施环境并降低

[①] McConnell G. Private Power and American Democracy[M]. New York:Knopf,1966.
[②] 古德诺.政治与行政:一个对政府的研究[M].王元,译.上海:复旦大学出版社,2015:114.
[③] Mosher Frederick C. American Public Administration:Past,Present,Future[M]. Tuscaloosa:University Alabama Press,1975.

价格,政府应独立承担公共服务。管理委员会与城市经理人是政府职业化改革的产物。这些制度的目标是通过建制化的理性行政,从大型企业与腐败党魁的支配下解放城市管理。另一方面公民作为对公共事务有判断能力的消费者,要求政府在城市管理中开放表达民意的场所。所以进步主义所确立的行政学是行政理性与政治共识的融合。

〔补充〕由于只有诉诸社会合作的原则才能有效对抗商业寡头和政治党魁,因此早期进步主义所主张的政府形式具有激进的社群主义特征。[1] 社群观必须建立在给定的社会情境中,个体只能在某种要求激进联合的精神资源中建构这种社会情境。20世纪初在《跟随他的脚踪》[2]的影响下,美国基督教会开始由神秘超验维度转向社会改革实践。这本热销的小册子使人将自身理解为行动中形成的彼此密切关联的共同体的一部分,而基督的十字架也为攻克合作实践中的营垒提供了丰富的资源。在政治思想界,人们倾向于通过民族精神与合作实践的概念框架来理解政治与行政的关联。吾尔西与伯吉斯都承袭黑格尔,将国家理解为历史中形成、以风俗习惯为内容的民族精神载体。[3] 由于历史主义为社会合作提供了积极的精神资源,所以政府过程才能被威尔逊正确地理解为有机生动的事实。[4] 社会福音与历史主义一方面有助于揭示冲突的深刻性,另一方面这种富于实用主义特征的新精神也为克服冲突提供了合作的资源。因此,这种合作与冲突的辩证法是公共行政中行动主义模式的内在原则。

这种社会文化原本有机会为以行政管理为基础的政府过程奠定概念框架,但进步主义内在精神的衰落使公共行政学最终建立

---

[1] David W. Noble, The Progressive Mind:1890—1917[M]. Chicago:Rand McNally & Company, 1971.
[2] 查尔斯·谢尔登. 跟随他的脚踪[M]. 黄瑞蔚,译. 北京:新世界出版社,2011.
[3] 梅里亚姆. 美国政治思想[M]. 朱曾汶,译. 北京:商务印书馆,1984:223.
[4] Wilson W. The State:Elements of Historical and Practical Politics[M]. London:Forgotten Books,2012.

在技术专家治理的理性政府模式之上。过渡时期(1890—1940)的美国近郊生活是这种精神衰落的缩影。近郊生活由于规避了痛苦和冲突,从而是不真实的。需要依靠无限努力来克服的撕裂与分歧已成过往,人们开始向一种允诺统一、团结和安全的人为力量缴械投降。在个体手工业转向工厂体系时,从工作成果的不确定中体验到的欢乐、痛苦与辛劳被一种刻板、片面的时间安排下的劳动力支出所取代。泰勒的科学管理改革赋予工厂体系一种乌托邦意识形态。他认为专业化的管理方案能使人联合为一个和谐的系统,以实现保罗神学中的共同体图景:全身联络得合式,百节各按各职,照着各体的功用彼此相助。二者之不同在于:保罗神学的共同体观念以犹太人与希腊人之间永久存在的根本性冲突为基础,而泰勒却相信冲突可以从人类事物中消失。所以泰勒既是进步主义精神由衰落走向死亡的代言人,又是施特劳斯意义上现代性的福音使者。正是这种福音确立了现代公共行政学的精神气质。

3. 组织社会与公共行政

20世纪初兴起的美国公共行政虽然最终没有确立实用主义集体合作模式,但有效回应了美国政治的深刻变化。与兴起于国家学危机背景下的德国非党派官僚制不同,美国公共行政学的创立主要是出于回应腐败政党政治的实用需要。20世纪前后几乎所有的政治学文献都围绕着政治分赃的腐败问题,这一现象表现出公共领域对南北战争后商业寡头的兴起准备不足。进步主义者的回应是在政党政治以外建立一种能过滤腐败的政府过程。尽管任何政府过程都具有政治重要性,但美国公共行政学的原始文献试图通过研究策略分离政治和行政。这些文献是在具体情境下为公共事务执行者提供选择的调查报告,多数调查报告因其情境抵押而不可避免地具有实用主义特征,但为使这一新兴领域免受质疑,其创立者采取的策略是运用科学符号和原则对政府过程进行描述和解释。① 所以美国公共行政学就其起源而论是一次批判和抵抗政党制度的社会运动,与之相关的政治与行政的二元结构理论和社会科学精神气质都是为确立新兴领域和学科的合法性而服务的。

美国公共行政在20世纪前叶逐渐由一种实用策略转变为具有乌托邦特征的社会工程。衰退的公共精神与战争所导致的巨大经济需求之间的矛盾要求美国不得不转型为商业上组织起来的现代社会。这种转变并非简单再现麦迪逊以商业繁荣为政府目标的立宪设计,它更接近于蒲鲁东的激进主张,也就是使社会的主导地位由政治秩序转变为经济秩序。② 这里的经济秩序不是18世纪自由市场基础上开放竞争的中小型商业组织经济行动的规范性架构,而是以通用汽车公司为代表的现代大型企业所支配的组织化秩序。行政管理对政治秩序的批判不再是限制腐败政党的权宜之计,而是现代组织理念的必然要求。这种理念将政治架构视为工业社会颠倒的意识形态。混乱无效的政治结构应当让位于通过科学方法和技术程序组织起来的社会结构。1933年立法通过的田纳西山谷项目是第一个通过理性计划重组传统生活的大型社会工程,该项目标志着美国公共行政学现代身份的确立。

当代社会已是一个由各类庞大复杂的组织所支配的世界。③ 公共行政学要通过理性计划重构社会生活,就必须寻找一种组织理论(而非经济学或其他理论)实现这项使命。柏克的历史主义思想与福列特的实用主义方案都和将组织实践建立在某种理性基础之上的典型旨趣背道而驰。即使是以理性管理者为基础预设的传统主义公共行政和古典组织理论也因受缚于制度的概念而无法深

---

① Gerald E. Caiden, The Dynamics of Public Administration: Guidelines to Current Transformations in Theory and Practice[M]. New York: Holt, Rinehart and Winston, 1971: 35.
② Proudhon Pierre-Joseph. General Idea of the Revolution in the Nineteenth Century[M]. New York: Dover Publications, 2013: 76.
③ 沃林. 政治与构想:西方政治思想的延续和创新[M]. 辛亨复,译. 上海:上海人民出版社,2009: 379.

化基本结构的理性重构。制度作为规范性面向,与事物作为个体性整体的身份认同处于永不止息的辩证关系中。虽然制度设计可以建立在某种理性方案的基础上,但个体的身份认同会在实践中不断挑战包含在制度中的理性要素。例如人类学对具体情境下个体行动的现象学解释经常会冲击组织社会学的角色理论。新制度经济学试图通过契约来解释个体与组织之间的关系。由于个体行为往往超越经济人模型的预设,这使制度的理性解释显得缺乏说服力。事实上只要研究者继续把制度的概念当作公共行政领域的基本解释性范畴,从人类个体身份而来的挑战就会如影随形。

即使是以逻辑实证主义为基础的纯粹法理论也无法彻底清除规范体系中的个体身份残余。这些残余一部分存在于法律适用中,另一部分保留在政策执行的过程中。前者在法学方法论领域挑起了激烈的争论,后者则作为一个有待解决的问题被托付于行政学。为公共行政学解除个体身份抵押的是赫伯特·西蒙,他将组织结构的理性化推向了一个新高度。西蒙采取的策略是将传统的制度概念与个体身份这个对立面一同抛弃,他的组织理论以普遍存在且彼此关联的信息世界为背景,将组织看成一个决策制定和信息处理系统,而不是机构和部门的集合体。[①] 由于决策使组织在以信息为基本元素的世界中具有一种彼此区别的绽出(eksistent)结构,所以重要的问题是符号的传递和转换(所以使组织具有实在性的关键要素是决策而非制度)。这一过程依赖于一些对结果具有影响力的决策前提。制度不过是这些决策前提所携带的相互交织之信息流的复合体,所以其仅对组织成员行为所施加的影响而言具有重要性。

在这种视角下,信息规模与绝对理性要求都对成功的决策提出挑战,它们时常威胁着管理者作为自主行动主体的地位。不过,西蒙认为这两个问题可以通过设计管理信息系统与采纳有限理性

---

① 西蒙.管理行为[M].詹正茂,译.北京:机械工业出版社,2016:227.

模式而得以解决。决策依赖于组织所掌握的信息量,但也依赖有效的思考、问题求解和决策制定。与信息急剧增长形成鲜明对比的是,人类处理信息的能力并未有显著提升。注意力而非信息才是当代行政管理的稀缺资源。当管理者被大量信息淹没时,成功的决策将无法设想。正如马基雅维利笔下的新君主需要以德性胜过命运,西蒙理论中的管理者要在广阔的信息洋流中保持有效行动的能力,这要求组织依据注意力控制原则,限制待处理和决策数量。所以保护决策能力的关键是设计一种使技术与有限注意力资源相互匹配的信息系统。另一方面,通过限定对实现假定目标具有显著重要性的变量,实证知识的获取也能被限制在一个合适的范围内,这使管理者基于有限理性的决策行动得以可能。

〔补充〕组织理论的激进变革暗含一种对成员心照不宣的规训体系。西蒙所讨论的只是无主体的决策制定过程,而没有考虑参与决策制定的决策者。由于判断比重随着决策层级的上升而不断增大,高层决策者仍然在某种程度上保留着行动自主性。尽管各个组织成员都是实际的决策者,但由于决策层级在一定程度上与目的层级相互对应,决策层级较低的成员不可避免地会丧失其作为一个整体人格的身份认同。当管理系统被建构为一个层级式目的手段的链条时,中间层级的决策单元会向下将自身理解为一个基于个体身份认同的行动者,但这同一个决策单元又会被其上层的决策者视为某种事实,这些事实作为信息被处理为模态规则时便与相关组织成员的个体身份相分离。由于上层的权威资源与统计学规律相结合能对个体产生强大的塑造力,所以尽管组织成员会不时抵制这种分离,但是个体还是会在驯化过程中逐渐接受其在组织中的抽象存在。尽管西蒙强调将决策系统分解为相对独立的子系统,但目的层级的设计依旧会使组织在纵向结构方面成为一种规训体系。

当代社会百分之八十以上的人类个体生活在组织之中,对大多数人而言,这意味着社会组织原则的根本性变革。正如塞尔兹尼克所言,精英是维护和发展社会制度与文化的客观需要,①这意味着只有少数精英才是传统社会政治遗产的继承者。组织原则的变革主要与这个新型社会系统的大多数人有关,对他们而言,组织生活创造了某种从完整人格中隐退的方式,这使个体人格在日渐萎缩的日常生活领域苟延残喘。公共行政人员在组织碎片化的职能安排与作为完整人格之自我之间重新建立对话是一项困难重重的工作。行政导控中心利用福柯意义上的新型治理术,在社会层面不断生产这种碎片化的个体。在国际秩序层面,非政府组织逐渐取代政府间组织和双边条约,这标志着非人格的事业联合逐渐取代政治联合,成为全球治理的主导原则。② 人格作为诸经验领域的超验统一体不再被视为组织社会的基本单元。公共事务的治理致力于发展有限经验领域的横向联合,完整的个体人格在这种联合模式中不具任何实在性。

尽管很多研究者早已意识到现代组织的弊病,但问题是如何从一个具有根本重要性的层面揭示这个弊病。默顿仅仅对这种非人格的规则体系必然导致组织目标错位、组织僵化以及客户不满这类不符合期待之结果的种种方式做过相应分析。③ 但是在这类分析中,人格的完整性只是作为更加有效地实现组织目标的条件才得以考虑。在政治层面上,组织化社会所生产的碎片化人格标志着传统政治理论的解体。政治理论是特定社会尝试阐明生活领域中与共同或普遍事务有关的知识或智慧。社会事务的普遍性并不全面涵盖存在者或事务的要求,而是要求实现各个模态领域的统一。社会科学的理论整合或任何特定的模态维度都不是这种统

---

① Selznick Philip. The Organizational Weapon: A Study of Bolshevik Strategy and Tactics[M]. New Orleans: Quid Pro Books. 2014:283.
② Zhao Li, Haibin Qi. Potential Impacts on Individuals Caused by the Invasion of NGOs into International Politics[J]. University of Baltimore Journal of International Law,2016: Vol. 4, Article 4.
③ Merton Robert King. Bureaucratic and Structure and Personality[J]. Social Forces. 1940,18(4):560-568.

一的真实基础。杜伊维尔指出,只有在自然经验中被给予个体的自我才是超验统一的精神中心。所以,只有作为自我之个体的联合才构成具有普遍性的社会事务。这意味着:离开了公民联合的共同体这种政治范畴,任何社会事务不可能具有普遍性。组织对非人格经验的整合意味着政治联合体下降到其他联合体的水平。

政治共同体的观念在组织原则的强力冲击下依旧有复苏的迹象。社群主义反对自由主义所预设的能退出各类社会联合的抽象自我。[①] 这种观念批评实证科学忽视完整自我嵌入其中的具体情境,并限制行政管理对人格完整性施加的操纵性干预。但在人格完整性已经遭到破坏的地方,社群主义也无法使之修复。社会机构强加的惯常抑制被松开后,剩下的只有毫无差别并且缺乏关联的乌合之众。即使是在当代美国,组织原则的替代方案只适用于侥幸残存合作资源并具备一定自我修复能力的社区层面。邻里组织是城市居民直接体验交往与联合的重要途径,以关怀、信任与协作为基础的社区为有效沟通和解决冲突提供了工具。[②] 新公共服务运动试图通过变革行政原则,创造一种以公民为中心的治理体系。但是充满活力的政治实践需要创造精神、英雄主义与自我牺牲,而两次世界大战杀死了大批在这些方面"最具教养的人们"。所以,在没有新的精神注入社会生活的前提下,复兴共同体的前景依旧暗淡无光。

四、小结

在行政学研究中讨论历史哲学既是危险重重的,又是非如此

[①] Sandel Michael J. Liberalism and the Limits of Justice[M]. New York: Cambridge University Press, 1998: 91.
[②] Gardner John. Building Community[J]. Community Education Journal, 1996, 23(5): 67-82(16).

不可的。① 说这种尝试面临艰险,是因为历史哲学似乎已经在波普尔的激烈批判下名誉扫地。他曾掷地有声地断言:没有(普遍的)人类的历史,只有人类生活各个方面的特殊历史,②而所谓的历史哲学不过是封闭社会得以立基其上的意识形态。即便对波普尔的告诫充耳不闻,历史哲学也与新实用主义的怀疑精神格格不入。真正的实用主义精神应该是:我们不应该如此认真地反对历史哲学,恰如我们不应该如此认真地主张历史哲学一般。事实上历史哲学作为一种政治思想不仅是一种抽象的理论,也可被视为具体情境中的政治行动。在一种历史情境中具有本真意义的洞见在另一种情形下可能不过是某种意识形态。无论多么正确的意见,如果不能时常充分且无所畏惧地讨论,它都只能作为僵死的教条而不是鲜活的真理被持有。既然在当下公共事务氛围中存在一种具有支配地位的历史哲学,那么一种替代的观点即使只能衬托其对立面,对公共领域活力的复苏也是必不可少的。

  历史哲学面临的批判主要集中在历史连续性及其意义方面。很多人要求将历史还原为一系列偶然的事件。剑桥学派试图按照这种方式重建思想的历史,使人相信观念的更替只不过是捉摸不定的时间之流的侧影。就连福柯也期盼解脱人类学束缚,将历史视为散布的彼此关联的陈述系统。③ 他试图拉开距离,从而脱离历史的连续性建构。但福柯深谙历史哲学之道,他明白这种建构所参照的是主体的综合活动,是自由的艰苦劳作与意识的不懈努力。福柯并不否认主体的创造活动,但他认为历史连续性的观念拒绝主体的进一步劳作。这种历史对求索的主体而言只是休息、确信、和解与高枕无忧的场所。福柯拒绝的这种连续性的观念明显出自19世纪法国与德国的历史科学,而与但以理或奥古斯丁的历史哲学关系不大。没有人能否认那种饱受质疑的历史科学阻碍

---

① 昆德拉.不能承受生命之轻[M].许钧,译.上海:上海译文出版社,2003.
② 波普尔.开放社会及其敌人:第二卷[M].陆衡,等,译.中国社会科学出版社,1999:406.
③ 福柯.知识考古学[M].谢强,等,译.上海:三联书店,2007:41.

了人们以反思的方式参与实践,但我们同样应承认除此以外的历史哲学无论在当下的思想氛围多么不合时宜,却总能推动人们对公共事务的自我反省。

如果历史哲学能经常持守维科的平衡劝诫,就不会沦为在实践中发挥意识形态功能的历史科学。虽然历史哲学毫无疑问与某些形而上学观念具有相似之处,但这种思想范畴却并非抽象的真理体系。维科认为这种形而上学可以由共同意识上升为洞见,它将历史的结构视为神意通过人类思想发挥作用而创造的一项杰作。尽管维科相信建立在这种洞见上的历史哲学(就其理论与实践具有统一性方面)比几何学更为真实,但这种思想范畴却因神意的超验特质而无法为人类思想所把握。如此一来,斯宾格勒尝试"从真实本身之中抽取统一体"的谦逊态度就比黑格尔用"整体哲学来捕捉过去的真相"的做法更为可取。历史哲学不是对客观规律的把握,①而是一种认知精神现实的途径。人虽无法在极致的历史具体性中实现完满的综合,却可能保留在穷尽综合能力时参与精神现实之可能性。在公共行政学领域内,这意味着用组织和管理的符号表达自身所参与的那个精神实体。

任何历史哲学在形式上必然是材料向思想呈现逻辑的、内在的联系,这种思想范畴源自主体在具体情境中的有限洞见。但是这种联系可能被任何事件所打断,这也是历史作为"基于自由筹划的形式赋予"领域的核心特质。所以,为拓展丰富的历史洞见,最低限度的逻辑框架必须不断因吸收新的材料而向某种容纳异质叙事的多元结构发展。此外,天启要素对历史哲学而言也是必不可少的,这种要素能够保障历史哲学避免范黑格尔哲学那种体系化的错误。那种学说相信概念形式有限发展进程中的理性范畴对应于特定哲学体系逻辑秩序中的各个真理的环节,从而使逻辑联系沦为思维向真实的历史所施加的暴力。天启要素可以为一切思维

---

① 无论是实证科学还是黑格尔的精神科学,要把握这种规律都是徒劳无益的。

形式设立界限,使其保留不断求索的开放特征。最后这些材料的逻辑联系必须完全向实践领域开放。这一方面意味着历史哲学在实践上只能作为一种弱的规范性前提而存在,另一方面意味着必须禁止这种规范性前提未经中介地向实践领域转译。正如朋霍费尔所言,任何规范都必须在具体情境中帮助人们获得深思熟虑的伦理判断。①

很多学者认为公共行政研究只涉及公共事务的具体方面和管理实践者的技术关联,根本无须涉足历史哲学的问题。这种认识既错误又狭隘。登哈特教授在20世纪80年代就开始通过"追根溯源"的方式提升行政学界对组织理论问题洞见的层次;博克斯于21世纪新近倡导在社区复兴公民治理时,援引美国政治历史的循环周期理论为变革的精神驱动力,②施莱辛格则提出这种理论在本质上是一种过分简化的历史哲学。当代公共行政的研究时常拒绝通过历史哲学去反思公共事务,这主要是因为研究者们将理论的历史描述为一部发展的历史。人类管理公共事务有悠久的历史,早在东周时期,中国就已经发明了现代官僚制。但是,学者们相信早期人类思维还没有自我意识,而只是将存在着的秩序和联系视为事务秩序本身,未能达到一种反思的高度。直到150多年前,思维才从公共事务本身之中分离出来,达到一种启蒙的反思状态,这种状态的高峰就是现代公共行政学的创立。

事实上,自古希腊以来,历史中早已存在大量将思想自身与其行动当作主体的文本。而公共行政研究却在法兰克福学派与福柯的尖锐批判下,被揭示为现存秩序再生产的知识媒介。这门学科虽然逐渐具备某种体系化的概念框架与规范化的方法论,但这些资源的主要功能是装配数据信息,以避免治理实践中出现的知识短缺。该领域的理论并不以实现自我反思为目标,也很少面向经

---

① 朋霍费尔.伦理学[M].胡其鼎,译.北京:商务印书馆,2012:334.
② 博克斯.公民治理[M].孙柏瑛,译.中文修订版.北京:中国人民大学出版社,2014:10.

验现实作出判断。换言之,公共行政研究从未在整体上达到一种自我反思的高度,而是只能在现有的支配性秩序格局中求解相关的问题,并在一个给定体系所能容纳的界限内寻求技术革新。幸运的是,思想史中的一些文献能为公共行政领域的自我反思提供大量的概念与思想资源。黑格尔曾认为,一个有文化的民族竟然没有形而上学,那是不可思议的。① 他认为这就像一座庙,其他地方都装饰得富丽堂皇,却没有至圣之神。同样,一种作为文化建构的公共行政理论如果没有历史哲学也是不可思议的。历史哲学能够帮助行政学成为一门自我反思的学科,这正是变革型公共行政学的精义。

犹太教神学的核心观念是末世论(Eschatology)的时间架构。这种架构由两种世代组成,一种世代被罪和诸样问题充满,拉比将之称作现今的世代(或希伯来文 olam hazeh);另一种世代紧随其后,以蒙受祝福为特征,被人们称作将来的世代(或希伯来文 olam haba)。使徒保罗在公元一世纪继承这些犹太神学观念的同时,也改变了这种古老的历史哲学。他认为这两种世代从某个历史时刻开始就以彼此交织的方式同时存在。只是现今的世代正在不断消逝,而将来的世代却逐渐清晰也越发真实。② 很多人效法这种历史哲学,认为现代世界因科学和自律开启了一个崭新的时代,理解这一转变的关键范畴是世俗化。但事实上古今之变不过是早已开始的社会分疏化进程的崭新篇章,奥古斯丁的理论就已经表现出政治秩序从伦理共同体分化而出的趋势。马基雅维利与洛克以来的思想又逐渐揭示出审美、经济与社会等领域的内在原则。这种分疏化的进程是人类在各领域不断实践的结果,所以可以被称作人类经验的规范性展开。

被当代高度分疏化的社会形态抛在身后的是诸领域浑然一体

---

① 黑格尔.逻辑学:上卷[M].杨一元,译.北京:商务印书馆,2012.
② Kidd Reggie. Paul and His Theology. Third Millennium Ministries, 2011-2018. http://thirdmill.org/seminary/lesson.asp/vs/HPT/ln/1.

的部落社会。这里部落社会所指的并不是波普尔所说的封闭社会,波普尔在借用柏格森的概念时植入了自由主义的意识形态,可能会阻碍人们对部落社会的理解。这位奥地利的哲学家将不受怀疑的社会规范以及强有力的共同纽带视为封闭社会的特征。他相信这种社会必须让位于一种拥有思想自由,个人可以在更具变动性的社会结构中选择自己的生活方式、个人关系和个人职业的自由开放社会。被如此建构的两种社会类型似乎都偏离了柏格森的思想范畴,在这位法国哲学家眼中,无论是开放社会还是封闭社会都可能成为生命冲动的表现形式,理智构成对这两种社会形式的共同威胁。[①] 尽管柏格森的泛神论让人难以接受,但他所提出的思想范畴远比波普尔更接近未分化社会的观念。事实上尽管古希腊城邦这类未分化的社会结构要求公民全面委身于公共事务,但其在组织上是一种极其成功的政治社会。这种社会形式能够以政治的方式在基于人或高于人的层面组织个体,并使他们在这一经验中获得提升,而这正是公共事务的本质要求。

不过古希腊城邦这类在公共事务领域具有良好组织性和政治性的社会也无法抵挡多元经验维度在历史进程中展开自我揭示的规范性要求。杜伊维尔将柏格森非人格化的生命冲动替换为以人类实践为媒介的创造概念。他认为创造是一种根本动力,不断促使人去探索存在于实在经验各个模态领域的内在本性、相互关系以及整合方式。正是这种动力使洛克在血缘家族之外寻找政治社会的起源,这种动力也使孟德斯鸠致力探究事务的普遍联系。除了少数例外,可以说思想和历史是人类经验领域不断分疏远化的全记录,所以保罗神学中将来的世代必然包含某种经验领域全面展开且彼此交织的分疏化社会。而在这种历史进程中逐渐退场的现今的世代正是人类经验领域与相应符号缺乏的分疏化社会。事实证明"现今的世代"与分疏化的规范性要求背道而驰的组织原则

---

① 柏格森.道德和宗教的两个来源[M].王作虹,成穷,译.南京:译林出版社,2011:201.

依旧具有强大的生命力。例如纳粹曾高举血缘与土地之神话,并试图通过复兴"民族"(Volkstum)这个原始的伦理观念毁灭德国人的国家(Nation)意识,杜伊维尔将之视为历史中的反动倾向。[①] 由此可见,社会分化的历史规范在位阶上高于健康的组织原则。

但是,社会领域的分疏化并不是历史规范的全部内容,分疏化可能伴随着组织原则的腐化。当代公共行政的根本问题就产生于"将来世代"组织原则的缺位。与多元经验领域的历史展开同样重要的是:这些多样的社会领域应当像未分化的部落社会那样,在某种基于人或高于人的层面组织起来。但遗憾的是,现代社会的组织能力并不能在整体上补偿伴随社会分化的离心力。历史进程似乎证实,人类的组织能力只能将小型的简单社会转变为真正的共同体,在现代大型复杂社会的背景下,人类不可避免地以牺牲人性化的运作方式联合为整体。现代组织技术是在摆脱人格抵押的前提下,通过非人格化的技术装置来整合个体。欧洲国家学危机与西蒙对制度的消解实际上都是在为现代社会的组织方式清除人格障碍,也有人试图通过绕开当前的制度与组织模式以复兴基于公共事务中人的联合。浪漫主义与民粹主义不断要求变革现有公共秩序,但这些努力不可避免地以牺牲高度分化的社会结构为代价,从而陷入历史反动的错误和危险。这些诊断揭示出当代行政学在公共事务中面临的困境:一方面历史规范要求人不断拓展经验领域的多样性;另一方面由于缺乏与之对应的组织原则,大型复杂社会难以在整体上联合为一个真正的共同体。所以未来的公共行政学应当寻求一种新的制度、方式和精神,在高度分化社会的公共事务中彻底实现公民联合。这也正是变革型公共行政学的最终目标。

---

① Dooyeweerd Herman. Christian Philosophy and the Meaning of History[M]. Ontario: Paideia Press. 2013:62.

第四章

变革型公共行政研究的合法性

本书已经讨论了将变革型公共行政研究建立在历史哲学基础之上的必要性。这种哲学需要从历史和思想材料的综观中获得洞见,以之为基础的公共行政研究才能够超越形式逻辑分析的局限。形式逻辑分析只能揭示某个意见的内在逻辑矛盾,或者不同意见间的冲突,以及结论基于论证获得的有效性。[①] 逻辑实证主义者相信形式逻辑分析为科学理论划定了合法界限,在这些学者眼中,本研究在合法性方面问题重重。当代行政学中对这种理论合法性构成最大挑战的是社会科学中的实证主义。沃格林认为这种挑战来自实证科学的两个假设:(1)外部世界数学化科学所使用的方法具有某种内在品质。如果其他领域的科学要取得类似成功,就必须借鉴这些方法,并接受它们为研究范式。(2)这种自然科学的方法是理论适切性(Relevance)的普遍标准。这两种假设是公共行政领域大部分学者信念之基础。变革型公共行政的哲学拒绝这种主流范式和方法,必须像苏格拉底一样在这个学科共同体的民主法庭上为自己申辩。

这种主流的范式与方法由于捆绑了实践中的巨大利益,使变革型公共行政学面临的艰险较控诉苏格拉底的雅典公民法庭有过

---

① 沃格林.没有约束的现代性[M].张新樟,刘景联,译.上海:华东师范大学出版社,2007.

之而无不及。但只要学术研究共同体不至于完全沦陷为致力于产出最大化的经济组织,[①]这种利益无论多么巨大,都不能成为支持主流行政学范式合法性与垄断地位的理由。只要政治社会还保留着公民联合的任何遗产,行政就只能被理解为对公共正义的行政。变革型公共行政要竭力在主流范式以外建立这门学科的根基,是由其作为一种哲学研究的本质要求所决定的。按照奥克肖特的说法,哲学是具有彻底自我意识和自我批判的活动,其势必要对任何缺少十足连贯性的经验领域[②]保持不满。[③] 如果说哲学对于建立在正确秩序观念之上的行政研究都保持一定距离,那么其怎能对实证科学腐蚀实践领域的重大危机缄口不言呢?所以变革型公共行政学必须至少发展以下相互关联的三种主张:(1)行政学可以容纳不同的范式;(2)实证主义因其内在缺陷不应在多样范式中具有支配性地位;(3)变革型公共行政要建立在某种新的范式之上。

一、变革型公共行政的研究范式

公共行政领域的学者习惯使用"范式"(Paradigm)这一概念强化该领域中实证社会科学的支配性地位。此概念源自科学哲学,最早在组织理论中得到广泛使用。但当摩尔根和布瑞尔于20世纪70年代末在组织理论中引入此概念时,他们的目的不是巩固实证主义的支配性地位。"范式"包含一种社会分疏的承诺,即每种范式都具有主张其自身为科学的权利。这个概念被用以实现变革时期社会科学中兴起的多元思想的建设性整合,尤其是在组织理

---

① 莱斯诺夫.二十世纪的政治哲学家[M].冯克利,译.北京:商务印书馆,2001.
② 本研究并不认同奥克肖特的观念论立场,也并不承认哲学是一种具有彻底连贯性的经验,所以将原文中"观念世界"的概念替换为"经验领域"。诸领域的统一体是在日常经验中被给予的,而不是在一种反思活动中获得的。在此意义上,哲学自身也是一种抽象的理论活动。但是奥克肖特正确地指出了哲学彻底的自我反思与批判的性质,以及其对经验领域扭曲现状的治疗功能。
③ 奥克肖特.经验及其模式[M].吴玉军,译.北京:文津出版社,2005.

论中为非正统的价值和方式保留合法领地。从概念发生史的角度观察,"范式"至少包含一种较弱的实证主义批判。这个概念的真正内涵在于鼓励研究者掌握不同的理论进路,比较彼此冲突的价值假设,并随时转换自己的研究领域。这些工作和禀赋不仅推动了绝大多数的自我批判,也成为许多卓越的社会科学理论的创造性源头。要充分理解范式的概念,必须先澄清实证社会科学中"价值无涉"的观念,这一源自韦伯的观念受到诸多的误解和扭曲。

1. 实证科学研究的理论关联

在实证主义研究中,所有与事实有关的命题都被赋予了科学的尊贵:只要这些命题是正确的方法所获得的结论,就被视为一种科学理论。[1] 这意味着所有的事实都具有平等地位,这种平等性独立于方法的使用。这种割裂事实与方法的认识论模型忽略了理论关联(Theoretical Relevance)。沃格林发现,在环境迫力下,即使以最低劣的方式搜集广阔无边的材料,也必有一条线索[2]将这种研究与传统联系起来。不涉及任何理论关联的事实堆积不仅无法形成理论,甚至不具有实践可能性。理论关联的形成先于事实的搜集以及方法的运用,此因素与前理论立场密切相关。解释学早已证实:理解总是立场性的。科学研究的价值无涉不过是实证主义特殊反思模式的虚构。当库恩提出范式概念时,他所指的正是作为某类研究基础的一系列前提与信念。这些前提与信念无法在科学上予以证实,却是由一个共同体接受并共享的。行政学者通常援引韦伯价值无涉的概念作为这个领域研究的无可置疑的标准。

改变并提升行政学理论素质的首要工作是澄清韦伯价值无涉

---

[1] Voegelin Eric. The New Science of Politics:Politics, Science, and Gnosticism[M]//Columbia, Mo:University of Missouri Press,1999:94.

[2] 无论这条线索显得多么细微。

的概念。① 对韦伯而言,价值无涉的科学意味着探索原因和结果,以及建构理想类型。对价值的评估不属于科学领域本身。例如自然科学的问题是,如果希望在技术层面支配生活,人应该怎么做。至于人是否应当期望在技术层面支配生活的问题,自然科学无法作答。在如诸神般存在的多元价值或伦理之间进行取舍是具备心志伦理与责任伦理的政治家的志业。但是韦伯预设学者与政治家之间存在一种社会关联:作为教师的学者在大学传授给未来政治家们有关政治实在的结构,以提升他们的判断力;但由于科学无法涉足政治价值,所以科学无法引导学生修正自己的价值体系与政治原则。一方面,政治家的责任与判断被赋予了无与伦比的重要性,另一方面,大学所传授的科学知识无力帮助未来政治家建立承担责任和明智判断的能力。除非政治理论能通过关涉实在秩序影响学生的价值体系,否则大学讲授这类价值无涉的科学毫无意义。

价值无涉概念自身就具有一种理论关联。这一概念是韦伯反对德国政治社会协会与历史学派,并创立一门崭新学科的行动纲领。正是因为研究客体被某种价值关涉所建构,社会科学才可能是价值无涉的。在此被建构之领域内,学者被要求悬置其价值判断。由于韦伯否认政治实在之科学,②所以秩序的原则和内容只能作为历史中的事实与因果要素得以解释和阐明。但作为价值无涉之科学方法的鼓吹者,韦伯拒绝表露反对马克思主义的价值倾向,他在新教伦理研究中主张"某种宗教信念而非阶级斗争塑造了资本主义"的观点就颇显苍白。韦伯思考政治制度的主要动力源自对日耳曼民族在世界历史中角色的关注。德国制度因俾斯麦垄断权力的后遗症而无力建立民族的政治领导权。这一症状体现在德国官僚组织中,所以循规蹈矩、缺乏创新与政治性的官僚制一直是韦伯关注的对象,他无法否认政治领域多元冲突的价值建构了

---

① 这一段落文字会继续通过沃格林的著作澄清韦伯价值中立或价值无涉的概念。
② 沃格林与施特劳斯都以这种有关秩序的科学为志业。

自己的研究客体。

〔补充〕尽管韦伯的理论暗含一种隐秘的价值关联,但他依旧主张价值无涉的立场。与韦伯不同,当代主流行政学的实证主义立场并非出自刻意选择,而是受市场驱动之心智的必然后果。这种外在迫力阻碍了行政学研究者的自我反思。尽管有效管理与政策要求现代公共部门围绕理性模式而非激情组织起来,但理性并不等同于实证科学的心智能力。理性的荣耀在于除去肤浅、寻找真理,并忠于自身。它能明辨不同观念的优劣,并创造实现价值的替代性方式。这种理性或智慧能为行政学贡献"解蔽型学术"(Disclosive Scholarship)。韦伯的政治理论因具备深刻的自我反思与价值权衡,也属于这种类型。但市场迫力要求心智追求强大的预测力与可操纵性,使"解蔽型学术"让位于"交互型学术"(Communicative Scholarship)。这种学术要求行政学从复杂的社会实在中抽离出来,逃进实证主义所设的避难所中。模型和方法的革新使技术专家免于日常生活复杂性的困扰。范式概念在行政理论中的横空出世不断冲击受市场驱动的抽象心智,力图将行政学拉回到其出生其中的前理论环境。

2. 社会科学研究的范式谱系

社会科学的范式谱系是一系列激进社会运动所留下的用以捍卫变革型研究的遗产。20世纪50年代到60年代初,资本主义阵营国家的社会科学逐渐与制度结构融合,确立了功能主义与实证科学研究范式的支配性地位。在这个时期,美国和西欧在战后经济的繁荣中实现了成熟的资本主义,加尔布雷斯将之称为"丰裕社会"。[①] 工人阶级与资本家之间的矛盾并未如马克思所期待的那样埋葬资本主义。生活环境得到普遍改善的劳工阶层被吸收进入一个高度稳定的消费社会中。选民的冷漠甚至被描述为一种积极

---

① Galbraith John Kenneth. The Affluent Society[M]. London:Hamish Hamilton,1998.

信号,据说其能表明公民对政治运作的信赖,使人觉得没有参与的必要。① 但1964年瓦斯暴动事件成为导火索,使战后一直被遮蔽的制度内部严峻的社会经济问题如山洪一般倾泻而出。接连的报道和讨论使西方国家乐观主义的精神氛围急转直下,对制度的普遍质疑之声也日渐高涨,其又相继导致了以刺杀肯尼迪、校园枪击为典型的诸多暴力事件。

制度合法性的危机也波及社会科学,引发了对主流范式的质疑。在动荡时期,西方学术界掀起对工具理性、资本主义、消费社会以及代议民主制度的批判。以米尔斯、马尔库塞和哈贝马斯为代表的激进思潮席卷了政治和社会理论领域。组织理论和行政学也深受这些思想的冲击。主流范式不得不将一部分领地让位于一些具有变革精神的研究。例如:伽得纳将以顾客为中心的心理学应用于组织行为学。② 巴西流亡学者拉莫斯尝试运用现象学、存在主义和辩证法,探索一种主观视角的行政学理论。③ 在实践领域,新建立的美国联邦行政学院(FEI)相信:拥有技术知识的行政专家只有通过人格完善化的过程,才能从事治理实践,④这个机构的核心不是技术知识培训的课程体系,而是以人格发展为导向的教育过程,其目标是使参加培训的未来管理者发生重大的人格转变。正是这些激进的理论与实践最终确立了行政学范式的多元性,并使变革型行政学获得了合法地位。

科学哲学家托马斯·库恩在1970年系统阐述了范式的概念。他将范式定义为科学家共同体接受的一组假说、理论、准则和方法

---

① Dahl Robert A. Pluralist Democracy in the United States:Conflict and Consent[M]. Chicago: Rand McNally/Company,1967.
② Gardner Neely. The Effective Executive Practices[M]. San Francisco:Doubledy and Company, 1963.
③ Ramos A G. The New Science of Organizations[M]. Toronto:University of Toronto Press, 1981.
④ Richer Anders. The Existentialist Executives[J]. Public Administration Review,1970(30):415-422.

的总和。这些东西在心理上形成科学家的共同信念。① 摩尔根和布瑞尔认为组织理论中的范式以一系列前设为基础,这些前设分别支持不同的研究进路。② 他们认为,对于范式而言,具有根本重要性的是社会科学与社会之性质的假设。社会科学的性质因自然科学与人文学科的持续争论,分裂为主观主义与客观主义两种对立的基本立场。客观主义假定存在一个不受人类意图干预的独立自在的实在世界,研究者的任务是以调查问卷等客观方式向这个实在世界求问构造世界之变量的比较信息;主观主义则相信实在是一个意义世界,这个世界通过主体间沟通过程才得以不断建构、再生产以及变化,研究者的目标不是发现变量的统计学规律,而是展现观念被理解、阐释和改变的方式和过程。这组科学哲学的矛盾立场构成了界定不同范式的横向维度。

由于当代研究者对社会性质存在"秩序"和"冲突"这一组针锋相对的观念,摩尔根和布瑞尔将之转变为"规制"(Regulation)和"激进变革"(Radical Change)两种基本立场。规制论将社会视为一个稳定秩序基础之上的庞大合作体系(例如罗尔斯与哈耶克)。组织与社会秩序反映进入这个合作体系之成员的共识。由于这种共识被理解为自愿而非受迫之结果,所以研究者应关注整个体系的动态平衡,探寻实现并维持其整体性和功能适切性。而激进变革论者则相信社会是一个诸多权力现象的冲突场域。这个场域的首要特征并非一种功能适切的平衡体系,而是基于强制权力关系的支配结构。由于不存在哈贝马斯意义上的理想沟通情境,所以共识只是一种意识形态或幻象。秩序稳定性必须通过大规模服从的技术和条件才能得到理解。只有20世纪60年代欧美社会动荡这类事件才能显明社会性质的原本特征。摩尔根和布瑞尔以这组

---

① Kuhn J S. The Structure of Scientific Revolutions[M]. Chicago:University of Chicago Press, 2012.
② Burreu Gibson,Morgan Gareth. Sociological Paradigms and Organizational Analysis[M]. New York:Ratledge Press,1985:Ⅷ.

社会性质的对立意见为纵轴,再结合横向参照系确立了管理科学的四种分析范式。摩尔根和布瑞尔的社会科学研究范式列表见表4-1。

摩尔根和布瑞尔提出的第一种范式是功能主义(Functionalist)范式。只有当人格或其他复杂现象被化约为要素时,才能按照功能分派整合进社会系统。这既是客观主义实证取向的要求,也和基于规制论的社会工程学不谋而合,所以功能主义范式融合了客观主义与规制论的立场,是管理科学的主流。第二种范式是解释学(Interpretive)范式。其采取主观主义的进路,将组织理解为主体间共有的意义之网。由于未加批判地将关涉意义之权力和支配关系合法化,①这种范式和功能主义范式一样持规制论立场。第三种范式被称作激进结构主义(Radical Structuralist)范示。这种范式持守客观主义立场,认为思想和行动取决于结构性权力的运作而非个人意志。由于权力结构潜藏使支配形式不稳定的根本矛盾,所以结构主义范式又接受激进变革的立场。第四种范式——激进人文主义(Radical Humanist)范式则保留了启蒙的遗产,相信人类意识能够突破支配结构的封锁,永远具备可完善性,这种范式是主观主义和激进变革理论的混合体。

表4-1 摩尔根和布瑞尔的社会科学研究范式列表

社会哲学	科学哲学	
	主观主义(Subjectivism)	客观主义(Objectivism)
激进变革(Radical Change)	(d)激进人文主义范式	(c)激进结构主义范式
规制(Regulation)	(b)解释学范式	(a)功能主义范式

〔补充〕摩尔根和布瑞尔将范式定义为一系列宏观命题的集合。它们无法通过实证科学得以证实,从而被视为某特定群体研

---

① Deetz Stanley. Transforming Communication, Transforming Business: Building Responsive and Responsible Workplaces[M]. New York: The Hampton Press, 1994: 51.

究者共享的信念。两位学者尝试建立一个范式列表，为研究范式问题提供分析框架。进入这个范式列表中的概念必须对研究者的信念具有根本规定性。这意味着范畴不能是意见的产物，其必须符合哲学上深思熟虑的判断。但上述的范式分析框架并不符合这个标准。这种理论将实在论、实证主义认识论、决定论以及规制论视为客观主义进路的基本要素。这些概念多因含混不清而需要意见的补充。例如激进结构主义范式虽然高度怀疑自我能够彻底摆脱权力的规训，但其内部往往包含自主的价值期待。摩尔根和布瑞尔将这种理论归在客观主义之下，将激进结构主义范式视为决定论的一种类型是不负责任的判断。另外，"规则"也是无法充分定义的概念。实证主义在19世纪治理实践中大刀阔斧的改革正是以牺牲政府行动的规则框架为代价的，但这也无法否认这种科学属于客观主义的事实。

更具根本性的问题是，客观主义与主观主义的预设在哲学上困难重重。这组观点源自对以下这个问题彼此冲突的解答，这个问题就是：使世界井然有序之规则究竟源自何处？客观主义将秩序的来源归于人类经验的客体，主观主义则将之溯至认知主体的理性。客观主义的典型代表是亚里士多德的形而上学。对亚里士多德而言，一个事物存在的原因是它的本质（Substance）或形式。事物的形式决定了同类事物的内在本性，这一本性设置该事物的表现及其与其他事物相联系的方式。人们所谓自然之律是被观测到的事物表现之规定，这些表现似乎起因于事物内在的稳定本性。因此以之为代表的客观主义理论相信规律与秩序的规定都在客体之中。与之相对，康德将认知者的理性或主体视为经验秩序的根源。他认为认知是理性将感性杂多组织起来的过程。无论个体获得怎样的经验，他们都是围绕主体创造经验现实，研究者所要认知的经验现实也是被理性规定所构造而成的，因而看似具有客观性的实在秩序其实具有主观的起源。

自康德以来，主客体关系开始变成一种认识论图式（Schma）。

这种图式由对象(Gegenstand)和主体机能所组成,并将对象区分为认知(Cognitive)客体与意志(Volitional)客体。于是知识有效性有三种可能的来源:要么存在于物质或本质的形而上学概念中;要么源自超验逻辑的综合;抑或产生于超验意识自身中自然与自由之间的伦理意义上的必然张力中。前两者根据科学典范之维度类型建构宇宙秩序,第三种情形则按照个性典范理解秩序的结构。以前两者为预设的社会科学使人类行为被客观化为不可改变的自然力。这些理论成为公共行政的知识媒介时,组织经验就会发生客观化异变。此类古典官僚制理论受到了公共行政网络理论(Public Administration Theory of Network)的强力抵抗,此具后现代特征的理论从强调意志客体的主观主义认知图式出发,将组织与制度消解为某些重复性实践,这类主观主义理论最终不可避免地需要解构官僚组织的个体身份。

行政学中的这组对立是主客体认知图式的产物。尽管它们彼此冲突,所采用的却是共同的理论策略。这些理论首先预设组织或个体的实在性,然后再将这类实在确立为其组织与个体关系或性质的源头,最后未获实在性的对立面被规定为这个源头的部分或某种表现。所以当公共组织通过客观化而赋予实在性时,个体被物化为它的组成部分。当组织成员的个性被高举时,行政组织的实在性就会被消解。这两类行政学理论清晰地展现了构成科学哲学基本立场之二律背反命题的共同前提,即规则与性质不过是被理论赋予身份之实体的衍生物。解开这组二律背反的关键在于去掉理论与这种认识论图式的关联。所以,(a)实在的身份不再由理论立场武断地确立,而是被理解为自然经验的赋予。(b)规则与性质不再被视为某些实在的受造物,而是在自然经验中被给定于法域(Law Sphere)的规定。那么,主客观的经验就不再需要通过建构为实体才能得以把握。

在自然经验中,主客观经验是实体与规范架构的模态功能。任何事物与维度(或模态)规则的治理之间可能存在两种类型的关联：积极的与消极的。如果某一事物持续独立于其他事物而具备某一模态规则所赋予的性质，这类事物就积极地运作于这一模态的规则。反之，当这一事物持续依赖于某些其他事物才能具备某一模态规则所赋予的性质时，这类事物就消极地运作于这一维度的规则。当事物积极地运作于某一模态的规则时，其对于该模态而言就具有主观性；而当该事物只能消极地运作于这一模态时，它对于该模态就具有客观性。一个某模态功能意义上的客体通常是在同一法域与之协调的一种模态主观功能的一个客体。在自然经验中，人们不可能将客观功能归之于事物或事件，而不同时将与之关联的（可能的）主观功能归之于它们。所以在科学哲学中被认知图式割裂的主观主义与客观主义同样武断，以任何一种立场为基础的组织理论范式都难免问题重重。

  规制论与激进变革论这组纵向范畴的建立也存在瑕疵。这组对立源自社会理论中的功能主义与冲突理论。任何社会机构或组织都是在历史中建立的。如果缺乏形式赋予的组织创建过程，任何理想方案都只是空中楼阁。形式赋予意味着从无中创造组织的机构和秩序。在纯粹政治科学的视角下，这种创造的行动就是在冲突情境中运用权力的活动。由于这种基础功能（Foundational Function）对所有社会组织都必不可少，所以很难说冲突理论是错误的。但社会组织的形成与发展同样无法离开特定意义领域或秩序观念之引导，这种意义或秩序要素被称作领导功能（Leading Function），而功能主义不过是对领导功能的一种扭曲表述。由于割裂社会存在的基础功能与领导功能只会产生抽象的观点，所以规制论与激进变革论这一范畴只是未经反思之意见的结果。另外，摩尔根和布瑞尔认为激进变革论以深刻的结构性冲突及支配模式描述现代社会，但他们又说这种社会学本质上关注的是人类从这些限制并阻碍其潜力发展的结构中解放。事实上冲突理论是一种本体论观点，其自身并不必然包含激进变革的态度，而"规制"与"激进变革"实际上涉及理论的旨趣或研究者的意图，所以这种分析实际在基本范畴中包含了社会本体论以及意图这两种不同的因素。由于这些因素未经澄清地混在一起,所以这种范式分析框架并不令人满意。

3. 公共行政研究的范式批判

尽管范式分析框架存在诸多有待完善之处,但公共行政学可以从这个概念中受益良多。它虽未否定功能主义范式通过实证社会科学所取得的丰硕成果,却一针见血地揭示出潜藏于主流行政学中的根本邪恶,即:禁止提问(Prohibition of Questioning)。这种现象源自少数具有影响力的人有意识地、深思熟虑地实施阻挠理性的精心谋划。他们明知某些意见经不起严格分析,但却为了特殊目的,禁止人们检验主流研究的前提。其他的研究者只是基于科学主义的意识形态与随之而来的益处而不假思索地接受主流范式。行政学被固着于实证科学的经验研究中。这类"正式科学"不断生产的信息建构了坚实的领地,研究者们也乐于从对社会实在劳神费力的思考中退居于这个避难所。他们的职业功能萎缩成累积同业文献,并将这类信息传输给学生或管理实践者这类期待提升职业能力的公众。[①] 信息、同业文献与职业能力所构成的封闭循环使行政学专注于以社会控制为导向的技术问题,呈现出虚伪的后现代特征。

当代主流行政学后现代特征的虚假性在于其正不动声色地强化这个受控世界(Administrated World)。行政技术与定量调研密切相关。这种研究一方面以可操作性概念为变量,另一方面基于观测搜集的数据研究这些变量的统计学规律。

但是,个体行动的内在意义只能在一个全备的模态领域中得以展现,而无法为实证观察所把握。实证科学生产的行政学知识

---

① Scott William G. Organizational Revolution: An End to Managerial Orthodox [J]. Administration and Society, 1985(17): 149-170.

只有通过其他类型研究结果的对比综观,才能形成实践中的明智判断。如果这些知识未经中介地直接应用于实践,就会忽视意义和基于个体内在行动能力的潜在可能性。政府以这种知识为基础,开始将治理实践建立科以轻省义务的公共政策之基础上。但义务通常不过是缺乏才华或适应性变化的产物,因此无论如何都是主观力量虚弱的表现。政府便将一种广度和深度方面都不断扩张的行政支配对接于日趋丧失行动能力的个体,并最终将他们改造为组织和社会的附属品。另外数理统计在行政科学中大行其道也使个体在人口而非人格的意义上被纳入整个行政系统。

主流公共行政研究只能在现有模式内推动技术革新,而无力阻碍行政权力向生活领域的渗透。在多数情况中,人们如同操纵商品价格和大众情绪一样,根据行政任务井然有序地累积行政学知识。行政学身处一个充满技术与工具倾向的领域,强大的权力也不断推动政治意志与公共组织相分离。这几乎使行政学领域的反思与自治不可能实现。范式的概念使行政学上升到对前理论信念和立场的认识,复兴了这个领域自我反思的希望。尽管它并未直接选择某种特定立场、规范与目标,但却表现出哲学抗拒推断的努力,以及追逐思想自由和现实自由的决心。这一概念经常被持批判立场的行政学者用以支持激进范式的合法性。他们认为自然科学模式通过确定客观的组织事实以实施社会控制,从而只是初阶概念体系。这些学者不满足于解释组织现象之意义建构的二阶概念体系,他们更倾向于三阶概念体系,这类体系通常以特定价值为基础,指向与公共组织相关的社会实在的改造计划。

〔补充〕范式概念的内核是前理论信念的普遍性,由此出发的批判理论必须预设某种价值偏好。只是为实证主义奠基的价值观念通常未经反思,而批判理论则期望将自身建立在深思熟虑的价值立场之上。任何价值都必然涉及对人的本质性规定。但在意识形态与行政权力已经对日常语言和生活造成本质性破坏的今天,要依附于某种传统叙事来描述这种本质性规定已极为困难。在

20世纪企图在制度层面实现某种自律的乌托邦工程造成毁灭性灾难并最终破产后,就连法兰克福学派的学者也纷纷放弃了这类改造计划。当阿多诺放弃社会工程而转向艺术时,甚至发现由于社会缺乏人性,艺术也随之变得缺乏自律性。他认为尽管肯定的规定还是艺术的组成部分,却已让人难以容忍。在艺术领域都几乎无迹可寻的自律,如何可能成为一种制度的内在规定性?马克思曾通过否定这一问题本身的合法性,开辟出一条变革理论的道路。人的本质规定不过是一种思辨的抽象,这种对自在之人的追问与人一切可触摸的体验是相互矛盾的。

马克思所给的解决方案是转向人与自然的辩证法。他认为"一个存在物如果在自身之外没有自己的自然界,就不是自然存在物,就不能参加自然界的生活"。在人自身之外只有自然与之相对,所以人的本性只能在与自然的辩证关系中才能寻得。这一本性并没有永恒不变的先验规定,而是在实践中不断创造出来的。就某种意义而言,当代政治理论依旧没有穷尽这个深刻洞见的潜力。但是马克思又认为整个人类历史不外乎是人通过劳动而诞生的过程。生产活动通过自我意识的外化设定物性,这一环节所创造的对象世界包含异化的危机,它使每个人都服从于非人格力量的统治。只有通过扬弃消灭对象世界的异化规定,人才能现实地占有自己对象性本质。如果劳动的概念在哲学上被正确理解为"劳力行动",那么这一过程由于真正涵盖实践的每个维度而无法在宏观层面通过行政权力进行操纵。这种理解是贯彻马克思式的反思,避免强行塞入一种未充分反思的人性规定的唯一途径。

遗憾的是马克思并未坚持这种反思。他采纳了古典经济学的劳动概念,并将生产实践视为一切创造活动的轴心。这一轴心可以通过制度与行政权力予以改造。由于需要规定改造的具体方向,马克思将一种充分设想的社会主义图景与人的本质结合,赋予了人一种肯定本质。当他这么做时,实际上已经中断了人类从无中创造自身的反思进路。这种推动制度与生产领域剧烈变革的做法为实现人类本性保留了可能性。人类从变革中收获的福利是获得劳动的解放。在马克思之后的一百多年间,人们逐渐认识到,即使劳动力在生命苦役上没有消耗完,也不会自然培育其他更高级别的活动。如果人依旧被其生产劳动所规定,他们的空余时间只会花在消费上。事实上,生产劳动只是人类自我创造之多维度实践模式中的一种,这些不同的实践活动之间具有不可化约的复杂性。马克思正确地指出现代社会中个体对经济结构的依赖性。但是,仅仅变革生产关系却无法修复资本主义不均衡的权力关系对个体造成的破坏。

二、变革型公共行政的语言模式

由于范式理论所指向的变革研究面临重构人类本质肯定性规定的难题,一些行政学者青睐一种更优的分析模式为他们的理论奠定合法性。这种分析模式是半个世纪以来科学哲学革命所取得的成就。在这场理论变革中,实证主义受到了严厉的批判。受此批判的影响,社会科学的部分领域发生了后实证主义的语言学转向。部分学者相信,公共行政现象理论化的方式也需要一次变革。这些学者接受后实证主义的观点,认为语言对科学研究与行政现象具有建构性。他们将公共行政理论视为某种语言,将理论话语作为研究对象。公共行政学的不同研究模式被视为表述行政现象的不同语言。说明性研究、解释性研究与批判性研究各自包含独特的语言游戏,它们彼此虽然不可通约,但具有同样的合法地位。由于后实证主义下公共行政领域的基本概念被理解为由特定概念图式、理论框架和生活形式所确立,①因而如何在相互竞争的理论模式中进行选择就成了一个问题。

---

① Bernstein Richard J. Beyond Objectivism and Relativism: Science, Hermeneutics, and Praxis [M]. PhiLadelphia University of Pennsylvania Press,1983.

1. 公共行政研究的语言类型

实证主义语言学转向是历史悠久的怀疑主义立场之新阶段。这种立场在现代科学上的源头是霍布斯（也部分源自笛卡尔的怀疑方法）。尽管这种怀疑主义立场在18世纪后期开始让位于围绕实验室建立的实证科学，但依旧有少数科学家是这种立场的忠实信徒。持怀疑主义立场的学者大都接受唯名论的预设。勒卢阿曾将之表述为：实在只存在于人短暂而变动的印象中，当其与人接触时，便荡然无存。[①] 在此基础上，科学的实在性就不可能源自外在于人的纯粹事实。怀疑论者最终达成的共识是：科学仅仅是约定的产物。他们认为要了解"科学何以可能"这个认识论问题，必须先认识"约定何以可能"。约定作为主体间的协定，只能以语言为基本媒介。语言是人类象征经验的载体，而象征具有模态普遍性，这使某些人将此媒介视为日常经验诸模态的本源。维特根斯坦为此信念作了最经典的表述："我语言的界限就是我世界的界限"，[②] 所以全部哲学都成了语言批判。

后实证主义将科学问题的实质视为语言问题。这种观念的变革并未立刻导向激进的相对主义立场。多数学者相信，语言具有普遍的结构。如果语言的逻辑结构得以澄清，人们就能获得有效的科学知识。但语言学转向的先锋还是使研究者从对客观事实之关注，逐渐转变为对认知过程中意识结构的关注。这种变化强调大部分事实并非自然事实，而是意向性事实（Intentional Fact）。这种普遍存在的事实是某种特殊视角参与建构的实在。视角可以被规定为参与建构事实的方式。由于视角包含一系列主观建构性规则，所以人所观察或描述的一切也可能是别种形态。由于仅当人将以某种方式领会的东西当成事物自身时才算从特定视角来

---

① 尽管彭加勒的转述略带反讽，但却更生动地展现出这种观点的力量。
② 维特根斯坦.哲学研究[M].陈嘉映,译.上海：上海人民出版社,2005.

看,所以接受某种视角不是主观随意的。毋宁说,视角对于观测者与其对象而言都具有建构性。受这种观念影响,麦克斯万、法默尔和弗里斯特等行政学学者开始将行政现象理解为特定心灵模态、意识和经验建构方式所再现的事实。[①]

逻辑语言主义仍旧坚持一个表达式只存在唯一充分的解析形式,无法为多元行政学研究进路提供一个基本分析框架。真正为多元研究进路开辟合法领地的基础事件是后期维特根斯坦向日常语言的转向。这种转变的实质是:理解开始被视为一个自然过程,而非充分分析过程。如果事物在某共同体成员一致接受的日常语言实际使用之规则下达至未经中介的清晰,理解就会发生。这些规则像哈特在当代法律体系中阐明的承认规则一样,是一个不可分析的事实。进入规则的语言连同与其编织成一片的活动所组成的整体被称作语言游戏(Sprachspiel)。不同语言游戏之间不存在一个共同的本质(或共相),其子类所含的现象可能具有相同性质。这种社会分疏化特征被维特根斯坦称为家族相似。受此洞见启发的理论家开始将多元行政学研究视为聚集在公共行政名下,具有家族相似之不同种类的语言游戏。

〔补充〕实证主义自身至少包含一个自然主义或机械唯物主义的形而上学的假设。[②] 后实证主义语言学转向在理论上最卓越的贡献是开辟了一条能消解传统形而上学的进路。维特根斯坦通过研究婴孩习语的原始方式,发现语言学习不是靠解释或定义,而是源自训练。这意味着语言没有一个形而上学的意义系统作为其内核,其是一种以使用和操作为内容的制度性实在。唯有当人用一个程式语言设定自身后,世界才能引发或促使人持有信念。正如罗蒂所言:"世界不说话,只有我们说话",只有人类自身才能提出

---

① 麦克斯怀特. 公共行政的合法性:一种话语分析[M]. 吴琼,译. 北京:中国人民大学出版社,2002.
② Bergmann Gustav. The Metaphysics of Logical Positivism[M]. New York: Longmans, Green and Co. ,1954.

各种语言程式。所以如果人改变基本语言程式,他们的信念以及随之而来的实践就能彻底更新。福克斯和米勒效法胡塞尔的现象学分析,认为:官僚制是自然科学在公共部门建构的客观化语汇之产物。他们尝试围绕具有开放性与渗透性的公共能量场的概念建构一种新型语汇,以期取代主流行政学的客观化语汇,确立公共部门各种灵活、民主和话语性的议程。

2. 公共行政研究的叙事模式

大体上有三种语言游戏与行政学相关。怀特将它们归纳为:说明性研究、解释性研究和批判性研究。第一类研究之视域规则形成于19世纪欧洲的实证科学,其要求将客观上经观测而确定的事务视为真实的。但若人只能认识外感官所及之物,研究者就不能获得行政知识。如果严格贯彻此自然科学视角,行政学将是一件不可能的事情。行政现象作为社会和制度性实在,只能通过特殊的集体意向性、功能归属以及建构性语言表达式才得以可能。所以行政学的说明性研究必然包含一个认识论上的客观化过程,使制度性实在被建构为自然事实。这一过程包含某种特殊的语言程式,使行政现象被归属于坚固的事实领域。在系统解释与可靠预测[①]为行政创造的巨大社会效益面前,这种语言程式所包含的刻意和扭曲都被掩盖了。20世纪60年代以来,说明性研究被视为行政学的标准研究模式而充斥着该领域的文献,多数学者将这种研究视为公共行政学知识积累的最佳途径。

与说明性研究的客观主义视角不同,解释性研究将主体间可理解的意义之网视为各类现象的实存。这种研究以增进对社会中行为者的信念、意义、感受和态度的理解为目标。其真理性也不源自与某种假设的客观事实相符,而是由沟通中的相互理解和自我

---

① Nagel E. The Structure of Science[M]. Cambridge: Hackett, 1979.

理解来评价。论证、协商和争论是取得研究者与被解释者解释意义共识的途径。其中,解释学和现象学都要求研究者重构事实和社会进程,使社会现象得以被有意义地阐明。① 只是胡塞尔现象学预设借着超验主体,科学认知可以清除任何未经审查的前提,使现象学成为一种没有前提的哲学。②③ 伽达默尔和利科著作所发展而来的解释学拒绝则拒绝了这一假设。他们认为理解总是立场性的,绝不存在无立场的主体。原始意义也不可能得到重现,理论分析只能不断接近现象的本真意义。④

与解释性研究不同,批判性研究通常包含一种本质性话语。这类话语要求将某种价值接受为超乎历史偶然与社会化机缘的个体之自我规定。批判性研究与解释性研究在方法进路上存在家族相似性,其广泛吸收解释学和现象学的成果,将组织理论与知识形成理解为社会的历史建构。这些成果显示,研究者不可避免地将源自意识形态、生活背景、专业训练、同行影响、机构目标和结构性信念与价值带入研究过程。这些因素建构了理论研究的规范性认知,催生了组织科学中知识形成的具有普遍性与支配性的模式与方法。⑤ 批判理论通常并不满足于这些成果,其进一步要求参照一种主体的自我规定,将现存知识与制度性规定判为不当存在的束缚与扭曲。这类研究预设在一个既定社会中,存在种种改善人

---

① Evered R, Louis M R. Alternative Perspectives in the Organizational Science: "Inquiry from the Inside" and "Inquiry from the Outside"[J]. The Academy of Management Review, 1981, 6: 385-395.
② 施皮格伯格. 现象学运动[M]. 王炳文, 张金言, 译. 北京: 商务印书馆, 2011.
③ 这一纲领最容易受到嘲笑或歪曲。但其在胡塞尔时期的德国具有一种非常特殊的意义。当时德国正在就"国立大学仅为天主教教授设立和保留专门讲席的合法性问题"开展政治辩论。这一纲领实际上是一种进步口号,向意识形态对高等教育的支配发起挑战。现象学正是这种政治运动的一部分。
④ McCarthy Thomas. The Critical Theory of Jurgen Habermas[M]. Cambridge: MIT Press, 1981.
⑤ Pfeffer Jeffrey. Organizations and Organization Theory[M]. Boston: Pitman, 1982.

类生活的特殊可能性以及实现这种可能性的特殊方式和手段。①批判性研究之目的在于促成行动者改变虚假信念和处境,以追求某种主体规定性(如自由)的发展。② 公共行政学的三种叙事模式见表 4-2。

表 4-2 公共行政学的三种叙事模式

研究模式	理论资源	范式预设	主要方法	真理有效性	不同研究模式在公共行政学的起源
说明性研究	经验社会科学 行为主义	功能主义	归纳 演绎	预测 控制	20 世纪 50 年代取得主流地位,这种状况持续至今
解释性研究	分析哲学 解释学和现象学	视角理论	揭示循环	促成理解	20 世纪 60 年代出现,在管理学中占据一席之地
批判性研究	社会批判理论 结构主义与激进女权主义	冲突理论	历史主义	推动变革	20 世纪 70 年代中后期进入公共行政学,活跃于 80 年代至 2000 年前后

〔补充〕很多学者认为批判性研究与解释性研究的根本不同在于其政治立场,这是一种常见的误解。他们相信解释性研究虽以揭示组织现象的意义结构为目标,但被限制在一种认知研究的反思性范式中。批判性研究不满足于这种纯粹的认知旨趣,③而将行政学视为一种具有强烈价值导向的社会行动。斯特非和格里姆斯将解释性研究的语言规定为二阶概念体系。由于批判性研究要求改造压抑和扭曲的实践关系,他们认为这种研究是以一个三阶概念体系作为其基础。事实上解释性研究可能包含某种变革的价

---

① 马尔库塞.单向度的人:发达工业社会意识形态研究[M].刘继,译.上海:上海译文出版社,2014.
② Denhardt Robert B. Theories of Public Organization[M]. Brooks/Monteney: Cole Pub. Co., 1984:167.
③ Dallmayer F E, McCarthy T A, et al. Understanding and Social Inquiry[M]. Notre Dame: University of Notre Dame Press,1977.

值追求。这种研究未提出明确的替代性方案,但这无法证明其包含使现存秩序合法化的意图。例如,福柯因其怀疑知识从权力关系中分离出来的可能性,他的理论常被组织理论学者视为解释性研究。但许多证据显明:虽然想象力和意志在社会化的捆绑下已无力创造新的生活方式,但福柯依旧渴求一种将自律实现在制度中的整体革命,他与哈贝马斯一样拒绝成为一位自由主义者。真正使福柯区别于批判理论家的乃是其理论所使用的反讽语言。

3. 公共行政研究的语言转向

后实证主义取得的主要成就是动摇了"所与"事实的客观主义预设。其最富启发性的洞见是:纯粹的事实只有在一种规则与结构建构的视角下,才能进入实证研究的议程。这意味着真理符合论中包含一种未经检验的前提,区分观察语言与理论语言[①]有助于澄清这个前提。观察语言以特定的方式描述或测量特殊现象。但理论语言却在一般性和抽象性的水平上解释现象之间的关联。人们容易忽视二者的区别:前者描述特殊现象,后者表述普遍规则;前者力求表达某一事实(Tatsache),后者则满足于陈述一个事态(Sachverhalten)。从事实的描述中无法自然推出一个理论命题,它们之间的断裂需要通过援引一种推论许可证来弥补。其命题形式是:某些对事实的描述如果符合一套规则,就应被接受为一种理论。在此特定情境中,推论许可证被称作符合规则,这种规则无法通过实证方法检验,它们是研究者共同接受的事实。

在批判实证主义的基础上,后实证主义蕴含了行政学的两种可能前景。其中一种前景因坚持语言游戏的概念,成为一种激进的后现代行政理论。由于强调语言的高度偶然性,行政知识被视为具有地方性和情境性,并随历史而定;这样,同一领域的知识发

---

① Feigl Herbert. The Orthodox View of Theories: Remarks in Defense as Well as Criticism[M]// Radner Michael, Winokur Stephen. Minnesota Studies in the Philosophy of Science Vol. 4. Minneapolis: University of Minnesota Press, 1970: 3-16.

生于不同的语言游戏中。从一个语言游戏到另一个语言游戏的转换中,判断和选择等概念不再具有意义;这种观念确认每一种研究类型都有自身的逻辑形式与合理模型,并进一步巩固了解释性研究与批判性研究的合法地位。与此同时,这种激进的相对主义放弃了通过理论重构与行政部门的重组变革制度的努力。正如罗蒂为他所处的当代美国社会进行的代言:现代自由主义社会已然包含自我改良的制度,而西方思想已然完成了它所需要的最后一次概念革命。在此背景下,后实证主义的价值在于消解说明性研究的支配性地位,并在一个大体完善的行政系统中探索不同情境下使不同种类的知识获得优化配置的研究路径。

后实证主义也可能接受语言可沟通性的规范内核,而将行政学导向一种对公共部门的批判性改造方案。在分析哲学、现象学、西方马克思主义与结构主义的批判下,实证科学的形而上学预设已接近土崩瓦解。但语言的内在规范性在启蒙之继承者的捍卫下得以保留。这个遗产为后传统环境中社会秩序的重建保留了珍贵的希望,尤其是奥斯汀和维特根斯坦率先发现语言具有一种集行事与命题于一身的双重结构。这不仅意味着社会秩序可以被理解为一种语言依赖性建构,还暗含通过合理交往重构社会秩序的可能性。这项重构工程依赖一条伦理法则:任何在理想言说情境中一致同意的结论,必须被进入商谈的各方所接受。在行政组织方面,技术推理的支配性地位会排斥以交往和民主议程为媒介的政治考虑。斯特非和格里姆斯认为针对这一现实提出的以语言为媒介的改造方案必须包含以下步骤:(1)重塑交往行为;(2)通过实践商谈赋予组织知识以效力;(3)通过使物质意义和行为意义上的技术服从于理性辩论,而将其重新配置中立身份;(4)恢复实践。

〔补充〕尽管语言转向可能将公共行政研究导向彻底的怀疑主义,但是也可能在特殊的文化环境中为公共行政提供某种批判性改造方案。当罗蒂坚持激进的怀疑主义立场时,他所针对的正是美国知识界的激进左翼。激进左翼试图以抽象的概念体系和遥不可及的乌托邦设想颠覆现存秩序。在罗蒂看来,这些方案执着于话语建构而对实践的改造效果甚微,而美国公民的大部分痛苦可以通过国家行为来治愈。① 一种彻底的怀疑主义立场可以抵抗左翼理论,并成为美国公共领域在当下的历史选择。但对于技术合理性已充分支配行政组织的欧陆国家而言,公共部门存在深化改革的迫切需要。改造的资源是生活世界,即作为在现实的和可能的经验直观中统一地、连贯地、和谐地被直观到的世界。作为在一切科学之前总是能够达到的世界,生活世界并未直接被实证科学同化。所以借生活世界的资源修复公共部门与政治秩序至少在欧陆国家是一项充满希望的工程。但在生活世界的良好秩序还未及创造就已经遭受毁灭性侵入的地方,这个雄心勃勃的计划却也只不过是无本之木。

三、变革型公共行政的理论关涉

尽管范式理论与后实证主义的分析框架都因包含哲学难题而无法令人满意,但这两种理论在论证变革型行政学研究进路的合法性方面都具备胜过实证主义社会科学的说服力。剩余的问题是在克服二者哲学困境的基础上探索一种变革型行政学的研究进路。这种进路势必吸收批判理论与后实证主义之真理为自身环节,又同时扬弃它们的哲学谬误。这项工作的目标是建立一种理论关涉体系,它是变革型行政学自我反思其理论进路的基础。这一体系包含彼此相关的三个环节:(1)批判的理论关涉:范式概念许可研究者基于不同的信念和假设,揭示主流行政学可能导致的扭曲。但其中的理论关涉也因包含某种错误假定,从而只具有暂行的批判功能。(2)否定的理论关涉:语言的高度偶然性剥夺了理

---

① 罗蒂.筑就我们的国家:20世纪美国左派思想[M].黄宗英,译.北京:生活·读书·新知三联书店,2014.

论连接于实在真理的尊严。所以必须确认理论研究自身的界限,为解放实践留出充足的空间。(3)超验的理论关涉:行政学缺乏内在关涉点的事实并不必然导致彻底的怀疑主义。由于理论关涉点在其自身以外,所以公共行政研究总是被某种超验自我所关涉。

1. 从内蕴性批判到超验性批判

范式概念被用于批判行政学中实证主义独断的理论关涉。科恩提出此概念前,法兰克福学派就致力于这种批判研究。其中阿多诺彻底清算理论关涉的企图可能最终破坏范式分析的所有成果。马克思并未尝试以一以贯之的方式规定人类的本质,而阿多诺认为真正的自我是投射(Projektion)的最终产物,①是通过外部印象与感觉中枢进行平等无拘束沟通所建构的。这类沟通仅仅存在于巫术时期的模仿与纯粹审美艺术品等屈指可数的形式中。组织时代的实证科学由于满足于单纯地记录既定事实,而从不对这些事实加以反馈。这类科学开始以固定不变的支配视角(正是这些视角建构了研究的范式与语言)认知自然。阿多诺认为这种认知实际上中断了外部感官印象与内部感觉中枢之间的自由结合,从而造成虚假投射,也就是投射过程的畸变,②它只会造成主体的僵化和扭曲。范式概念虽然为多种投射过程的合法性辩护而有助于缓解僵化,但这一分析框架不足以医治主流行政学已经制造的扭曲现实。

事实上没有任何一种分析框架足以扭转或者改变这种现实,甚至连哲学也无法胜任这一工作。概念和逻辑形式的媒介使哲学与其所批判的实证主义理论一样,不可能脱离抽象思维的境遇。哲学反思自身无法消除工具理性批判从主流行政学研究中发现的瑕疵。除开纯粹的审美艺术品,阿多诺仅在罪犯身上找到了摆脱

---

① 霍克海默,阿道尔诺.启蒙辩证法:哲学断片[M].渠敬东,曹卫东,译.上海:上海人民出版社,2006.
② 阿多诺认为这种畸变是反犹主义的本质所在。

虚假投射的当代原型。罪犯们使自己返回并沉没到自然中,这与艺术屈从于事物的态度是一样的。尽管在洛文塔尔、本雅明和马尔库塞的著作中,审美都是批判理论的关键主题,但只有阿多诺才成功揭示出这种身份建构的审美模型。① 但正如霍耐特所言:尽管艺术作品(以及犯罪)拥有优于理论反思的认知能力,审美却不能制造这种体验。这种激进批判立场留下的后果是:任何尝试建构性地影响行政学的理论都成了为维护社会内部统治服务的官僚控制学的范例。所以,实证主义的公共行政研究更是毫无希望地等同于行政管理结构的再生产。

　　阿多诺的错误在于,他企图用一种模态取代另一种模态的办法赋予人类本质以肯定的规定。他首先必须承认逻辑主体的存在,然后才能将之归为一种病态的衍生物。阿多诺为这一病态所开出的处方是:用一种基于审美模型所建构的身份代替概念与逻辑所建构的主体。只有当行政技术作为一门艺术出现时,公共部门才可能摆脱技术理性的宰制。这一推论有部分真理性,但它更容易让人与公共行政特有的功能与价值擦肩而过。其中最为吊诡之处在于:如果艺术家只是一个纯粹的审美者,而不同时也是一位技术工匠,那么他根本不可能创作任何作品。艺术家必须同时运作(Function)于各个模态领域,才能完成艺术作品。当他只以审美的态度出现时,②便将自己闭锁在一种抽象的经验中。③ 这类抽象并不比理论科学的逻辑和概念更接近人的本质规定。服务于批判意图的审美只不过是经验诸模态中的一种,在它之内并没有主体的规定,因为主体是人格而非模态。所以审美主体在批判理论中只是一种虚构,恰如逻辑主体在实证主义中也是一种虚构。

---

① "扼要而言,当社会的主体不再以技术支配的意图,而是以乐于交往的态度面对自然,也就是能够不受拘束地对待自己和他人时,一个社会才是自由的。"
② 克尔凯郭尔. 重复[M]. 京不特,译. 北京:东方出版社,2011.
③ 所以"他还得努力尽可能去突破自己的诗人存在(也就是审美经验)。如果他成功了,那么一种 redintegratio in statum pristinum(拉丁文:最初状态的重建)就可能达成"。克尔凯郭尔. 重复[M]. 京不特,译. 北京:东方出版社.2011.

自我身份建构的批判改造计划与实证主义都分享了同一种内蕴性(Immanet)哲学的根本动机,在经验存在的诸多模态中寻找自我的本质规定。但人无法在使用逻辑概念把握经验现实某些维度的同时,避免在一种抽象的逻辑断裂中将之与其他维度分离开来。他们同样无法驻足于审美与现实发生关联。逻辑与审美的模态都指向同一个自我,但自我不能通过这些模态中的任何一种得以规定。由于意志在诸模态中是为着并凭借某种自发性构成对象,所以任何活动都像源于一种超越的被动性。于是,自我就不仅是所有模态功能的集结点,它还具有超越性。虽然自我是历时性经验领域的中心,但其从不据有该领域的任何内容。这一自我在自身之中只是空无,但却在肯定意义上被其与超验本源的关系所决定。超验批判进一步证实了范式概念所包含的洞见:理论思想的自主性只是一个原始的谎言,任何理论活动在根本上都由某种源自超验自我的动机所驱动。

〔补充〕人类只有以自我认知为媒介,才能获得存在秩序的知识。如果自我具有一个超验本源,那么研究者无论如何也无法获得对这种秩序的完美认知。这种认识不应沦入德谟克利特那样的怀疑主义。在德谟克利特那里,由于真理潜藏在无底深渊,向实在前行的路被彻底堵死了。超验自我只能在一种朝向特定方向的运动中获得肯定性。方向尽管不直接与秩序的结构相关,但它的肯定与叛离(Apostate)却可能导致完全不同的政治后果。前者将存在秩序视为一种象征体系,认知这个象征体系的过程伴随着朝向至高实在的运动,这种运动要求自我的塑造与转变。马克思早期思想与巴枯宁一样包含了这一运动,他认为社会变革不能简单出现在制度与物质层面,革命过程带来的心灵转变才是免于混乱和破坏后果的关键。但实证主义与批判理论却因叛离自我超验本源,而企图在一种虚假的主体规定性基础上推动一项针对存在秩序的内蕴性改造计划。尽管主流实证主义行政学的谨小慎微与批判理论的大刀阔斧彼此相异,但这两种理论都试图摧毁存在秩序,并代之一种服从行政操控的内蕴性秩序。如果将变革型行政学视为一种内蕴性改造计划，那么这种理论毫无希望。

2. 从语言转向到自然经验转向

不仅自我的身份藏于迷雾中，具体事物的本体同样是理论无法企及的领域。后实证主义将物本体的神秘性归之于语言的媒介功能，这是向柏拉图的古老洞见回归。这位古希腊哲人认为阿那克萨哥拉派的物理学无法抵达真知，只停留在语言中神授、假设和奠基的知识中。后实证主义因语言的普遍关涉性，企图用内在于语言的本质性规定重构理论与社会实在。弗雷格和罗素相信逻辑是语言的实底，他们试图设计一种逻辑语言替代自然语言，以消除理论与公共领域的混乱。哈贝马斯则认为以理解为目的的无拘束沟通内在于语言的规范性，所以他将以普遍语用学为基础的实践商谈理论视为后形而上学的希望所在。罗蒂则彻底否定语言可能具有的不变内核，将之视为不同的语汇在历史上发生与消亡的过程。这些作者为行政学开出了从建构主义到怀疑论的不同处方，它们的谱系能满足秩序建构与维护的不同需要。但这类理论依旧因包含同一个哲学错误，可能导致政治上不符合期待的后果。

后实证主义从古希腊哲学汲取营养时，忽视了一个具有根本重要性的事实：柏拉图离开事物，并非是转向语言本身，而是转向语言的矛盾性。他并不试图提出一种基于语言的本质性规定来替代物理学的本体论。现代哲学在语言内寻找这类规定时，往往徒劳无功。有些理论家转而借用其他模态领域的意义内核来充当语言自身的规范性要求。逻辑经常被混同于语言的规定，这个错误通常与改造日常语言的计划相伴。哈贝马斯通过研究互动行为共享语言基础，认为可理解性是语言基本的内在规定，但只有在相互交往的社会维度内，语言的可理解性才必须得到关注。如果否认语言在其自身中具有这类规定，是否必然导向罗蒂的相对主义，认为语言不过是时间和机缘的产物？罗蒂认为自己充分把握了维特根斯坦将语言的创造类比于新工具发明的观念。这个类比用以说明语言不具有任何外在于自身的本质性规定,但这并不能推断出语言是历史的产业,彻底服从基于自由设计的形式赋予。事实上,维特根斯坦仅仅是想说明语言纯粹的符号指称或意义的内核。它既不属于历史,也不反对历史。语言仅仅是一种外在于历史的模态规定。

这些理论锲而不舍地寻求语言的内在规定,实际上是为了认识自我的肯定内涵。不过,如同阿多诺审美主体的一种虚构,语言、逻辑、联合交往与历史都只是具有平等普遍性的模态领域,它们都无法独自构成主体的肯定性内容。在语言的抽象维度中,理论既不能建构自我身份,也无法企及物之实在。理论无论是以语言、审美还是以其他模态为房角石,都没有办法将一个包含完整融洽的模态领域之统一体建于其上。模态领域的统一体唯独涉及实在事物的本体(Identity)。个体事物虽然置身自然规律与道德规范复杂交织的网络中,其本体因其极致的特殊性,不能被还原为模态规则。只有当这些事物的经验整体穿过理论支点的棱镜时,才会折射出它们参与其中的模态规则。所以一切模态规则都是理论抽象的产物。理论思想由于无法黏合因逻辑抽象彼此疏离的模态,因此无法刺透经验现实。由于理论思想并不具备康德所设想的外在于经验统一体的自主地位,其自身无法弥合逻辑维度与其他经验维度之间的对立。

事实上,一切的理论分析和概念构造都依赖于研究者对生活与世界的前理论理解。例如:公共选择理论按照经济理论假设的行为动机,将个体概念化为受理性利己主义动机驱动的经济人。但弗洛伊德心理学却将人的可塑性或可拖延性作为个体社会行为的出发点。尽管这两种理论都企图用个体模态规定取代自我而令人不满意,但研究者都是在前理论经验中对个体认同所形成的观念之基础上进行理论分析与建构。由于这类观念是人日常生活的一部分,所以杜伊维尔将之称为自然经验(Naïve Experience)。始于笛卡尔的现代哲学对自然经验普遍持怀疑态度,认为人无法从其中获得真知。从这类怀疑中诞生了理论思想的尊严与自主地位。这个现代哲学的成就后来在休谟的激进批判下名誉扫地,实在论者一直到今天在面对这一挑战时都难免狼狈。康德力图在此批判下为理论思想存留真理的余种,将无法被科学理性把握的经验规定为物自体。

与之相对,杜伊维尔始终相信自然经验是真知的坚实基地。在这个前理论的环境中,每个人与其他受造物共享各类关系。在日常经验的领域中,人类通过实践,一系列广泛的责任使他们的天赋得以彰显。在这个未经改造的经验里,人类的精巧与创造力在不同文化中发展出各具特色的弦乐技巧、农业实践、交通、航海以及行政管理模式。当代公共事务中,研究者经常忘记行政的实践与理论都只能建立在自然经验的基础之上。当代哲学家中几乎很少有人像奥克肖特一样认识到自然经验对公共领域的根本重要性。他用烹饪的例子类比于政治实践。众所周知,一些食用原料和一本烹饪指导书永远无法帮助一个对烹饪一无所知的人开始这项实践活动。一本烹饪指导书已经预设了某个已经知道如何烹饪的人。[①] 政治与行政的技术性知识也无法离开实践者从自然经验中获得的观念而发挥功用。理论研究居住的逻辑模态全部镶嵌在这个经验统一体中。只有当人从这个统一体中抽象出逻辑概念并建立模态关联时,理论才会发生。具体而言,研究者若没有在自然经验中与行政相遇,就无法对之进行理论分析。单纯基于文献的研究并不能实现管理技术的革新。

〔补充〕将自然经验视为社会实在之自我彰显的哲学立场,为医治公共事务理论中实证主义与技术知识所造成的破坏性后果提供了良方。由于实证主义社会科学只能提供一种经过抽象和改造的经验,当这类知识成为政府主导的治理资源时,整个社会将全面

[①] 奥克肖特.经验及其模式[M].吴玉军,译.北京:文津出版社,2005.

参与到一项以行政导控为中心的"第二实在"的建构工程中。沃格林始终相信只有对实在秩序的真知才能阻碍这项"灵知主义"的社会工程。如果自然经验包含了对实在秩序的真知灼见,那么这类经验就是医治公共事务的良药。由于实践活动是人们获得自然经验的主要途径,所以深知此经验重要性的人会不断探索如何在公共事务的理论探索中发挥实践的功用。毛泽东极为强调理论对于实践的依赖关系。他认为理论的基础是实践,又转过来为实践服务。根据这种认识论的洞见,反对社会科学研究方法中的"本本主义"危险。毛泽东主义政治理论的必要因素是将基于广博知识的理论规律与基于大众生活的日常经验结合起来,这正是"群众路线"的哲学基础。

如果实践是孕育自然经验的良田,从而能助产实在的真理,那么这一概念就构成了变革型行政学的阿基米德支点。但是这个观点在哲学上遭到了奥克肖特的强力挑战。他虽然承认实践经验具有某种真理,但还是认为这只是一个有缺陷的世界。奥克肖特给出的最终理由是,实践由于服从于意志,并且必须根据变化的范畴加以考察,所以必然是抽象的。[①] 将实践视为意志之事业的观点必须以一种主体哲学作为基础,这种哲学首先关注个体的身份建构。意志的功能是不断追逐基于此身份的满足感。基于具体身份的自我只能以一些观点为媒介,才能使意志发挥功效。这些观点并非因为其实践导向,就只是纯粹的感觉和直觉。事实上正如奥克肖特所断言,观点中都蕴藏着对实在的断言和指称。作为过程媒介的判断决定了实践只能被理解为一个观念世界。身份建构的抽象性决定了意志从其中提炼的观点必然具有抽象性,判断则将这种抽象性贯穿于实践的世界。即使是哲学家要涉足公共事务的实践,也不免会因抽象性的抵押而付出代价,所以柏拉图的叙拉古之行必然会失败。

---

① 奥克肖特.经验及其模式[M].吴玉军,译.北京:文津出版社,2005.

在反思奥克肖特的观念论时,需要预先澄清抽象和具体的概念。这两个概念源自事物的身份或本体(Identity)问题。事物在其性质改变之外存在某种连续性,这使得语言无法以"一事物一名称"的方式复制事实。奎因认为语言造成的断裂必须由身份或本体的观念来弥补,①此观念紧密联结某种外在于语言的实体。② 研究者可以通过特殊的解释模式获取有关实体的知识,但任何特殊的解释模式都无法把握实体的身份。例如,当一本书被扔进火中燃烧殆尽,导致的结果是它实体身份的消失。仅凭化学规定无法断定这本书确已消失的事实。实体身份具有极致的个体性,任何属性、特征和模态规定都无法穷尽这个规定。用哈曼和雅各比这些浪漫主义者的话说,实在身份存在于个体性非理性的深渊之中。只有此实在身份才与事物的具体性相关。而属性、特征以及涵摄规则只能在抽象性中展现事物的某些方面。

奥克肖特将抽象的经验模式规定为基于有限观点基础上的整体。③ 这些观点之所以是有限的,正是因为它们只能以事物的属性、特征与涵摄规则为内容。在奥克肖特看来,实践预设了一个当下世界和一个价值世界之间的对立。实践经验的抽象性首先是由这两个世界各自的抽象性所决定的。当下世界之所以无法逃避抽象性,是因为它需要某种"承认规则"确认某类事实的在场。正如奥克肖特所言,事实和实在都是指称的产物。所以这个世界中的个体仅仅只是被指定的个体。又由于指称本身是经验中的一个限定物,因此一个由指称所构成的世界是一个缺少完整个性的个体所组成的世界。最终奥克肖特断言当下世界中关于实在的断言是抽象的。在实践中与之相对的价值世界同样缺乏完整性,这一世界由价值判断建构而来。作为整体的实在既无所谓价值,也无所

---

① Quine W V O. Methods of Logic[M]. New York:Harvard University Press,1955.
② Grau A. No Entity Without Identity[J]. Kant-Studien,1999,90(1):75-90.
③ 奥克肖特.经验及其模式[M].吴玉军,译.北京:文津出版社,2005.

谓无价值。任何价值判断虽然都对某个特定世界的意义与真实性进行了断言,但其并未真正断言事物的实在身份,所以价值世界与当下世界一样抽象。

但奥克肖特由于割裂了实践的这两个环节,从而无法认识到一个重要的事实:实践在其自身之中就包含了对这两个世界之抽象观念的治愈。当下世界无法在观念中跨越彼此的鸿沟从而直接过渡到价值世界。这两个世界必须以行动为媒介才能发生关联。只要个体仍将自己封锁在抽象的观念世界中,他就无法进入人类存在的行动结构。唯物主义者在观念之外找到了行动的开端,并将之称为身体。他们认为身体才是实践的源头。阿尔都塞尝试用身体的所有感官在行动中思考。这里的身体只能被规定为对抽象观念的彻底否定。实践经验在身体的遭遇中一方面否定当下的世界,另一方面又否定价值世界。在实践中,这两个世界的区别被扬弃了。除非身体指向事物的身份或本体,否则这类否定是不可能的。如果身体是存在的,那么实践就是通达事物身份的可靠途径。事实上,一旦个体开始行动,他就在自然经验中遭遇到事物的个体身份,然而,一个人若不在极致具体性的经验中,就断然不能识别事物的本体。

奥克肖特由于并不关注行动的内在过程,从而无法把握实践经验的内核。他认为,如果给定的东西是抽象的,则所获得的东西也是抽象的。由于实践活动所获得的总是一个更新的当下世界,它必然与那个曾经给定的当下世界同样抽象。但将实践仅仅当作不连贯的结果片段进行考察,只会使这种分析最终淹没在个人主义意识形态中。如果将实践过程还原为不同时刻的静态相片的序列,经验世界只能呈现为一种抽象向另一种抽象的转变。但在这种还原的理论分析中,被清除殆尽的正是实践与运动的内核。正是在自然经验中被给予的实在本身推动个体离开当下世界,进入目标和责任的实践领域。然而,一旦个体投身实践,便不可避免地深陷生存性恐惧。在实践中与个体相遇的实在通过否定抽象的观念世界,将主体抛入无限自由中。这种自由要求摧毁历时性质料建构的身份,从而与抽象建构起来的自我处于持续的冲突中。克尔凯郭尔将无限在有限(从而在时间内)中的缠结称作忧惧(Angst),这种经验就是生存性恐惧。当个体无法承受忧惧时,便会逃回抽象建构的观念世界。所以这里的生存分析显明,结果的抽象最终只会进一步证实那个具体的实在于实践经验中的在场。

抽象建构之自我与实在世界的持续摔角不断撕裂实践经验的整体。奥克肖特认为只要这个抽象自我无法被扬弃,实践在经验的总体层面就仍然是抽象的。然而,实践是否必然要以自我建构的抽象身份为起点?要回答这个问题必须追问个体身份的起源与构造。对一个被抽象建构的个体身份而言,其内容可以被理解为一系列特殊的宗教信念、道德原则以及各类善好的集合体。这些内容都是以时间绵延中展开的多元模态规定为基础。当这些模态规定疏离于自然经验统一体时,便以抽象的形态被主体所识别。奥克肖特的推理预设了接受这类规定是主体用以建构自我身份的唯一途径。既然用以建构主体的资源都是历时性的,那么这个自我必然有一个时间上的起源。但是这个假说无法解决个性的问题。因为没有人能为自己选择他所具有的特殊个性,这些资源也无法解释它们为何被选择和接受为一个自我身份的规定。所以建构自我的行动本身依旧是一个谜。奥克肖特停止了追问,将已然建构的多样自我视为一个无法追问的黑匣子。他在暗中植入了个人主义的意识形态,将这些各不相同的黑匣子视为实践经验的源头。这意味着任何人若要进入实践领域,就必须成为一位个人主义者。

个人主义只能将个性的多样性归于纯粹偶然性,该立场无法相信历时性经验背后有一种神秘的实在推动着自我身份的建构。但也有一些哲学家认为追问这类神秘实在的内容是可能的。首先可以确知,主体建构行为所依赖的身份必然不在时间绵延的经验维度之内,从而是一种超越历时性(Supera-Tempera)的实在。谢林将这类具有源头性质的实在描述为力或意志的自我封闭之驱力的旋转运动(Self-Enclosed Rotary Motion of Drives)。但理性无论以怎样的形而上学表征这类注定在时间绵延中沉入无意识的意志,都会将自己陷入康德所谓的越界之危险。比较明智的做法是放弃使用理性拷问这类超验实在的内容,转而探究其与自我建构的关联。杜伊维尔将这类关联规定为导向一切历时性多样意义之本源(Absolute Origin)的人类自我固有的冲动。这个本源以自身为轴心,既可能是真实的,也可能是虚假的。超验实在是自我的真正本源,而个体在历时性经验中建构的任何身份都是虚假的本源。

当自我身份建立在虚构本源之上时,他必要求在实践中获得满足感。正如同:当代政府只能治理一个全然已知的世界,个体治理实践所追求的融贯性也要求一个彻底敞亮的经验世界。但是,没有任何历时性规定足以触及实在自身,否则以利法、比勒达、琐法就能够理解约伯的遭遇。由于实在之本体隐藏在迷雾中,在直接性中虚构的自我即使在最幸运的情形下也无法通过实践获得融贯的经验。但个体若在忧惧中没有逃回抽象的观念,就可能转向超越性本源。在与本源肯定性的方向关联中,自我获得了本真身份。他于历时性经验只是空无,必然要破碎那个建构起来的自我。他因在这种关联中获得了终极确定性,从而不必继续在历时性经验中寻找身份支点。由于自我将个体身份隐藏于超越本源中,即使最恶劣的环境也无法破坏实践经验的融贯性。如果说彻底融贯之经验是可能的,那么它只会出现在实践中。只要哲学依旧受理论逻辑模态之抵押,它就无法如奥克肖特所述毫无限制地抵达具体真理的经验世界。

3. 自然经验主义公共行政研究

由于个体身份只有在自然经验中才被给定,所以理论思维无法企及事物自身。任何声称科学分析能揭示事物实在性的理论都无法兑现其承诺。尽管个体身份具有超验的本源,但当其如阳光穿越棱镜一般进入时间秩序时,就呈现出多元的存在方式或模态。实在的诸模态并非作为事物或组织而被直接经验到。正如斯克伦所言,它们是人类经验确定而普遍的界限。换言之,模态意指事物怎样存在,而非什么事物存在。这些模态对于实体具有普遍性的特征。这意味着无论研究者对模态的类别是否持达成一致的观点,任何事物都同时运作于所有模态。例如尽管石头仅以积极的方式运作于可数、空间、运动与物性四种模态维度,但当其成为公共部门办公楼的房角石时,便以消极的方式运作于正义施行之维度。① 即便石头的资格功能是物性,它依旧具备(尽管可能是潜在的)正义施行的模态客观功能。尽管对于这些模态的深层统一及其根源,科学无法提供真正的知识,但科学可以在抽象的逻辑分疏中考察这些模态的规定。

虽然科学的合法领地是在逻辑与经验的对立中分疏地研究事物的性质与规定,但理论却不可避免地跨越其界限去求问诸多模态维度的联合方式。理论的形成以高阶抽象为基本前提,这类抽象不仅需要分离特殊的性质,还需要将所有的性质从研究对象中分离出来。然而不同模态维度之间的联结是如此紧密,以至于人们无法在一种彻底的孤立中考察某一种维度的模态。这使得研究者无法在任何一种模态的界限之内建构理论。任何尝试这么做的理论最终不得不将所研究模态维度之性质与其他维度的性质关联起来。尽管科学能够发现事物不同种类的性质,但这些性质却在人们的自然经验中呈现为一个统一的整体。由于理论思维必须以

---

① 杜伊维尔使用 Justical 这个词指人类经验的一个模态。论到此经验维度的意义内核,杜伊维尔使用了 Retribution 这个词(荷:Vergelding;德:Vergeltung)。该词在起源上指个体与社会利益的平衡或和谐。为了防止读者将这些模态领域的类别误解为事物的类别,他有意避免使用这个词的名词形式。另外在解释这个模态领域时,杜伊维尔及他的美国解释者斯克伦都使用了"正义的施行"(Administration of Justice)这个名词词组。该词组最早见于古希腊的哲学文献。现代欧陆学者经常使用这个词组,同时指涉法学的、法律的与合法的多重含义。这些学者普遍认为 Legal 一般含有合乎法律的、法定的含义,因此主要指法与法律二元关系中的后者。他们在一些情境中更青睐 Justical,是因为这个词能坚固这个双重关系中的前者。

自然经验为前提和基础，这使得研究者倾向于在逻辑抽象中重现这种统一。所以任何理论都要面对的一个问题是：某类事务在特定模态维度的性质与其他维度中性质的关联是什么？即使某个理论并未澄清此问题，但它们至少在一些描述中心照不宣地假设了某种维度之间的联合模式。

理论虽可通过纽带规则（Bridge Laws）建构不同模态维度性质的关联，但思维活动无法创造诸维度的统一。这种统一并非认知对象（Gegenstand）之表现，而是自然经验的所与。由于事物的名称总是指向实体的概念，所以理论思维无法纯粹地在某个模态维度之内研究事物的性质。广受青睐的内蕴性哲学相信实体身份之本源存在于历时性经验中。这类哲学使思维持续处于躁动不安的境况，不断促逼理论通过经验维度的模态规定或性质建构实体的规定。此根本动机会使研究者采取化约主义（Reductionism）的策略建构理论：要么假设经验的某个（或某几个）维度具有独立实存的真实性，要么假设这个（或这些）特殊维度是其他维度实存的原因。由于模态规定与性质永远无法企及实在之规定，所以化约主义策略生产的理论将不可避免地导致自然经验的扭曲。要避免这类扭曲，理论必须在超验哲学所包含的根本动机下，系统性地清除所有的化约主义。这项工程要求研究者从模态领域诸维度同样真实并相互依存的前提出发重新解释或建构理论。唯其如此，理论思维才能从实在抵押的黯淡前景中得以释放。

由于自然经验可以治愈化约策略所建构之科学理论在解释社会实在时发生的扭曲，公共事物在漫长的历史时间内得以避免这种扭曲造成的破坏性后果。在两个世纪之前的任何时期，政治科学从未放弃源于自然经验的洞见。公共事务理论不断从历史经验中汲取营养，研究者多如孟德斯鸠一样通过慎思平衡来吸收在一定程度上被抽象考察的事物之间的关联。近代科学在早期也被霍布斯这类最富洞见的思想者视为公共事务的仆役。它既不能独立于政治的目的，也不具有高于公共事务的准则性地位。但17世纪后期开始盛行于欧洲的"根据事实来治理"的观念逐渐使科学成为政府行动的内在原则。这种观念包含一道许可令，使科学理论可以独立于实践媒介被直接应用于政府议程。由于社会实在与事物性质以及关联之抽象普遍的知识持续处于张力之中，所以当属于实在的个体性、连贯性与易变性在管理规划的认知图式中被清除时，在治理实践中彻底实现此规划的尝试必然会遭遇来自实在经验之自然维度的抵抗。

　　这类张力并非由现代公共事务的特殊议程所致，而是与行政学的学科性质相关。只是在实证主义社会科学与治理技术的支配下，此张力经常被那道赋予自明性的许可令所掩藏。正是这道许可令使人将行政学混同于一般社会科学，而后者无须关注理论知识向实践转译的问题。事实上按照古典学科领域的分类，公共行政应当被归属于技术（或艺术），而非科学。在古希腊时代就得以确立的各个科学门类多以"logy"为词根。这些包含几何学、生物学、心理学在内的学科一般都是典型的理论研究。它们的特征是在某一特定模态维度中抽象地考察规则或事物的性质。但法学（Jurisprudence）因主要研究事物的规则或规范面向，却基于学科性质而需要综合研究不同模态维度的规定。① 由于这类研究与人们对"logy"词根的原始用法并不一致，所以法学并未被归在传统科学的门类中。行政学虽然起源较晚，但其性质却与法学相似，其研究对象跨越诸多模态维度。所以将行政学归到科学名下会使人忽视这门学科与社会科学之间的本质差别。

　　行政学与法学的不同之处在于，其研究主要涉及社会实在的多模态运作，而非模态的规范面向。几乎所有的社会机构都发展出沟通、协调、分配、评估以及法律界限等社会运作手段，这些手段铸造了行政的必要性。尽管如此，不同组织之间的行政模式却存在差异，所以行政功能的普遍性不等同于模态功能的普遍性。当

---

① 例如：人们既在 Jurisprudence 这个名目下研究道德义务，又研究自然法则（Laws of Nature）。

代控制论与行政管理具有较高匹配性绝非偶然。它不仅涉及诸科学领域的联合,①还涉及组织与生产流程的多元模态运作。控制论并非基础自然科学或社会科学那样的抽象研究,而是源发于控制技术、沟通技术以及数据处理基础之上的技术方案。与控制论分享相同性质的公共行政学也是一种技术(或者艺术),因而不能被归属于传统科学之列。由于行政学需要与实在经验相接触,所以其必须放弃在技术构成之外施行彻底理论控制的尝试。作为一门技术,行政学不仅应当涉及对社会实在于不同模态维度中呈现的规则与性质的研究,更应该包含如何在实践中利用这些理论以改善经验的研究。

尽管采取理论化的技术方案会招致实在各类维度的抵抗,当代公共行政学依旧期待通过一种现代诺提斯主义的技术进路实现自我救赎。毫无阻拦地将实证主义社会科学理论应用到行政实践的重要条件是,治理对象和环境的彻底可知性。尽管关于存在秩序的知识确实可以接近清晰准确,但抽象的理论绝不可能跨越有限的边界进入完美真知。不过在公共事务理论与治理实践逐渐融合的过程中,二者心照不宣地将对象从个人、物品这类自在之物转移为以各类利益为内容的政治现象。由于功利主义为利益的认知与计算提供了手段,所以行政学可以通过将自然经验转变为利益之现象共同体创造当代治理实践的理想环境。换言之,政府通过行政学建构抽象的治理环境,以创造满足同样抽象的理论化技术方案之直接议程得以实现的抽象条件。斯宾格勒认为支配这种技术方案的动机是用一种唯独服从行政命令或经济代码的人造世界代替真实世界的企图。②

---

① Steinbuch K, Wagner S W. Neuere Ergebnisse Der Kybernetik[M]. Munich: Oldenbourg Akademie Vertag 1964.
② Spengler Oswald. Man and Technics: A Contribution to a Philosophy of Life[M]. Berwick: Arktos Media Ltd, 2015.

这类技术方案必须以忽视给定于自然经验中的规范架构为代价，来获取具有精确预测和操控功能的管理型专业知识。但正如沃格林所言，存在秩序的规范结构不会因人建立逃城（City of Refuge）拒绝与之接触而改变。包含在当代行政学中的诺斯替主义技术方案不会真正摧毁这类架构，而只会增加社会的混乱无序。行政学必须阻止这些技术动机造成的破坏性后果。作为一种批判理论，变革型行政学必须否认人类设立的社会结构可能发生在无限制、无条件的主观选择领域。作为一种政府哲学，变革型行政学坚信组织机构的设立从未运作于本体论意义上的空白之境。这些人类行动在任何境况与时刻都是对社会实在中给定的规范性命令的回应与历史实现。这种理论需要通过整体经验方法（Integral Empirical Method）对涉及行政现象的不同社会关系之个体结构以及它们彼此交错的不同类型进行批判性分析。任何以抹杀社会经验之规范面向为代价界定整体观点的尝试最终都会阻碍这种经验的理论化进路，并会清除作为公共行政研究根基的社会实在的个体结构。

〔补充〕由于无法回避的超验性基础问题只有在行政哲学的开放讨论中才能得以解决，所以实证科学无法离开变革型行政学而向真理归正。尽管如此，检验多变的社会现象，并在政治社会的规范结构之内提出理论的任务依旧被保留给实证科学。卢梭在（实证）科学与公共事务关系上富于真知灼见。他断言无论何时，当科学（和文艺）之光在地平线上升起，德性就消逝了。一旦无知时代变得博学，就会失去道德风尚与诚实，并造成奴役。在解释科学对德性的败坏时，卢梭采纳了大众与哲人、意见与知识的古典概念的二分法。尽管科学是有用的，但问题在于大量不配接近科学的人进入了科学的殿堂。这种启蒙或开化使人在受益于知识以前，就受到科学的咒诅：他们开始对公民义务不屑一顾。由于缺少天赋异禀的灵魂，科学知识无法上升为智慧，最终只将意见留给他们。卢梭最终悲观地认为，在一个败坏的开化政治社会里要通过立法产生德性是全然无望的。这位法国哲人将科学与良序的政治社会激进地对立起来。

但是卢梭依旧认为科学与公共事务中的德性存在联合的可能性。只要君主将这真正的贤哲之士请进自己的法庭，科学就能与德性相结合。这些极少数的贤哲之士之所以能使二者结合起来，是因为他们高贵的灵魂所携带的明智与知识可以使科学与德性逃离此消彼长之势。卢梭再次采纳了古典哲学的观念，认为哲学具有垄断真知的特权。无法在思辨上实现突破的普通人必然难以企及真知，从而无法真正受益于科学。但正如上文分析指出的，即使是哲学也无法避免理论思维必然携带的抽象代码，其自身只是经验的限定之物。只有在自然经验中，实在的真理才得以显现。不过自然经验在普通人那里是极为脆弱的，他们难以向贤哲之士那样通过反思自然经验以获取稳固的智慧。所以大众无法警醒源自科学的意见在自然经验领域所造成的扭曲。因科学能加固王权宝座，所以政府往往乐于推动大众的科学启蒙。但幸运的是，自然经验仍旧是真知的来源，并具自我治愈之功效。如果行政学通过改变性质而拒绝盲目地投身于这项雄心勃勃的启蒙计划，在一个腐败社会中通过捍卫自然经验以恢复公共德性就并非全无希望。

四、小结

变革型行政学需效仿苏格拉底在雅典人民法庭上的申辩，在学科共同体的民主法庭上为自身合法性进行辩护。这项工作的难度不在于知识的辨明，而在于大众意见的强势偏颇。行政学与组织理论中的范式理论和话语理论尽管存在哲学上的重大难题，但在揭示主流意见之虚妄方面绰绰有余。当摩尔根和布瑞尔向组织理论介绍范式理念时，本意是为强调这门学科的多语性特征。令人遗憾的是，当代很多公共行政的学者用这个概念来加强实证主义社会科学的支配性地位。但人们通常所说的"公共行政的范式"

其实是一个自相矛盾的概念。公共行政是一个主题,而并没有捆绑某种独特的范式。如果研究者们忽视范式这个概念本身的背景和多元主义的内涵,就可能在与提出者背道而驰的方向上使用这个概念。事实上范式概念的真正价值在于,无论理论是否宣称其价值无涉的科学立场,其理论关联总与一些基本信念有关。这一洞见催生了一个重要问题:是否存在一些在哲学上经过深思熟虑的基本信念,能为公共行政研究奠定具有排他性的真理基础?批判理论对这一问题的回答是肯定的,而话语理论则否认这一基础的存在。

批判理论力求消灭压迫与社会不公,并以非扭曲的方式重构个体与政治社会功能交织的理想图景,最终提升人性的完整性。[1]社会批判与转型所要求的规范性预设包括:替代性价值以及矫正社会与其中组织的图景。这些预设是围绕一种先验人性规定的理性筹划,这类筹划试图将现代社会整体以逻辑与哲学的方式还原到形而上学支点上。写入逻辑与哲学视角的抽象代码使理论自身无法摆脱支配原则,而使自由原则真实地得以运作。所以,阿多诺在竭力寻求理论避难所时才会陷入毫无希望的恶性循环:批判必须始于未受腐化的思想,但未受腐化的思想又必须以批判为前提。后现代理论认为这种困境是左翼学者刻意追求实在本质性规定的必然后果。这种理论相信基本信念与规则是特定语言游戏的构成物。各类语言游戏都为各自配备真值系统,但却不存在一个超越语言的事实将这些语言游戏识别为真值候选人。这意味着不同类型的语言游戏被视为基于纯粹偶然性而发生的事实。语言游戏的概念最终通过取消合法性问题,为说明性、解释性与批判性研究提供了一个高度相对主义的比较分析框架。

最激进的语言转向(即将理论导入语言的纯粹偶然性中)包含

---

[1] Sementelli Arthur, Abel Charles F. Recasting Critical Theory: Veblen, Deconstruction, and the Theory-Praxis Gap[J]. Administrative Theory & Praxis, 2000, 22(3):458-478.

守卫丰裕社会幸运果实的意图,但这种意图无法匹配有待建立良好秩序的政治社会。除此以外,激进的语言转向在哲学上面对的最大问题在于:这种观点自身无法避免抽象,从而与实证科学和批判理论一样,只不过是经验的一种限定物。认清语言转向之哲学难题的关键在于理解语言的二元结构:(1)语词作为一种概念,指涉同一类别的所有客体,这一指涉对主体具有普遍有效性。(2)语词作为一个名称,指极致特殊情境下的具体事物。后者使每个词语在独特背景下被赋予了个体性的含义,曼海姆将其称作"鲜活语言的奇迹"。① 激进语言转向的要义在于,以拒绝语言的概念功能为代价,克服概念型构在表述事物独特、偶然以及个体性方面的局限。只有在语言的普遍维度中,概念才能在彼此的交织关联中被定义,所有概念以这种方式形成一个具有客观性的自我包含的体系,否认这一维度就等于离开自然经验,进入一种有限的理论抽象。

批判理论与后现代理论为变革型行政学提供了合法性论辩以及理论关涉方案。尽管二者的合法性论辩足够瓦解实证科学在行政学中的支配性地位,但是与之相伴的理论关涉方案至少在哲学上(且不论批判理论在政治方面存在危险的可能性)存在瑕疵。批判理论执着于以某些原则为根基,在哲学层面推动个体身份的建构。但这种建构活动因无法脱离支配原则,而时刻带着意识形态的烙印。作为一种以内蕴性哲学为基础的规范理论,批判理论难以回避通过历时性材料建构个体身份的压力。只有转向超验哲学立场预先给定个体身份,才能使规范理论从身份建构的抵押中解放。后现代理论虽然主张个体身份的纯粹偶然性,却因非理性主义唯名论的形而上学而拒绝事物的规范面向。事实上由于理论思维自身不过只是自然经验的一个面向,这类形而上学立场无论如何也难以企及真知。由于人类只能在自然经验中才能与超验范畴

---

① Mannheim Karl. Structures of Thinking[M]. London:Routledge and Kegan Paul,1982.

中被给定的个体身份相遇,所以只有当后现代理论最终转向一种激进的经验论立场才能修正其相对主义的哲学错误。

变革型行政学与现象学一样,认为自然经验的前理论视域与反思的理论视域之区别具有根本重要性。理论思想因其写入的抽象代码而无法提供能反映融贯经验的知识,但自然经验却是真知的坚实阵地。不仅如此,自然经验还可以发挥解毒剂的功效,使因实证科学与行政代码入侵生活世界所造成的扭曲获得治愈的可能性。所以变革型行政学的当务之急是研究自然经验在公共行政中发挥主导性的机制。此外,当个体身份在时间秩序中获得的自然经验统一体穿过理论思维的棱镜时,就会折射为彼此疏离的模态领域。一方面,理论自身不能跨越自身局限创造这些模态领域的联合;另一方面,任何一种模态都与其他诸模态彼此紧密交织,并且均源于自然经验的原始统一,所以理论既不能预设某一模态维度具有独占真实性,也不能将之视为其他模态维度的实底或原因。这项规定被称作"理论的不可化约原则"。这项原则要求理论拒绝参与任何化约计划。事实上,现代国家的建构普遍依赖化约方案生产的简化治理视域。变革型行政学唯有接受不可化约原则,才能断开支配型治理实践与行政学理论之间的再生产回路,为公共行政的归正提供契机。

第五章

变革型公共行政的政治建构

对政治与组织现代性持批判态度的学者通常都将古希腊城邦与早期美国社会视为成功组织起来之政治社会的典范。这类范例真正实现了在人或政治层面组织整个社会的理想建构。例如：古代文献表明，伯罗奔尼撒战争前期的雅典的普通公民"虽长年累月地忙于劳作，但是仍可以对邦国大事作出公平的判断"。① 殖民时代的美国民众也普遍存在参与公共事务的期待，小而富于回应性的公共部门也有能力通过直接简单的政府议程实现这类期待。由于当代社会必须面对伴随经济增长、工业与现代化迅速蔓延的巨大离心力，公共部门不得不以牺牲组织层级为代价强化社会管理，所以国家通常要按照经济与技术机构的原则进行组织以补偿政治整合力量的亏缺。另一方面，由于哲学逐渐摆脱形而上学而转向语言学，传统上为政治社会提供观念整合力的正义理论逐渐萎缩。为了重新在政治层面实现行政管理，变革型行政学必须建构一种批判性的国家理论。

---

① "我们的公职人员，在关注公共事务的同时，还关注自己的私人事务；我们的普通公民，虽长年累月地忙于劳作，但是仍可以对邦国大事作出公平的判断。因为我们雅典人和其他任何民族都不一样，我们认为一个不关心公共事务的人不是一个没有野心的人，而是一个无用的人。我们雅典人即使不是倡议者，也可以对所有问题作出裁判；我们不是把讨论当作绊脚石，而是把它看作任何明智行动所必不可少的首要前提……"修昔底德. 伯罗奔尼撒战争史[M]. 徐松诺，译. 上海：上海人民出版社，2012.

由于行政学主要关注实现特定目标的手段,而一种国家理论包含了太多未经证明的祈使命题(或价值前提),所以逻辑实证主义者认为通过这种理论解释公共行政的做法是危险的(如果不是毫无希望的)。不过,正如金斯莱所言,一门关于手段的科学仅仅在一个稳定的社会环境中才是可能的。① 在这类社会环境中,经过深思熟虑的价值判断与政治原则必须被有效政治要素共同接受。现代国家与大型组织使公共行政学如未到产期而生的婴儿,未及发展大规模社会合作经验与实践能力就急迫地倒向实证主义社会科学。沃尔多断言,如果缺失了政治哲学的关联性,行政学可能会不断尝试在一个过低的层次解决人类合作的问题。随着人类组织领域不断扩张以及人们在此基础上处理的材料越来越正式,行政学已经失去了洞见。本章的内容就是对此诊断的回应。尽管沃尔多因试图将政治关联扩展到商业组织领域而遭到了德鲁克的批评,②但这更加显明澄清公共行政独特政治建构的必要性。

就阐明公共事务理论的政治关联而言,国家学是行政学的先驱。自19世纪80年代以来,欧洲国家学已历经逻辑实证主义的洗礼,从而在应对与伦理形而上学彻底脱离的技术路线时显得游刃有余。这种理论已经阐明并持守以下立场:任何国家思想都无法回避社会冲突中的对抗和利益。正如黑勒所言,国家思想的科学品质并不等同于取消内在主观性的先验和谐虚设。这种品质需要依靠在精神上永不懈怠地争取将自身隔离于利益斗争之外才能获得。③ 面对主流理论的支配性压力,变革型行政学需要立足于该欧陆公法学者开辟的领地,通过建构一种与公共行政相关联的批判性国家理论重塑该领域的真值空间。这项工程大体分为以下

---

① Kingsley Donald. Political Ends and Administrative Means: The Administrative Principles of Hamilton and Jefferson[J]. Public Administration Review,1945(5):87-89.
② Simon H A, Drucker P F, Waldo Dwight. Development of Theory of Democratic Administration: Replies and Comments[J]. The American Poltical Science Review,1952,46(2):494-503.
③ 黑勒.国家学的危机,社会主义与民族[M].刘刚,译.北京:中国法制出版社,2010.

三个部分:(1)由于公共行政并非抽象部门,而是运作于支配性的社会结构中,所以首先需要将支撑这种结构的真理话语以及客观机制作为国家的行政学建构进行批判。(2)在此基础上,近半个世纪研究文献已经发展出一些替代性价值引领行政学的变革。但如何在超越意识形态冲突的层面探索行政学所服务的目标是一个亟待解决的难题。(3)历史建构的压抑现状与引导价值的研究为澄清国家的典型结构提供了思想基础,此结构是行政学的规范性框架。

一、变革型公共行政的历史分析

由于法兰克福学派不遗余力地将工业化技术揭示为政治的技术,所以很多当代学者将批判理论作为修复行政学与政治关联的重要资源,坚持行政学能通过将研究限定于纯粹事实要素以避免政治关联的现代主义理论接受一种先验和谐的预设。批判理论将这种预设揭示为发达工业社会与晚期资本主义社会抹杀对立面的狡猾阴谋。批判理论用以开展政治批判的核心概念是整体(Totality),此概念曾在第三章以"共相"的方式出现,用以批评主流行政学碎片化叙事的破坏性。在这里,整体的概念首先指涉批判理论的历史视野。由于"历史的障碍阻挠并歪曲对真理的探求",所以卓有成效的历史批判有助于描述生产现存支配机制的历史条件。不过,继续将行政国家的趋势予以概念化必须采纳批判理论对整体性概念的另一个用法:宏观社会结构。正是此结构建构了大量主流行政学的社会事实,并为变革型行政学提供了分析框架与背景。最终,这类批判不得不面对超出历史维度的规范结构问题。

1. 公共行政的历史诠释

本书第三章已经阐明,公共行政学是行政现象在自然经验中的逻辑突出物。正如沃尔多所言,彼此分离的行政与政治只是逻辑所构造的抽象观念。① 任何类型的行政学都是基于自然经验中对行政现象体验(Erlebnis)的回应,而此回应无疑主要是政治性的。但社会控制形式却为分离的信念与实践创造合理说明,以掩饰这种回应。只有将行政学文献放在解释学的求问下,才能充分展现与之相关的社会控制形式。由于社会控制的境遇性,所以解释学首先必须通过历史解释重构公共行政学与自然经验以及政治的关联。历史解释学的功能在检验不断形成过程中得以把握,并用以理解当代行政学的视域。这种检验的关键在于与过去的照面以及对传统的理解。正如伽达默尔所言,没有过去,现在视域根本无法形成。② 当代以批判为旨趣的行政学将主流理论置于历史建构背景下的同时,致力于揭示被压抑的替代性选择。当这种替代性选择进入当下并发生视域融合时,就会再度具有塑造观念的历史功能。

现代历史科学对过去意识的自我异化与实证主义取向会阻挠变革型行政学历史功能的实现,使研究者不再追问效果历史(Wirkungsgeschichte),亦即历史文献在限制人类理解力方面产生的效果。但正是效果历史对行政学的影响规定了什么问题是值得探究的,哪些东西是我们的研究对象。例如,公共行政领域的研究者普遍认为,芬纳和弗里德里克的争论为民主政治体制中行政制度的合法性提出了一种具有范式建构意义的话语。但二人都受联邦主义的捆绑而具有同样的偏见,正是后者曾经建构了美国民主治理中行政角色的合法性问题。芬纳和弗里德里克在人性善恶问题上的争论表明他们都持有一种静态的人性观。他们都认为存在集体意志,无论这种集体意志是通过立法机关还是通过大众情感得以表达。对理性领导与有意识之控制的偏爱限制了行政理论

---

① Waldo Dwight. Development of Theory of Democratic Administration[J]. The American Political Science Review,1952:46(1),81-103.
② 伽达默尔.诠释学Ⅰ:真理与方法[M].洪汉鼎,译.北京:商务印书馆,2007.

的基本话语,使研究者只能像达尔一样以现实主义的方式解决民主制度的运转问题。正如马克斯·怀特所言,只有发掘被压抑的反联邦主义以及实用主义文献,才可能通过不同的社会模式建构行政的替代形象。① 所以,主流行政学文献所产生的效果在于:它们使人忘记了实存事物的另一半,而将直接现象当成全部真理。

效果历史并不直接发生于实存事物领域,而是作用于人类处境层面。伽达默尔将处境的概念规定为一种限制视觉可能性的立足点。在这个层面用以呈现效果历史意识的概念是视域,它囊括和包含了从某个立足点出发能看到的一切。② 现代持批判立场的行政学学者将视域所建构的有限物称为价值系统。这类价值系统规定了特定传统可能经验的边界,与行政现象有关的个人感受、社会关系以及它们的历史变迁都发生在这个边界之内。它们因追求特殊利益而压抑其对立面,从而建构了社会存在的有限视域。③ 解释学能通过理解受压抑的文献提供他在,促使行政学与实证知识分离,从而在这个他在中认识自身(伽达默尔,2007 Ⅰ:470)。历史文献的发现可以使行政学研究者超出其原本立场,④通过融合视域以增进理性。效果历史意识的任务就是通过历史视域的筹划活动在理解中促成真正的视域融合(Horizontverschmelzung)。出于此任务的迫切要求,关于反联邦主义、实用主义以及福列特等的文献重新获得了行政学的尊重。行政学学者以这些文献为基础重新建构历史叙事,批判那些用以强化支配性权力结构的历史元叙事。

〔补充〕为发挥历史材料的批判功效,公共行政研究不仅应注重理解和解释技艺,还需要将应用(Anwendung)置于解释学的中

---

① 麦克斯怀特.公共行政的合法性[M].吴琼,译.北京:中国人民大学出版社,2009.
② 沃恩克.伽达默尔:诠释学、传统和理性[M].洪汉鼎,译.北京:商务印书馆,2009.
③ Duby G. Idelogies in Social History[M]//LeGoff J, Nora P. Constructing the Past: Essays in Historical Methodology. Cambridge: Cambridge University Press, 1985: 151-165.
④ 沃恩克.伽达默尔:诠释学、传统和理性[M].洪汉鼎,译.北京:商务印书馆,2009:204.

心。由于变革型行政学需要通过批判参与国家的政治建构,所以这种理论必须根据当下情形的意向偏移来接受历史材料。① 这使历史解释学必须服务于意义的有效性,从而有了一种去履行的应用任务。高斯早在 20 世纪 30 年代就意识到历史解释应用任务的重要性。他认为公共行政学需要一种"可用的过去",这项研究将揭示行政学说史的隐藏方面,使该领域专业知识得以在政治上进行评估。② 这些目的主要源自共同的批判性洞见,即源自资本主义生产的工具理性严重束缚了个体的理解力与想象力,窒息了新生事物的活力与思想的创造性。此洞见之于应用的前设性不意味着必须围绕这个判断搜集、整理和解释历史材料。事实上这种基于现在视域的观念只是理解过程的一个阶段,它使得批判性历史视域的建构得以可能,但这种观念本身不是静止的,它会在现在视域与过去的照面中不断修正自己。因此公共行政的历史解释是围绕应用的开放过程。

2. 公共行政的历史分析

在通过历史解释塑造批判观念方面具有典范性的是史蒂福斯对公共行政性别象征的研究。她发现公共行政用以建构民主治理中合法角色基本原理的理论象征是被本质上的男性化概念所规定的。这些概念包括专业知识、领导和美德形象,它们是被公共行政狭隘的历史理解所建构的。这种建构始于孕育并生产美国现代公共行政学的进步主义改革运动。③ 这项运动主要是对世纪之交以政府分赃为代表的腐败低效之公共事务的批判性回应。妇女慈善

---

① 伽达默尔. 诠释学Ⅰ:真理与方法[M]. 洪汉鼎,译. 北京:商务印书馆,2007:460.
② Gaus J M. A Survey of Research in Public Administration[M]. New York: Social Science Research Council, 1930.
③ 斯克罗内克认为,美国正是在 1877 年到 1920 年这段时间内从一个以权力分立为原则,围绕法庭、政党建构的政府,转变为能处理复杂事务并应对国际挑战的行政国家(Skowronek, 1982)。这一时期美国政治严重的政党分赃问题催生了进步主义改革运动,而后者则被视为现代公共行政的源头。

运动与美国社会科学是改革运动的先驱。由于选举与政党分赃是按照男性模式运作的,所以无党派管理政府的倡议在职业政治家眼中缺乏男子气概。男性改革者认为有必要除去改革运动的女性特质,他们通过效率、理性和商业化扭转了政府原则与社会科学的性别特征。女性作为社会慈善的推动者,受实质性改良议程的吸引;但男性则主张成功的社会改革需要行政能力建设,并通过理性高效的形式化改革议程抵挡政客对政府的操纵。

[案例分析]史蒂福斯通过比较芝加哥两个针对市政改革的团体在同一热门议题中所提出的不同方案,解释男女的性别差异对政府议程的影响。这个议题是:城市政府是否应该管理垃圾回收工厂?男性组织的专家议程首先将垃圾处理视为一种商业活动,认为这个议题的关键是垃圾处理工厂的市政所有权与运作效率评估。他们要求将各类因素量化,并以科学的方式作出评估。但没有任何事实与数据显示这些工厂的市政所有权能带来效率提升。由于他们相信限制政府的商业模式是保护公共物品的最佳途径,所以垃圾处理运营权应保留在私营部门手中。但女性团体的研究者则拒绝将之视为商业活动。她们认为政府财政无法反映真实的效率,此个案中需要考虑的是公共服务的特殊性。由于公共部门比私营部门更好地服务于城市健康与福利,所以政府应该负责运营垃圾处理。女性团体甚至超出了议题自身的限制,反思其配置的手段。由于回收垃圾必须以分类为前提,这项程序的手工依赖会损害城市居民的健康,所以她们拒绝彻底回收垃圾,并支持垃圾焚毁。

另一项展现进步时代建构公共行政之隐秘历史的杰出研究是怀特与麦克斯万教授的"公共行政的合法性"。这项研究通过揭示进步主义改革运动与反联邦主义的内在关联,驳斥了当代行政学学者对这场运动的片面理解。他们认为,尽管19世纪末国家的条件已使反映早期社会政治生活的反联邦主义变得不合时宜,但进步主义蓝图在很多方面却可以被看作反联邦主义的更新与变革。

此蓝图是国家社群意识的反映,它要求将公民视为在市政工作方面具有裁决能力的参与者,而非仅仅是受到操纵且被迫接受供应的消费者。很多当代行政学学者因进步主义者主张技术专家管理政府的观点,就认为这项历史改革运动的精神是对公民作用的否定。事实上,尽管进步主义促进民意表达的结果是设立行政机构,使城市管理符合专家设计的"合理模式",但"合理行政"的概念在沦为意识形态前必须被公民普遍认同并接受。所以早期进步主义者必须为专家治理创造基础,即通过激发积极的社群意识,支持行为合理的政府观。

〔补充〕以上研究范例表明,历史解释学是变革型行政学的重要路径。与很多现代学科一样,主流公共行政依赖于正统教义。正统是通过屏蔽异质讨论发挥作用的话语机制。当代行政学建构的问题领域和基本概念限制了这门学科的认知能力与实践能力。[1] 这种限制拉低了该领域的研究质量,使之无法对共同的知识体系作出贡献。[2] 对于发展中国家而言,过早接受一种封闭的学科体系则可能导致更为消极的政治后果。由于不能通过公共行政改变国家建构的方式,良序的政治秩序无法从腐朽集权的社会秩序中创造出来。变革型行政学的历史任务是突破学科正统所设立的界限,通过视域融合增进管理公共事务的理性与智慧。发掘并解释被压抑的历史文献是行政学与"他在"照面的捷径。尽管研究者不可能彻底脱离历史境遇而进入"他在",但历史解释学早已达到了自我反思的高度。历史解释学丰富的资源足以确保行政学通过不断检视自身视域而永远向真理认知保持开放。[3]

---

[1] Cocks J. The Oppositional Imagination: Feminism, Critique and Political Theory [M]. New York: Routledge, 1989.
[2] McCurdy Howard E, Cleary Robert E. Why Can't We Resolve the Research Issue in Public Administration? [J]. Public Administration Review, 1984(44): 49-55.
[3] 约翰逊. 伽达默尔[M]. 何卫平, 译. 2 版. 北京: 中华书局, 2014.

3. 国家建构的历史维度

行政学不仅与该领域的文献存在历史关联,也因公共部门作为媒介而与国家建构的历史进程相关。公共部门是特定国家治理结构的组成部分,但这并不意味着政府是超验宪法架构或某种形而上学国家观念的衍生物。事实上国家也通过公共机构在事实层面的运作而不断建构自身。没人相信17世纪以前以自在之物为管理对象的国家与当代通过利益等模态要素施行治理的国家属于同一种类型。土地图册与土地登记等管理项目的意图都是为了消除财政上的封建主义,建构国家的征税能力。如果说公共部门与国家建构在历史层面具有直接关联,行政学在管理实践中则不应主张同样的关联。这项主张要求行政学离开历史而彻底倒向科学,但行政学主要关注的是人,因而既有科学技术并不适合对人进行思考和评价。只有历史解释学才可以使行政学摆脱在科学层面思考人类规定这一不可能完成的任务,从而将这种思考预留给了在生命与可能性方面进行实践理解的精神科学。

作为精神科学典范的历史解释学是否足以成为变革型公共行政的范式规定?答案是否定的。历史解释学的价值在于使历史分析脱离支配性结构的意识形态,通过与传承物这个"他在"相遇而在视域融合过程中提升理性。但是没有任何一种单独科学能够检验实在的完整经验。历史学家的任务是考察具体事实在人类经验历史维度中的呈现,这个任务要求将历史维度从事物的整全实在中抽象出来。实证主义社会科学在公共行政领域为自身预设了检验实在经验完整性的任务。历史解释学如果只是取代实证科学以通达实在经验,就会不可避免地滑向历史主义。即使狄尔泰声称历史主义能清除教条主义的最后残余,但他自己也为激进相对主义的无政府状态而不安。虽然伽达默尔修正了重建理论,试图摆脱历史情境的错误,但他却将理解视为展现历史自身运动的事件。理解对应海德格尔的思维概念,是对存在(传统)揭示力量的反映。

传统与存在的概念最终都只是内蕴哲学预设之模态维度领域的统一体。

为避免简单复现欧美 19 世纪广受黑格尔影响的行政学，历史必须从传统的形而上学概念回到模态维度领域的规定。这一任务要求历史必须从传统概念所掺杂的符合经验中精粹出来。卡尔发现连续性对历史具有根本重要性。这种连续性表现为现在与过去之间无休止的对话。① 在此基础上去掉历时性时间概念②所展现的意义内核就是影响本身，即自由的塑造力。国家建构离开这种塑造力，就只是空中楼阁。例如伊拉克在美军干涉后，大部分行政能力在经历大肆掠夺与社会动乱后荡然无存。任何一种重建国家的方案都需要对当下的无序提供真实塑造力才能参与国家建构。这里更重要的是变革型公共行政理论的意识形态塑造力。创造观念塑造力的要求包含在批判理论的统一理论与实践旨趣中。历史解释学在此方面独具优势。历史文献不仅是特定情境中曾经具有塑造力的传承物，也通常在地方性上匹配当下视域。变革型公共行政研究只须弥合当下与过去主体间性的断裂，就可能使历史材料重新产生塑造力。

〔补充〕既然历史不过是经验中文化塑造力的维度，那么历史洞见的积极与消极方向都不会自动实现。变革型公共行政拒绝接受法兰克福学派通过精神分析评估整体行政的黯淡前景。马尔库塞认为当代行政管理、大众娱乐与异化劳动已经使个体在潜意识层面发生了深刻的变化。他注意到现实原则的压抑性力量似乎不再被压抑个体复兴和再生了。尽管自然经验具有治愈异化的潜力，但是，在特定国家的劳动、行政与大众娱乐之外是否有足够的

---

① 卡尔.历史是什么[M].陈恒,译.北京:商务印书馆,2007.
② 如果有机会,本书会在其他地方解释为何时间并非某种特定的模态维度领域。卡尔对历史的规定显然综合了历时性时间所涉及的不同领域：物理时间与历史时间。获得历史维度意义内核的前提是排除历时性时间所可能造成的混淆。事实上,任何一种理论的模态分析都需要用整全时间(Cosmic Time)取代历时性时间(Temperal Time)的概念。

空间使自然经验发挥矫正作用？缺乏、苦役、统治和克制这些否定意识曾经能唤起对现实原则的反抗，但发达工业社会已经逐渐使这些意识失去了本能与理性的根据。所以马尔库塞将他所生活的社会之希望托付于流浪汉、少数族裔与失业者这些现存体制的边缘人与局外人。而在良序社会还没有建立的地方，意识形态异议依旧可能使人获得激发否定意识的经验。这些人愿意促成行政学历史解释之真知灼见的塑造力。当这种塑造力发生在与公众打交道的基层公职人员身上，就可能使替代性行政模式得以参与国家建构。

二、变革型公共行政的价值分析

历史分析能帮助公共行政学遭遇"他在"，使这门学科脱离支配性权力结构为其设定的知识取向。但历史维度的自由塑造力只能在形式上说明这种分析的政治功能。事实上任何途径的理性增长都只能通过某种主导架构（Leading Structure）才具有实质内容，而行政学中的主导架构是通过价值研究实现的。这类研究在行政学中曾经广受质疑。西蒙接受逻辑实证主义的假设，认为价值无法通过经验性谓词得以证明，所以他相信决策中的价值判断不应成为行政学的研究对象。但语言哲学近年的发展已经揭示出：社会事实大都是依赖人类心灵的意向性事实。心灵与外部事物相关联的规则通常也可以表述为祈使句，但这类祈使句无法通过进一步的经验证据得以证明。另外行政学作为探索最佳技术方案的事实研究不仅无视新自由主义自身极右的意识形态，还暗中掏空了国家的伦理基础。只有价值研究才能修复被新公共管理所扭曲为方法讨论的政治对话，为变革型公共行政的国家建构奠定基础。

公共行政的价值危机由来已久。符号化的政治与宗教秩序使雅典城邦与古以色列在行政观念中无法区分出事实与价值的范畴。即使是在具备严密行政管理系统的古罗马,共和国的人民也被西塞罗定义为按照共同接受的正义观念与分享的利益集合起来的团体。奥古斯丁后来对这个定义进行了中性处理,他将理性受造物因共同所爱之物而和谐共融的团体都称为人民。① 这种现代化观念不断从广阔的政治社会向公共部门集中。17世纪开始发生于技术层面的中立化过程因其内在逻辑而在全面技术化中达到顶点。但是技术的中立与自治特征不过是社会分工与自动化工业在疏离个体境况中制造的幻觉,使人臣服于现代技术非个体化的匿名权力,②个体生产者对技术权力的导控逐渐让位于资本扩张与维持战争状态的经济要求。这些要求借着支配性社会与政治结构定制了主流行政学的研究项目。

1. 价值分析的整体概念

尽管价值分析是扭转生产和管理的盲目驱动的关键环节,但这类研究在当代社会科学中面临困境。历史分析是解蔽这类困境的最佳途径。麦金太尔以荷马史诗为范本,发现价值与道德在英雄社会不是具有独立地位的社会要素。这类社会中的价值评估是事实问题。诸如勇敢、正义等价值美德无法离开既定叙事与社会结构背景而单独得以澄明。③ 尽管亚里士多德使价值美德成为具备高度反思形式的领域,但只有西方基督教化所致对沉思生活优越性的高举才摧毁了价值事实在社会结构中的统一性。在这场具有根本重要性的价值革命中,个体自我之本质(通过理性)从任何特殊立场或情境中(尤其是社会结构中的特定位置)撤离出来。而从历史解释学所努力建构的英雄社会视角观察,在这场运动中生长起来的价值选择自由更像是人类本质近乎消失的幽灵的自由,而非真正的人类自由。尽管形而上学一再以牺牲思想完整性为代

---

① 奥古斯丁.上帝之城:驳异教徒(下)[M].吴飞,译.上海:上海三联书店,2009.
② Schuurman. Technology and the Future[M]. Grand Rapids:Paideia Press,2009.
③ 麦金泰尔.追寻美德:道德理论研究[M].宋继杰,译.南京:译林出版社,2011.

价捍卫作为哲学研究的价值分析,但这类分析因逐渐与社会现实疏远而缺乏社会整合的效果关联。

康德为当代社会科学事实与价值的区分奠定了形而上学的基础。他将可为人类理性范畴所把握,并借以形成知识的经验领域称为现象。事实是这个领域中通过科学测量而认知的事物。与此同时,康德将纯粹知性无法把握的诸如道德实践与人类意志这类经验归入物自体的领域。价值作为人类入信、持守并用以建构自我的事物,也属于这个领域。由于价值无法在科学上以真假、正确与否的命题属性进行评估,从而被仅仅视为对实践具有效果关涉,并对社会关系的形塑产生影响的虚设。事实与价值的分离被拉班德与凯尔森所主张的纯粹法律方法极端化到了难以容忍的地步。正如同后来西蒙要将行政学改造成为纯粹针对决策中事实因素的研究,纯粹法学早在半个世纪以前就立志要将法学净化为纯粹的规范研究(这类规范研究加上伦理学的价值分析就构成了整个应然理论)。在此理论化图景中,一边是只能借助因果律进行描述的价值无涉的实然世界,以及由相互独立的意义(与价值)实存构成的现实人群;[①]另一边则是为空洞的纯粹规范性与诸神混战的抽象价值理念所充斥的应然世界。

黑格尔试图修正康德的形而上学体系,重建科学理论的价值关联。他通过设定存在的整体结构,以消除康德在现象与物自体间所制造的鸿沟。包含抽象价值规定的思维在把握存在各种状态的同时,也在扬弃"他在"的历史进程中发展出真理的各类规定。当行政现象不为任何主观性塑造时,便像当代主流研究所显示那般以质与量的形式彼此关联。但这类关联只有通过思维形式的消化与吸收才能发展成概念。所有存在于其自在关联中的都是特殊的。只有当思维形式将之带到事物普遍关联中时,才能抵达概念,所以真理仅存在于整体之中。价值分析作为思维与存在相互关联

---

① 黑勒.国家学的危机社会主义与民族[M].刘刚,译.北京:中国法制出版社,2010.

的媒介,必然需要依靠整体化的概念才能获得具体内容。对于国家及其公共部门而言,这个整体化概念的否定方面指的是包含在市民社会中盲目的经济力量。国家作为价值的真理与实现,必须表现为对这些经济力量的拒绝与超越,而国家在参与世界精神历史进程中被配置的民族精神则赋予整体化概念以肯定内涵。

黑格尔通过整体化概念为变革型公共行政的价值分析贡献的最富洞见的原则是拒绝价值分析中的经验主义错误。[①] 实证主义社会科学所谓的经验主义是一种抽象的理论与意识形态构造物,它割裂了事实与价值这两个在自然经验中紧密相连的环节。[②] 脱离价值的事实在实证主义方法的助推下达到了一种虚假的具体性。实证主义通过将概念操作化使事实以孤立和分裂的形态被固定在压抑的总体之内,以实现治疗性的政治功能。继承黑格尔整体化概念的批判理论则认为理论远不止对特殊事实的描述性参照。认知概念应超出特殊事实,深入特定社会所赖以存在的,并使其创造、维系和摧毁之过程与条件的内部。理性以这种方式将事实把握为社会行动的产物,并将行政现象置于社会总体以及自然的关系网络中,这意味着研究人员将观察到的现象置于广阔的历史背景与社会环境中。变革型公共行政可以通过对这些整体性的概念进行批判性反思,来激发其内在的变革潜能。

[案例分析]马尔库塞以管理学上取得突破性进展的霍桑实验为例,展现经验主义给价值分析带来的灾难。对霍桑电器装配车间的研究不仅使自尊和自我实现被梅奥主义者拥戴为实现组织目标的关键激励性因素,还因重新发现人类整体而被高举为组织理论的救赎。但马尔库塞认为这项研究只是操作概念发展出更完善

---

① 这不意味着切断理论与经验的密切关联,而是为了重构真正理论适切的经验关联。
② 这种割裂瓦解了自然经验的统一性,理论不得不通过植入意识形态才能制造虚假的融贯性。例如行政学在很长一段时间内都接受经济学解释模型的假设,将经济利己主义视为社会行动的基本动机。这种意识形态的虚要求清除社会情境中一切超越私利之目的合理外的心理动机。参见霍耐特.权力的批判[M].童建挺,译.上海:上海人民出版社,2009.

的社会控制方法之范例。霍桑实验的研究者搜集了工人的抱怨，并认为这些怨言模糊不清。他们在研究的初始阶段便将工人的陈述还原为特定所指。以工人对工资过低的抱怨为例，研究者首先聚焦到作此陈述的特定个体——工人 B。依照马尔库塞的分析，这个研究议程的初始环节就包含了概念的操作性还原，即将主词"工资"这个整体化概念还原为从事特定工作的特定个体的特定酬劳。在此基础上，研究者又认为"工资太低"的陈述过于模糊，便按特定对象的特殊情境作出说明：工人 B 的妻子正在住院，他正为需要负担的医疗费用而忧愁。最终工人对低工资的抱怨被转译为特定的操纵和条件，即工人 B 的收入不足以应付因他妻子住院产生的经济负担。这意味着工人工资低下可以通过针对性的技术改进得以解决，从而不再与社会公正相关。这类研究通过将特定事例等同于普遍事态，最终抹杀了概念的整体维度，而工资水平与社会公正的价值关联只能通过"劳工阶级的境况"这个整体概念才能被识别出来。

2. 价值分析的矛盾原理

黑格尔为抵抗事实与价值的分裂和规范结构的碎片化，尝试通过重构整体性实现社会科学的价值分析。但是黑格尔的整体不过是简单本源的现象和自我表现。尽管该整体具有历史主义外观，却与实质伦理学一样回避了对象的复杂性。马克思对黑格尔辩证法内在结构的修正通过还原整体的复杂结构特征而使价值分析真实地向对象敞开。在这次修正中，所与的复杂结构取代了简单的原始统一体，并成为对象的原则性规定。这两种整体规定的本质区别在于：黑格尔哲学立于其上的原始本源没有给矛盾的特殊性留下任何空间。毛泽东指出这种特殊性的本质在于矛盾的不平衡性。[①] 既然"世界上没有绝对平衡发展的东西"，价值分析就

[①] 毛泽东.毛泽东选集：第一卷[M].2版.北京：人民出版社，1991.

不能回避这个经验性的前提。复杂性与不平衡性意味着多元决定社会关系中主导结构的存在。毛泽东用主要矛盾与次要矛盾、矛盾的主要方面与次要方面这两组范畴分析复杂整体的主导结构。马克思和毛泽东对黑格尔辩证法结构的改造使价值分析脱离了否定的整体性与大拒绝的政治方案,最终为公共行政的适用性开辟了新的道路。

变革型公共行政的目标是探索用整体化概念和矛盾的特殊性建构以价值为导向的研究模式。具备结构化分析的伦理学因兼顾整体化与矛盾特殊性,可以为变革型公共行政价值分析提供理性支点。一个值得借鉴的例子是:新公共行政以罗尔斯的哲学正义论为基础,试图变革组织议程,并按照差别原则分配公共服务。罗尔斯因政治与行政的理论关涉将正义的主题限制于社会的基本结构,并诉诸一种整体化替代性观念。他没有像大多数学者(尤其是行政学学者)那样经验性地列举公共事务中流行的关于社会基本结构的正义观念,而是诉诸深思熟虑的理性筹划。这种理性筹划在一定程度上反映出美国社会价值与结构方面矛盾的特殊性。罗尔斯澄清自己所研究的是一个良序社会。这首先意味着物资丰裕与政治基本共识的存在,公民不会以牺牲自由权利为代价换取物资补偿。唯其如此,平等自由原则才会在源初状态中被选择,并在词典式序列中优先于社会经济方面的安排。此外,良序社会也是一个被尼采称为末后之人所组成的社会。正是考虑到冒险在这类社会中不值得提倡,所以选择"最大化的最小"策略才是合理的。[①]

但是罗尔斯的正义理论自身还未达到变革型公共行政所要求的那种具体性。[②] 那种具体性要求直面对象的高度混杂性。[③] 当代行政学学家对马克思社会理论的直接应用通常也难以解决这个

[①] 金里卡.当代政治哲学[M].刘莘,译.上海:上海译文出版社,2011.
[②] 且不说这种理论对还未建立良好秩序之社会的适用性问题。
[③] 本雅明.发达资本主义时代的抒情诗人:修订译本[M].张旭东,魏文生,译.北京:生活·读书·新知三联书店,2007:122.

问题。例如莫洛奇所提出的增长机器模型理论以土地作为地方政治和经济的主导因素,并假定在土地使用、开发和买卖中得失影响最大的群体主导社区的治理,这个群体主要关注土地交换价值的兑现,通过改造土地利用方式并开发闲置土地而实现增长。位于矛盾关系对立面的是土地使用价值的享有者,他们希望利用土地为自己与家庭创造宁静而令人愉快的生活环境。所以土地的价值与使用价值之间的矛盾归根结底可以被视为社区治理的主要矛盾,而那些从地产中获利的地方资本积累的代言人则是这组矛盾的主导方面。尽管增长机器模型尽量忠实地应用马克思的商品价值理论,但这一模型更多关注的是城市政治潜在的经济动力,而忽视了政治议程与价值共识这类多元决定的结构性问题。

被组织起来的物质和相关人类活动作为矛盾的对立面,在具体历史行为中成为统一的整体。经济基础与特定价值的关联因历史进程中矛盾的特殊性而具有复杂性。在经济萧条与人口减少的行政地区,政府反而因财政压力无法实施向低收入群体提供部分廉价住房或改善公共场所的环境这类有利于促进社会公平的项目。在此特殊历史条件下,关注经济增长反而有利于社会公平。尽管经济归根到底是决定性因素,但历史进程需要在上层建筑的多种形式中为自己开辟道路。制度结构和议程往往对公共行政的价值导向具有独立的塑造力。地方治理的主导力量是具有共享利益的精英集团,其还是开放议题的政治联盟,从而使价值结构性地导向不同方面。由于法律与组织秩序依旧为独立的判断与行为留下了可观的空间,所以基层政府公职人员可能通过修改操纵程序来服务于社会公平的目标。公共行政学的价值分析最终需要通过研究历史进程中实现特定目标的条件,以兑现矛盾的特殊性。

3. 经验主义的价值分析

尽管马克思为具体情境中的价值分析提供了可行方案,但在黑格尔体系中备受指责的整体性观念依旧困扰着他。这个观念要求将所与的复杂结构概念化。马克思早在1847年以前就知道这是一项不可能完成的工作。他曾经用必然王国与自由王国这组对立范畴描述一个整体化的社会前景。必然王国以表现人类生存对自然之依赖性关系的生产体系为主体；而自由王国处于物质生产领域之外，是作为目的本身之人类各项文化力量（人类能力的发挥）而展开的。对于这个具有平衡实现各项价值潜能的自由王国，马克思没有进一步分析，他知道没有任何生产方式的改变可以清除人的局限性，单纯依靠控制社会化大生产的高度发达的行政管理系统也无法创造自由王国。马克思在此遭遇到后来为阿多诺所阐明的理性之界限，这种界限意识拒绝任何实现自由王国的操作性方案。马克思最终放弃了对自由王国的思想性探索，转向一项理性能充分胜任的工作——研究为革命作准备的策略。这项工作包括：批判性地分析资本主义社会中那些促使其瓦解，并使无产阶级取而代之的因素，以及缔造无产阶级的组织。

整体化概念问题之根源在于理论思想的西绪福斯式宿命：理性试图在理论层面阐明社会实在，但社会实在却向人类经验的逻辑维度隐藏。[①] 积极贯彻矛盾特殊性的原理往往意味着改变甚至牺牲这个整体性的概念。正如阿尔都塞所言，真正的唯物主义必须以激进的方式放弃开端和目的这类整体关联的概念。[②] 矛盾的特殊性原理并未彻底摆脱价值分析的两难之境：要么依从于现实境况，要么因价值之故拒绝现实。当现实境况似乎没有给生命原则的拒绝留下空间时，研究者就会像马尔库塞一样陷入绝望。无论是现实原则还是价值导向之否定整体，都只是抽象的建构物。在现实面前奴性十足抑或是一味抗拒，都无法脱离这种抽象。马克思主义理论正确地洞见到，价值原则与现实境况在历史中具体地融合为一个统一体。这个统一体并非出自纯粹本源对现实的涵

[①] 斯蒂福斯认为公共行政学也无法避免这个永恒的宿命：与行政现象相关的社会实在从未被彻底交付于理性的求索。

[②] 阿尔都塞. 来日方长：阿尔都塞自传[M]. 蔡鸿滨，译. 上海：上海人民出版社，2013.

摄和否定,而是自始就被给与在自然经验中的。

在公共行政学的价值分析中,自然经验取代整体化概念并不是用一种抽象取代另一种抽象的哲学活动。变革型公共行政对经验的界定需要彻底否定类似于休谟感觉主义形而上学的哲学筹划,而将之扎根于前理论多模态维度的统一体(或个体化的整体)中。自然经验的价值在于确立理论知识的有效性,而无法确保其中观念提取物的正确性。① 最近几十年,一些研究者试图利用哈贝马斯的话语理论清除公共行政中因权力的结构性不平等而使原则与制度之冲突加剧的问题。哈贝马斯尝试通过一种建制化的商谈过程实现社会整合。这一历史进程不仅在形式方面要求理想言语情境,还在内容方面依赖于言语情境的视域与解释的成就,后者是由生活世界提供的。哈贝马斯认为,对于交往行动而言,生活世界的价值在于提供大规模共识的背景知识。② 作为生活世界提取物的知识,因抽象和片面性而可能是错的。但自然经验的有效性不在于其横截面内容的正确性(即从生活世界中提取的知识的正确性),而在于其形式方面——作为获取可靠知识的唯一途径。

〔补充〕变革型公共行政的价值分析最终要落实到一种激进的经验主义范式中。任何价值分析之所以有效,全依赖于行政学研究者与实践者在日常生活中作出负责任的决定。变革型公共行政的任务是将价值分析重构为活生生的经验。如果实践活动是自然经验的主要来源,变革型公共行政就需要使实践成为理论的整体结构性要素。葛兰西对知识分子概念的重构,为公共行政价值分析的激进经验主义范式开辟了一条颇具启发的道路。他在保留知识分子特殊职能的前提下否定了这个群体的特殊性,并断言所有人都是知识分子。人们工作的性质不能被归于理论与实践的不同类别,其彼此的差异只是智力活动与神经/肌肉活动不同比例关系

---

① 否则又会使自然经验陷入到形而上学整体概念的筹划中。
② 哈贝马斯.现代性哲学话语[M].曹卫东,译.南京:译林出版社,2011:27.

的表现。① 这意味着，理论与实践的鸿沟只是一种幻觉。任何人类活动都以理论为出发点，以实践为导向。人们正是在应对自然、生理需要和人性结构时发展出理论。当这些理论在具体情境中历史性地对生理需求作出回应时，这些初始的观念便会被修正。

价值分析的激进经验主义进路意味着变革型公共行政要致力于使理论回归到对实践（或自然经验）的依附关系中。正如毛泽东所言，"认识从实践始，经过实践得到了理论的认识，还须再回到实践中去"。这意味着变革型公共行政不仅要改造研究方法，还要转变研究者与公职人员这类理论载体的知识分子类别。所以对公共组织与政策的研究不能纯粹停留在抽象的、演绎的以及合理化活动的层面，而应以交往实践或参与研究的方式将这些逻辑突出物消化在实践议程中。批判话语的整体化概念依旧有效，但其不再是对人类本性及与之匹配的社会结构作出的先验规定，而是为了将人（尤其是公民）从不平衡的权力结构所塑造的思维模式禁锢与大众媒体传播的错误信息中解放出来。这些研究议程的改造最终依赖于研究者和公职人员转变为葛兰西意义上的新型知识分子。官僚制的危害在于下层主动性和责任心的缺乏，亦即外围力量在政治上的不成熟。因此，这类知识分子就不能只是冷漠地分析现象，而是要以理论为媒介，从基层开始在政治上塑造国家。

三、变革型公共行政的个体原则

对变革型公共行政进行哲学研究的首要任务是重建政治关联性。古典理论以一种激进的政治方式处理行政理论与实践的问题。即使是在城市管理与公共行政系统高度发达的古罗马，公共行政也从未被当作纯粹的技术问题。针对当代公共事务中的技术化倾向，持批判立场的学者试图以历史分析和价值分析为工具重

---

① 葛兰西. 狱中札记[M]. 葆煦，译. 北京：人民出版社，1983.

建公共行政的政治关联。这类分析依旧面临历史主义与后传统社会的理论难题。变革型公共行政通过澄清这些问题,在形式方面实现了政治关联的重建。形式上的重建工作不仅适用于公共行政,也适用于一般性的行政领域。但如果无法识别变革型公共行政政治关联的特殊性,就会与新公共管理运动犯同样的错误——将私营部门的核心价值混同为公共部门的首要追求。因此,重要的是将公共行政视为特定国家治理结构的组成部分,并在政治理论的背景下考察公共行政。这项工作包含两个具体环节:(1)把国家公共权力和主导职能的理论当作公共行政历史分析与价值分析具体内容的向导;(2)研究如何通过公共行政来建构国家的合法性。

1. 公共行政的批判塑造力

变革型公共行政历史分析的目的是恢复公共事务中的批判塑造力。这类塑造力在传统上不仅影响公共观念,也持续创造政府的合法性,但批判性的思想却在当代政治与行政不断分离的进程中偃旗息鼓了。随着政府管理范围的急剧扩张,管理复杂事务与提供公共物品的绩效成了衡量政治合法性的标准,但事实上这是用行政管理的技术合理性取代政府的政治合法性。尽管二者密切相关,但是技术合理性如果脱离政治合法性,最终只会将政治社会降至苏格拉底向格劳孔所描述的猪的城邦或发高烧的城邦。作为这类城邦的理论仆役,实证主义社会科学服务不仅提升管理技术,也竭力抹杀那些创造不同政治前景的思想。这种理论将人类行为客观化为不可改变的自然力,在官僚体制、机构与公民之间建构了铜墙铁壁。福克斯与米勒[①]以现象学杰出的智识成就揭露了官僚体制客观化的伪装,并以构成主义的概念揭示公共组织的现实性。

---

① 福克斯,米勒.后现代公共行政:话语指向[M].楚艳红,曹泌颖,吴巧林,译.北京:中国人民大学出版社,2002.

他们将公共行政人员对日常生活的体验理解为社会性建构的,最终为批判塑造力收复行政学领地作了预备。

公共事务中批判思想的目标是渐进式地以合法权利取代国家建构的物理性力量。国家并非自然所予之物,[①]而是建立在深思熟虑之人类塑造性行为之基础上。垄断强制权力是限制性领土之政治社会出现并持续存在的必要前提。只有这种权力才能确保共和国(res publica)的建立。例如国家的建构在雅典必须以武装的公共权力所支持的制度机关代替氏族与胞族为前提。这项政治事业在加洛林王朝又必须以强大封建领主的私人骑士因外族入侵和内部威胁而被迫整合为统一的法兰克军队为前提。国家要成为公共部门,特定领土内由彼此竞争的权力集团所操纵的物理强迫方式必须被转化为垄断政府权力的独一政治中心。但国家垄断强制权力的合理性时刻受到经济与政治领域不平衡关系的侵蚀,[②]行政管理领域的客观化与工具理性使这种不平衡的关系逃脱治理实践的最后审查。尽管公共行政难以直接抵制强制权力,但可以借助合法性塑造对不平衡关系施加结构性影响。

合法性塑造的首要问题是中止军队和警察系统这类强制权力以实证科学为媒介将官僚体制表征为客观的体系。福克斯与米勒以现象学杰出的智识成就揭露了官僚体制客观化的伪装,并以构成主义的概念重构公共组织的现实性。[③] 他们将公共行政人员对日常生活的体验理解为社会的建构物,最终为非法性的塑造力收复行政学领地打下基础。这类智识努力将官僚体制的边缘恢复为灵活多变的政治领域。解开客观化伪装的行政系统后,就将自己暴露在一系列不平衡的权力结构中了。但结构的概念又必须立刻

[①] 国家是自然之物还是一件纯粹的人造物设计是亚里士多德传统与现代霍布斯传统之间的辨析。但本研究主张国家并非自然所予之物与霍布斯的立场不同,仅仅是指直观经验中国家运作于历史的维度,是建立在深思熟虑之人类行为的基础之上。
[②] Macpherson C B. Democratic Theory:Essays in Retrieval[M]. Oxford:Clarendon Press,1973.
[③] 福克斯,米勒. 后现代公共行政:话话指向[M]. 楚艳红,曹泌颖,吴巧林,译. 北京:中国人民大学出版社,2002.

从激进主义的立场中挣脱出来,以让位于由基层公务人员和研究者所形成的对结构具有反向塑造力的中介网络。最适合耕作于这个中介网络之上的是葛兰西所提出的领导权概念,这个概念的定义是具有中介网络功能的特殊社会团体在不平衡权力关系的背景中,通过创造新的道德或知识方面的共识形成合法性塑造力。这意味着上层建筑中的不和谐整体通过自我批评与有限改变的能力使社会结构合法化了。[①]

上层建筑是一个复杂的结构体系,其中最可能产生合法性塑造力的中介是基层公共行政人员。如果存在负有组织义务的群体能够阻止国家滑向极权主义,那便是拥有技术与组织专业知识的公职人员。他们不仅需要客观地搜集信息并科学地作出规划,而且还需要通过将专业知识精心制作成政治知识的方式把公众组织起来。由于支配性权力结构、大众传媒传播的虚假宣传以及消费主义意识形态的破坏性影响,公众不但彼此疏离,而且缺乏正确观念。即使公共事务管理将公民参与作为必不可少的议程,这类形式化的民主机制也无法创造真正的合法性。公众的现代性问题要求基层公务人员需要效法马基雅维利笔下的革新者,从无到有地创造出共识和信任。这首先意味着要将变革型的知识传播给公众,因而基层公务人员应向公众解释与他们境况相关的结构性束缚,描述一种合理的未来图景并提出替代性的选择方案。

传播以社会变革为导向的知识并不意味着接受列宁的革命先锋队理论模式,将社会主义意识自上而下地强加给公众。事实证明,这种理论与实践只能创造极为有限的合法性。作为合法性再造领导集团的基层公务人员,不是以律法主义或教导性的姿态,而是从公众的话语与常识中学习。[②] 基层行政人员要求建立的领导权需要具有一种沟通形式,并彻底地进入并理解公众的文化。对

[①] 琼斯.导读葛兰西[M].相名,译.重庆:重庆大学出版社,2014.
[②] Ross A. No Respect:Intellectuals and Popular Culture[M]. London:Routledge,1989.

于由这些基层知识分子组成的领导集团而言,向公众开放意味着自身的改造。一方面,他们通过理解和吸收公众的愿望,调整合法性创造的议程与具体目标;另一方面,他们也通过将变革型专业知识融入公众的常识中,使自然经验发挥功效,在去除抽象性的同时缓解批判思想的本质主义危险。此模式实际上综合了解释性、批判性以及激进经验主义的方法,最终实现了双环学习(double-loop learning)。这不仅不会导致公务人员作为变革型知识分子主导地位的丧失,而且新的国家建构领导权正是在这一双向过程中才得以确立。

〔补充〕公共行政在政治上的消极角色使其不得不为自身在特定政治体制中的合法性进行辩护。该辩护的框架是由芬纳和弗里德里克的论争所确定的。对芬纳而言,公共行政合法性源自议会民主的代表性,以及对行政部门的监督、操纵和直接钳制。① 与之相对,弗里德里克否认了议会的代表性,认为人民意志不过只是一个形而上学概念。他相信立法过程不能理解或表达个人与多元团体的复合共识,达成共识的途径只可能在政策执行阶段出现。此外,弗里德里克认为现代公共事务的复杂性决定了人民与其代表无法与作为代理人的行政管理者就当下的目标与手段达到高度一致的理解。所以政策制定无法达到如此的精确度——确保管理者只需要执行而无须对之进行解释、修正与补充。当公共政策的内容、行政的目标与议程被视为一个公务人员行动的既定框架时,不符合责任的行为是不可避免的。由于彻底的行为控制是不可能的,所以只有解除直接约束公务人员的机制与幻象,才可能使他们对项目本身负责。

不过正如怀特与麦克斯万教授所指出的,芬纳与弗里德里克的论争分享了未经澄清的主导前提,正是这些前提限制了公共行

---

① Finer H. Administrative Responsibility in Democratic Government[J]. Public Administration Review,1941,1(4):335-350.

政合法性理论的基本话语。芬纳认为立法机关是表达集体意志的最佳渠道，而弗里德里克则相信这种意志只表现在政策实施过程中公务人员借助技术知识所发现的大众情感中。但是，他们共同接受的前提是：集体意志是一种既定的所与物，对公共行政而言重要的是以某种制度设计或技术方案将之提取出来。此外，无论是对公务人员负责人的能力持肯定还是否定的判断，他们都以一种静态的本体论来描述人性行政责任方面的禀赋。这些假设都忽略了在古典政治理论中被反复阐明的真理，即人类境况与各种社会建制之永恒的可改变性。尽管存在结构性的不平衡权力以及各种抑制社会变革的机制，但葛兰西相信知识分子的中介作用依旧可以为突破思维与实践的枷锁创造条件。如果公共政策规划人员从搜集信息阶段就开始采取一种面向公众与自然经验的沟通姿态，[①]他就已经准备好创造出合法性共识。他们能够以这种共识为基础同源再造以基层公务人员为代表的领导集团以及在政治上具有活力的公众。最终特殊政体中公共行政的合法性问题就会自然消融在政治合法性的再造中。

2. 公共行政的政治职能

变革型公共行政的目标是建构国家的政治合法性。规范性的国家理论曾为这种合法性提供内容方面的规定。19世纪以来资产阶级法治国家取代绝对王权国家的过程中，价值中立的技术完善性也使这种规定的正当性要求面临不断边缘化的窘境。在这种观念产生深远影响的地方，公共行政逐渐沦为价值上保持中立之国家机器的技术部门。工具合理性的渗透使归属不同领域之组织行政的特殊性被不断抹杀，所以在经济上行之有效的行政模式也被公共部门所采纳。但事实上不同领域行政模式的共性并非出于

---

① Forester John. Planning in the Face of Power[M]. London: University of California Press, 1988: 1500, 2265.

技术的中立性和普遍有效性,而是源自以下事实:行政是一种多维度运作的实体。行政同时运作于经验的每一种维度,所以各类组织因沟通、合作、分配与评估等社会运作方式的需求,发展出彼此类似的行政模式。尽管如此,由于不同领域规范结构的差异,政府与公司等组织各自以独特的方式运作于经验的不同领域。因此对于行政而言,不同领域与组织之间的差异具有本质的重要性。正如《黑堡宣言》所宣称的:公共行政关注的焦点、完成的任务以及所需技能与私营部门的管理截然不同。①

只有将公共行政作为特定国家治理结构的组成部分,才能理解政府管理职能的特殊性。国家治理结构具有复杂性特征,这种特征源于政治社会独特的组织方式。奥克肖特将个体的合作模式抽象概括为事业联合与公民联合这两种截然对立的理想类别。事业联合是追求共同目标之行动者的联合体。这些行动者为更有效地追求其目标而彼此合作,这类合作主要涉及管理工作。由于事业联合是具备自由选择能力的行动者基于偶然共同目标或利益的联合,它不能将成员身份强加于人或迫使人接受其决策。作为特定领土之上的强制权力的垄断性组织,国家必然与事业联合的性质相互冲突。奥克肖特认为,尽管现代不乏以事业联合为组织模式的政府,但国家在规范意义上仍然是典型的公民联合体。公民联合体是一种道德联合。它不预设某种特殊的共同目标或利益,而是以强制权力保障容纳多元相竞目标的公共正义架构。由于国家治理行为运作于多元复杂利益的背景下,所以公共行政在本质上并非纯粹的管理活动。

公共行政因国家治理运作环境的复杂性,其结构性原则只能由正义施行之经验维度的内在规范性所主导。包国宪教授基于复杂性与价值冲突两个指标将公共事务分为明确问题、复杂问题、困

---

① 段钢.重建公共行政的思考:《黑堡宣言》首席作者万斯莱教授访谈录[J].中国行政管理,2002(10):54-55.

难问题与抗解问题四个类别。明确问题与复杂问题只涉及较低级别的价值冲突,古典公共行政与新公共管理模式所要求的专家知识可有效处理此类问题。而困难问题与抗解问题由于涉及彼此相竞之价值的选择与利益权衡,超越了专家知识的合法领地,从而无法在古典行政与经济管理的框架内得以解决。解决这类问题意味着在个人或社会特殊利益的多样性间创造、维持或修复正义关系的和谐平衡。由于正是困难问题和抗解问题而非明确问题与复杂问题决定了国家治理的性质,这类活动归根结底意味着分配、归属与报偿正义,也就是以积极或消极的方式使万物各得其所。所以嵌入国家治理结构中的公共行政本质上是为共同利益维持公共正义的公共服务。

〔补充〕公共行政因公共事务的复杂性特征而必须作为国家治理结构的组成部分,以公共正义的施行为主导职能。此命题有待进一步的批判性澄清。公共事务的复杂性并非一个既定事实,而是受国家治理结构影响形成的判定。例如在国际政治领域,战争因涉及国家间不可调和的冲突而成为典型的抗解问题。但苏联解体后,特定领域的战争问题却被国家安全与反恐的主题所吸收。战争和反恐事业拥有共同的目标,即动用武力打击对方。但卷入战争的任何一方都会诉诸特定利益、价值使自身行为合法化。恐怖主义作为对国家安全的威胁,被视为亟须解决的问题。治理理论通过将抗解问题简化为复杂问题,使潜在的话语以及解决冲突的替代性选择被掩盖了。所以公共事务的复杂程度与性质在一定程度上是由治理技术的认知手段历史地决定的。这类认知手段自19世纪以来不断将困难问题与抗解问题还原为明确问题。这促使公共行政由权衡价值与利益冲突的公正机制逐渐沦为追逐特定目标过程中实现效率的技术机制。

3. 公共正义的符号立场

重视公共正义的行政学者通常向罗尔斯、诺齐克与沃泽尔求问指导实践的客观标准。但正义的多语性特征既拒绝将此概念中立化,又否定其客观标准的存在。阿贝尔与塞门特里尝试在公共行政学中用一种符号学的正义概念代替传统的哲学正义论。① 后期维特根斯坦理论试图用语言活动的多样性和语境化取代指称论的本质主义,这意味着用相同语词指涉不同对象并不代表着这些对象具有同样的本质。他使用家族相似性的概念重新藐视语词与其对象之间的关联:同一语词参与不同的话语(或语言游戏),它们之间的相似表现为盘根错节的复杂网络。② 阿贝尔与塞门特里认为正义只能根据其参与其中的多种话语来理解:在市场经济话语中,正义涉及依照财产法维持或改变商品分配的现状;在古典话语中,正义主要是指稳定的权威机构对彼此冲突之道德、物质与政治主张的协调;在平均主义话语中,正义要求通过保障社会、政治与经济权利不断增长的多样性,将平等视为首要的价值关注。

　　符号学的正义概念有助于公共部门在政府议程的行政末梢实现政治合法性建构的主导职能。正如古德诺所言,国家意志与公共利益的权威解释或多或少地独立于立法环节。③ 尽管立法机关在表达集体意志的形而上学概念中具有优先性,但各类(与政策有关的)利益与冲突只有在行政过程中才能得到具体呈现。直接与公众进行跨越行政系统边界合作的公职人员可能了解到,真正的正义是在鲜活经验、话语以及充满人类存在的文化与亚文化背景下各个利益团体的语言游戏中得以表达的。如果仅以抽象的正义理论或独一利益团体的正义话语为基础,行政实践就会排斥并压抑多元语言游戏的正义话语。符号学的正义概念可以帮助研究者与实践者在特定社会、文化和历史的语境中描述话语的运作机制。这使他们可以对公共正义的观念进行系统化分析与解构,以揭示

---

① 阿贝尔,塞门特里.符号正义与公共行政:基于语言游戏的正义视角[J].李钊,译.吉首大学学报(社会科学版),2020(2):26-32.
② 维特斯根坦.哲学研究[M].陈嘉映,译.上海:上海人民出版社,2005.
③ Goodnow F. Politics and Administration[M]. New York:Routledge,2017:73.

倾向、观念与偏见的细微差别以及这些差别对正义论辩所产生的直接或间接的影响。一方面，不同话语扎根于共享经验的历史中；另一方面，基层公务人员也通过促进不同利益团体间的沟通，创造出彼此共享的真实内容，符号学的正义概念也为基层行政人员在具体情境中实现公共正义提供了可能。

符号学的正义概念尽管具有缓和批判理论的本质主义倾向，但这并不意味着彻底取消了对公共正义的积极表达。激进的符号学可能抵达一个德里达式的立场，即相信正义作为他在性的经验是不可表达的。法默尔也以这种信念为基础，强调施行正义消除非正义之公共行政之间的区别。他认为警察力量是施行正义的表现，而消除非正义则要求公共部门铲除不公正的微观政治。① 法默尔承认后者在后现代语境中的合法性，却认为前者不可避免地包含不受欢迎的暴力形式。但这种后现代立场的激进表达使稍微解放的自然经验再次落入了充分解构的理论抽象。此相对主义立场建构了一个多元均衡的乌有之乡，但真实世界是一个不均衡的体系。不同正义话语虽具处境化优势，却依旧不免扭曲和压抑。葛兰西最深刻的洞见在于，只有不均衡的理论与实践才能瓦解同样不均衡的权力结构。尽管批判理论不可避免具有过度抽象与本质主义弊端，但其内在的不均衡性是变革型公共行政冲击压抑现状不可或缺的资源。

〔补充〕变革型公共行政在重建政治关联的过程中遭遇到三种知识类型：(1)批判理论揭示的结构性压抑；(2)基于历史诠释之视域融合；(3)特定语言游戏中符号化的正义概念。由于基本立场的差异，这几种知识在理论思维层面无法实现整合。但此三种截然不同的知识却均能在推动社会变革的方向上促进公共行政经验的增长。这些知识会在反思时刻(reflextive moment)区分为境况描

---

① 法默尔.公共行政的语言：官僚制、现代性和后现代性[M].吴琼,译.北京：中国人民大学出版社,2005.

述与判断这两个紧密联系的环节。境况描述主要由利益相关团体的正义话语及共享经验建构而成,这种描述强于罗尔斯的原初状态,却在总体上弱于任何自恃客观标准之正义理论的前设。压抑状态的结构分析与历史文献只为判断提供了一些有待修正的出发点。这两个环节在反思进程中是不稳定的:一方面,多元利益团体话语的扭曲可能被批判理论所矫正,从而创造出新的共享经验,并以之为基础修改对境况的描述;另一方面,批判性知识也因向不同话语及历史文献开放,促使判断得到修正的同时转向微观领域。本书将这个过程称作被微观政治学所革新的反思平衡。

  微观政治学的反思平衡不是要求研究者通过自然经验的介入一劳永逸地确定特定社会结构中的正义原则,而是要将自然经验贯彻在公共行政反思与判断的每个环节。这不仅意味着多次多方地双向学习,还意味着以自然经验串联或修改政策议程,竭力创造相对均衡话语权力下的沟通。所以变革型公共行政需要暂时放弃国家层面的解决方案,从而转向地方性与社区,走一条农村包围城市的道路。这不等同于以机要主义的姿态反对宏观政治的元叙事,而是要为自然经验发挥主导作用寻找一个实用主义的突破口。此外,由于自然经验的唯一载体是个体的人,所以只有特定的人而非社会结构是这种理论的核心媒介。无论是专业知识的享有、与公众的切近还是领导权的建造,基层公务人员都位于推动变革型公共行政理论与实践的最佳位置。虽然这些行政人员可能需要轻视官僚体制所分配的晋升压力,也可能陷入与行政上级的冲突中,但他们依旧是葛兰西意义上变革型知识分子的最理想人选。只要少数基层公务人员接受建设性变革的专业知识并愿意采取行动,就可能尝试为利益相关者创造富于意义的微小变革。这种努力被博克斯教授誉为理性与想象力的微观爆发。[①]

---

① 博克斯.作为社会改革推动者的公共服务人员[J].赵琦,李钊,译.湖北行政学院学报,2018(3):43-50.

四、小结

本章通过阐述变革型公共行政如何参与国家建构，尝试恢复这门学科的政治关联。国家建构绝不是从外部强加给行政学的政治功能，而是这门学科的实底。基于个体结构性原则的分析显明：国家的主导职能是公共正义的施行。变革型公共行政研究拒绝作为理念的形而上学国家概念，而将分析立足于当代国家典型的实证形式之上。主流的研究切断了将公共行政导向公共正义的价值分析路径，使重建政治关联的任务陷入重重困境。一方面实证主义社会科学被限制在碎片化的技术细节，另一方面存在主义这类主观进路无法获得行政学的关联性。变革型公共行政试图通过历史诠释与结构化理论重建这种价值关联。被压抑的文献与历史可以将当代公共行政的理论与实践视域化，在反思与融合中实现价值关联。当代公共行政的学者也将重构"有用的历史"，作为价值分析与批判的工具。此外，结构化的权力概念可以将碎片化的叙事组织起来，揭示其系统性压抑社会变革的机制。变革型公共行政通过否定这种结构化权力的整体，重建价值分析与政治关联。

国家的实证形式不仅在内容方面要求公共行政重建价值分析与权力的结构性关联，还在形式方面彻底颠覆了传统理论的平衡特征。这一要素使变革型公共行政保留了一个批判理论的内核，从而阻止自身彻底滑向后现代主义。变革型公共行政研究从后现代的各种行政学理论获益良多，但这些理论丰富的洞见都被某种闲适的平衡性所吸收。[①] 马克思意识到对于一个失去平衡的现实世界而言，只有矛盾与不平衡性才是现象的本质规定。他发现国

---

① 例如本研究毫无保留地赞同福克斯和米勒(2013:73)将制度理解为重复性实践的观念，并钦佩他们竭力探索行政过程中话语机制的努力。但他们最终试图用公共能量场这一纯粹描述性概念涵盖所有的行动和重复性实践。

家建构处于永无止息的矛盾中:尽管相互制约的生产方式和交往形式中占据支配地位的团体要使他们的意志具有普遍的表现形式,但公共法律媒介的内容却最终由这个阶级的关系所决定。^①这并不意味着上层建筑的普遍形式在任何情况下都只是现实基础的傀儡,此解释只会使马克思的理论滑向庸俗的平衡性中。这个命题对公共行政学意味着以规划为代表之广泛的行政行为都不得不面对不平衡的权力关系。在某些具体情境中(例如在跨越官僚制边界的基层行政组织中),上层建筑有机会改变权力与资源的分配状况。葛兰西的领导权理论能以基层公务人员为独立行动单元,以不平衡的方式将组织、引导和变革实践概念化。

为使马克思主义的批判理论抵抗后现代理论的冲击,变革型公共行政需要以激进经验主义重构批判理论的立场。尽管公共正义的符号学概念有助于修正批判理论的本质主义倾向,却可能因彻底的相对主义立场使公共组织面临虚无化的危险。变革型公共行政需要探索一条路径:在保留批判知识有效性的同时,清除其中的基要主义内核。这条路径是真实存在的。奥克肖特曾断言,一切实践都需要以有限的观念作为出发点。接受这个命题并不意味着要荒唐地放弃所有的实践。尽管指导实践的观念都是抽象的,但实践必须具备一个出发点。事实上只要经过自然经验的修正,作为出发点的批判理论并不会导致基要主义的灾难。变革型公共行政需要改造批判理论的原始结构,使批判性知识被自然经验吸收为反思性环节。微观政治学意义上的反思平衡与政府议程各个环节中的沟通性姿态都服务于这个目的。尽管社会变革的微观爆发是可能的,但更为彻底的经验主义要求基层公务人员尽可能摆脱孤立行动,而在团体过程中形成知识与立场。

---

① 马克思.德意志意识形态[M].中共中央马克思恩格斯列宁斯大林著作编译局,译.北京:人民出版社,2003.

第六章

变革型公共行政的组织建构

本书第五章已经通过马克思主义的矛盾不平衡性原理，在支配性权力结构的背景下发展出一种国家合法性再造的行政学知识途径与实践模式。对结构化权力压抑机制的认识与视域融合中替代性未来的构想能将公共行政人员的专业技能与变革旨趣结合起来，使他们通过需求描述、修改操纵议程、向公众提供信息以及政策过程的参与途经等方式促进富于意义的变革。基层公务人员处于微观政治学意义上推动社会变革的最佳位置。在金、萨内蒂与史蒂福斯所搜集的实例中，公共行政人员都以孤立的方式采取变革行动。[①] 遗憾的是，批判理论并未发展出一种新型组织原则，以替代旧的官僚制。历史上的马克思主义运动在政治领域取得成功后，往往因缺乏组织大型工业社会的替代方案，在经济计划的迫力下形成了更为严酷的官僚制。毛泽东曾试图发动自下而上的群众运动，以释放被官僚主义所压制的民主潜能，但这种尝试仍然因缺乏有效的组织模式而导致公共行政系统的瘫痪。本章的任务是发展一种新型原则和模式，将彼此孤立的变革行动组织起来。

公共组织不仅应以政治的方式组织起来，还应在不低于人的

---

① King, Cheryl Simrell, Zanetti L A. Transformational Public Service[M]. M. E. Sharpe Inc., 2015.

层面实现这种组织。后者是一个隐喻式的表达,因为即使深陷行政管理的等级制中,人也不会轻易停止其存在。尽管如此,官僚制依旧会扭曲人类存在的经验,压抑人类实践的创造力。本章的目标是寻找能替代官僚制的新型组织原则。事实上福列特在将近一个世纪以前就先知般地预言过时下最前沿的革命性组织理论,并提出了真正意义上替代官僚制的组织原则:整合原则。① 但这一原则必须与构想公共行政的替代性方案相吻合,而这种构想来自不同的社会模式。古希腊的城邦模型与现代社群主义都是构想这种社会模式的丰富资源。实用主义与后现代理论为此社会模式提供了本体论与认识论的基础。整合原则要求建设性地利用矛盾,并在过程中实现经验的增长,最终将公共行政导向行动主义方案。这种组织原则也通过重构命令、权威、责任与法律规范等概念,为理论反思和知识积累提供新的出发点。

一、变革型公共行政的组织经验

变革型公共行政的首要议程是以描述不平衡权力结构的批判性知识为出发点,通过公共行政参与国家建构。推动变革行动的批判性知识不仅要在历史文献中追求视域融合,还要借助符号学语境面向公共正义的多语性特征。但即便批判性知识为避免本质主义而不断弱化规范立场,其仍旧因理论思维的界限而无法脱离抽象的境况。本研究在认识论部分曾经指出,自然经验是治疗理论抽象性,并通达真知的必经之路。由于现代社会要求行政在组织公共部门的基础之上组织社会,所以变革型公共行政用以治疗批判性知识抽象性的自然经验必定是组织经验。不过,当代主流的公共组织理论往往因追求对组织经验的先验理解,而拒绝向自然经验的动态过程开放。本研究认为这种立场在根本意义上源自

---

① 格雷汉姆.管理学的先知[M].向桢,译.经济日报出版社,1998.

公共组织理论为自己设定的超越理论境况的任务，即对组织身份进行理论筹划。变革型公共行政要回到激进经验主义的立场，需要首先使公共组织理论摆脱这项西西弗斯式的任务，同时将组织经验还原到经验增长的动态过程中，最终以社群主义为资源，将公共行政恢复到冲突与解决之组织经验的背景中。

1. 公共组织的身份筹划

官僚制的根本问题源自公共组织的身份危机。尽管后工业时代复杂的社会环境使官僚制饱受批评，但其根本问题早已孕育在公共组织开始成为自我反思领域的历史进程中。虽然人类在数千年的历史中不断改良公共部门的管理技术，但该领域的技术革新直到近三百年来才开始受到公共组织身份筹划的规范和推动。当人类从管理活动的自然经验中抽身而出，公共组织的身份就成了悬而未决的问题。尽管人类通过经验能感知组织的连续性和身份，但这种身份需要由理论建构出来。自启蒙运动以来，理论家之惯用方案是以主体哲学建构组织与社会的身份认同。直到今天，公共组织仍旧被认为像人类一样拥有意志，能够采取行动。组织原则必须服务于其意志的实现。这要求公共组织按照同一性的思想关涉自身，使其成为有效实现广泛目的的手段。所以思维的同一性原则和一元论的本体构想是官僚制的基础。在对官僚组织替代性方案的探索中，同一性原则、一元论甚至主体哲学自身都遭到了来自不同理论路径的批判。

交往行动理论是被广泛采纳的批判路径。它试图通过削弱实践理性的先验前提，推进以主体哲学为中心的现代性谋划。哈贝马斯所提出的基本方案是用交往理性取代传统主体哲学的实践理性，将以理解为取向的交往行动建构为公共组织与社会系统的核心媒介。他发现官僚系统的运作依靠行政指令，这种编码形式与货币一样是典型的非语言化媒介。这类媒介决定了官僚制的组织原则是工具性的，其后果是扭曲了组织成员行动的意义。所以唯有利用交往行动理论重构公共组织才能避免一元论对工具理性的大面积需求。但这种方案由于继承了主体哲学的遗产,也将自身暴露在心理学对理性筹划的冲击之下。弗洛伊德通过研究人类的梦境经验,发现童年经历、白日残留物、普遍经验与时下感觉构成人类心理的深层结构。荣格则认为人类与生俱来被遗传植入了与世界有关的虚拟影像,这些影像在自我之上建构了集体无意识的认知源头。无论是弗洛伊德还是荣格的理论,主体总是不断遭遇离心解释而被边缘化。基于这类理论,组织原则主要由无意识层面的本能冲动,而非主体所筹划的原型(或身份)所规定。所以无论是对公共组织还是一般组织而言,主体都不是具有优先重要性的事实。

考虑到交往行动理论的困境,后现代主义的公共行政不约而同地向舍弃主体哲学理性筹划的方向汇集。这些观点尽管在具体论题上彼此相异,但它们都是以多元论为哲学基础。传统官僚制所依赖的一元论总是将社会实在理解为简单整体的组成部分。这些组成部分不论基于功能或层级实现何种程度的分化,它们最终还是在同一整体结构中相互关联。而社会多元主义思想则相信各种实在是从外部相互关联的。无论是官僚组织自身还是其成员都具有无可逃避的外在环境。整体与结构这类基于主体哲学理性筹划的概念逐渐让位于一种非中心的(从而必然也是非理性主义的)思想。行政学理论的后现代尝试往往在否定主体中心主义的同时,也舍弃了组织的身份或连续性的观念。例如福克斯和米勒就试图用重复性实践的概念取代官僚制,使行政过程可通过真实话语得到不断改良。但这个概念无法说明在行政组织内部的开放系统环境中,相同的行为模式为何总是被选择。这个问题需要组织身份与持续性的概念阐明,而重复性实践的概念只会导致组织的虚无化。由于行政机构本质上是拥护行政建制的,所以激进的后现代立场最终必然是反行政的。

卢曼以其独具特色的概念体系,在保存组织身份与连续性的同时,彻底脱离了与主体哲学的筹划。他将行政机构视为具有组织结构的社会系统,①这类系统的基本单元是沟通。但是沟通并不是通过主体的意志表达,进行交流与互动的过程。对于卢曼而言,心理或意识是串联思想序列之自我指涉的封闭系统。② 这类系统无法如哈贝马斯所设想的那般,在主体间性的结构中建构社会实在。所以人并不借助其心理系统与其他人沟通。心理系统、神经系统、有机系统等都只是沟通系统的外部环境。尽管这些外部环境能够刺激、引发并干扰沟通,但是这只是社会系统与心理系统结构耦合③的表现。卢曼认为相对于意识或心理系统而言,以公共组织为代表的社会系统是一个茁生④系统。这意味着虽然沟通依赖于心理系统的基础性功能,但沟通过程依旧发生在心理系统以外,标志着一种新层次的秩序。以自我再制⑤和自我指涉⑥的系统概念为基础,卢曼使组织理论彻底摆脱了主体哲学之意志概念的纠缠。这种筹划使公共组织得以作为世界与人类之间的媒介在纯粹的技术层面进行思考:它一方面需要简化世界的高度复杂性,另一方面也需要提升人类处理复杂性的能力。

卢曼试图脱离主体哲学的影响,但他建构组织身份的努力并未取得成功。即便对于高度概念化的社会系统理论而言,研究具有组织结构的社会系统仍然要以人在自然经验中领受的组织身份与连续性为出发点。卢曼的初步意图是以概念化的方式将组织身

---

① 社会系统是指相互指涉的诸社会行动的一个意义关联,这个关联将自身与环境区分开来。这类系统是自我再制系统,它们在一个迂回的封闭过程中持续地从沟通中生产沟通。
② 对卢曼而言,心理系统与社会系统一样是一个自我再制的系统。
③ 结构耦合(strukturelle kopplung)标志着诸系统之间的特殊关系。结构上耦合的系统是相互依赖的,但同时在运作方面却是自主的,所以结构耦合的系统彼此互为对方的环境。
④ 茁生(emergenz)是指在质上出现了新的秩序层次,这个秩序层次的特色无法由物质性及能量性的下层建构的特征来解释。
⑤ 自我再制系统是由互动诸部分的迂回性网络组成的。这些组成部分不断通过它们之间的互动生产出这个网络。马图拉那和法瑞拉最早发现生命与神经系统属于此类,卢曼认为社会系统也属于自我再制系统。
⑥ 自我指涉系统是一种封闭的系统。该系统的运作并不取决于其与世界的真实接触,而是取决于系统内部的自我建构。

份连续性的经验事实建构为理论。具体而言，社会系统的自我再生产被视为沟通与沟通的链接过程。该链接过程是对组织连续性的理论重构，如果后一个沟通无法链接前面的沟通，社会系统就面临死亡。沟通则与组织身份的根本规定相关，包括信息、告知和理解三个前后相继的选择过程。此理论表现出卢曼建构一种普遍社会学的企图：从不同类型的社会组织中抽象出系统运作的一般性技术机制。但是，即使各类组织都发展出以信息为媒介的传递机制，也并不意味着这些组织在与其身份相关联的根本规定上存在任何共同点。这类信息传递机制不过是组织基于需求出现的功能耦合。例如，没有人会相信以货币为媒介的经济子系统与公共行政系统共享沟通模式与系统身份。一般性的社会系统只是理论的虚构，真实存在的只有经济系统与法律系统等本质上彼此相异的机构与组织。

相较沟通这个过度概念化的理论产品，系统为观察之需所作的区分与特定组织的身份和结构性原则具有更为直接的关联。根据卢曼的建构主义知识论，没有区分就没有观察。由一个区分所撑开的领域被称作脉络，或者说世界借由特定的区分表象为一个脉络。任何一个脉络都是二值的，在脉络中所呈现的不是正值就是负值。例如，对于法律系统而言，事物需要被判定为合法与非法；对于经济系统而言，事物需要由可以支付与不能支付进行评估；对于宗教而言，信教与叛教的区别则有根本重要性。这些区别并不出现在诸子系统内部，而是建构这些社会系统的柱石与根基。现代功能分化社会自我指涉的封闭系统需要通过区分二值将世界符码化为诸脉络。这些脉络的展开方式决定了借此二元符码严格的二值性进行观察之系统的沟通机制。但问题在于区分脉络的概念只能标出世界经验的模态维度，而无法定位特定组织的身份。尽管卢曼通过绕开主体哲学的方式，在公共组织理论化过程中避免了本质主义危险，但系统的概念并未成功实现组织身份的再造。

虽然卢曼的理论无法解决组织身份的危机，但这项遗产仍旧能够帮助变革型公共行政澄清激进经验主义的进路。社会系统理论为了避免主体哲学在筹划组织身份过程中的本质主义倾向,将社会系统在根本意义上规定为封闭的自我指涉之行动的关联体。社会系统相对于心理和神经系统的茁生性是系统运作封闭性的表现。尽管环境会刺激或干扰系统运作,系统自身也会通过考虑外在事物确定二值选择的条件,但诸系统仍旧彼此封闭、互为环境。这使得生物、心理与社会等系统无法被整合到人类系统中。由于卢曼拒绝承认人类构成一个特殊的系统,所以任何试图筹划主体的社会学理论必然因诸系统之间的封闭性与本质差异性而瓦解。系统运作的封闭性也回应了激进经验主义否定并限制社会科学跨越模态维度综合的要求。但卢曼仍未加以考虑的问题是:系统自我指涉的封闭性究竟是概念化的思维环境所造成的,还是诸系统在自然经验中的所予?

尽管卢曼将系统论建构为一种自我指涉的理论,但它的自我改进无法重现基于其立场所拒绝的自然经验。建构系统观察图式的诸区分在自然经验中存在内在的关联。例如正义或报偿也表达在避免过度实现有害于他人的特殊关注,这种经济类比牢不可破地链接于法律沟通中。卢曼曾试图用程式(programme)的概念将系统与外在所予物的关联标示出来。对于系统的观察而言,程式是运作在选择时的既予条件,这些条件决定了事物的正确性。[1]程式能使运作上封闭的系统将环境建立到自身运作之中,所以程式化意味着系统向外开放其意义。但像正义施行之于多元利益的平衡协调和权利分配避免过度之间的关系绝非契约之于法律或选举之于政治的关联。前者是审美与经济系统将其区分以类比的方式投射到政治系统,并与该系统的意义内核不可分割地交织在一起。自然经验所展现的这种类比关系并非是为两造差异提供标准的程式,而是广泛参与到区分对脉络的创生进程中。卢曼并不愿

---

[1] Luhmann Niklas. Ecological Communication[M]. Chicago: University of Chicago Press, 1989.

意讨论这种类比,因为其涉及不同系统之间的内在关联,这种关联无法为理论筹划所消化,而只能作为自然经验的残余被抽象思维所舍弃。

通过与卢曼的对话,变革型公共行政对组织身份的解释抵达了激进经验主义的立场。社会系统理论为避免主体哲学的本质主义筹划,将心理与沟通等建构为本质上封闭的系统。任何结构都无法将这些存在本质差异性的系统整合进一个上级系统。在卢曼看来,人类并不构成一个系统。真实存在的不是作为上级系统的人类,而是生命、感知、心理与沟通等各类封闭系统之间的结构耦合。通过社会系统理论的概念重构,任何寻求主体身份的同一性与本质性规定的哲学筹划都面临破产的困境。这项理论工程的正面效应是避免将主体身份概念化过程中获得的本质性规定从外部强加给公共组织。但卢曼对系统封闭性的过度概念化使其忽视了诸系统在自然经验中的内在关联。这种关联必然超越诸系统的自我指涉,指向人类身份的统一。作为以抽象方式思维的模态,诸系统必然彼此封闭;作为日常生活中所予的经验,诸模态彼此统一于人类自我。但激进经验主义相信个体身份是超越历时性经验的整体,其并非观念或理论筹划的建构物。所以变革型公共行政在承认诸模态领域统一于人类自我的同时,拒绝滑向主体哲学。

2. 公共组织的动态模式

变革型公共行政要求从组织身份的理性筹划中得以释放,为该领域向自然经验开放奠定了哲学基础。但这种本体论层面的澄清仍无法确保组织过程的两种错误:①将既予的相似性视为组织共同体建构的唯一资源;②在组织成员相似性匮乏的情形下再次回到理性筹划的旧路上。这些错误既是古希腊形而上学根深蒂固影响的结果,又是组织现代性的表现。那种形而上学过分强调社会实在永恒本质的理性解释,而忽视组织作为共同体的经验过程与历史维度。组织现代性所包含的对冲突的畏惧又进一步使公共行政理论与实践中的经验主义残余销声匿迹,因此组织过程还未在经验中充分展开,就被某种短程回路所取代。这类回路以意识形态和理性机制为联合手段,前者依靠规训自我强化,后者通过增长的便利得到补偿。更为遗憾的是在公共事物中,现代社会契约的理性模型逐渐从霍布斯意义上的神圣盟约转变为罗马法中私人契约的平衡理论。后者已经不再重视共同体成员在交往经验中重新界定目标并改变合作议程的努力。以这种模型为基础的行政学不再将创造性经验视为组织(尤其是公共组织)的核心。

变革型公共行政是对不平衡权力关系的回应。这种理论受葛兰西启发,以不平衡的方式发起行动。行动的起始点具有批判理论传统的理性主义色彩。它要求用理性确定阻碍社会变革的权力与财富关系,并在后现代理论所高举之想象力的催化下提出替代性未来。由于实在意义上的权力交织超过了任何理论解释和描述的界限,所以批判理论的筹划只能构成抽象的观念。但这种难以克服的处境并不必然使变革型公共行政实践沦为奥克肖特意义上的抽象经验。我们曾经证实,自然经验是抽象过程的天然解药。尽管变革型公共行政行为与理论的分析和描述相关,但其绝不是对不平衡权力关系自身的回应。行政行为的实际发生创造了崭新的经验领域,这类行为的持续则涉及对新兴经验整体的回应。这个整体并不是常量之自我与独立变量之环境的简单复合而是整体经验在自我与环境的关系中同时规定了二者。由于行为所创造的经验不断变化,所以自我与环境也相应处于持续的变化中。

尽管科学理论在描述和解释经验的创造与增长方面存在局限,但其依旧能为公共行政学提出富于真知灼见的命题。其中最为基础的命题是:行为并非环境的函数,它既是由外部因素所决定的,又是由内部因素所决定的。霍尔特曾通过描述生物体的环形反射(circular reflex)现象来解释这个原理。他发现当肌肉收缩时,感觉器官受到了刺激,会出现由肌肉回到中枢的传入神经冲动,并因此建立了一个环形反射。这正如刺激和肌肉活动之间的关系,尽管刺激在某种意义上引发了肌肉收缩,但肌肉收缩也同时制造了这个刺激。由于刺激只有通过个体机能的运作才被接收,所以个体的角色并非只是接收者,也是作用者。在社会理论中,这个原理被表述为:行动并不只是对境况刺激的回应,其在某种程度上也制造了境况。所以在公共行政中,以环境为自变量,将个体心理偏好视为常量,并把行动视为环境函数的研究无异于刻舟求剑。以之为基础的公共政策即使能诱发符合期待的行为,也无法避免对经验深层结构的破坏。

对此社会科学原理的认识可以使研究者脱离原因与结果的范畴,来认知刺激与反应之间的关联。反应并不只是刺激源引起的行动,其自身也影响着刺激,所以以因果范畴解释社会行动也同时承认反向的决定关系。但如果社会科学理论同时承认两个方向的因果关联,这种理论就丧失了解释性与可操纵性。如果福列特所言不虚,社会层面的原因和结果是研究者从整体过程中分离出某些时刻,并在境况中描述这些时刻的方式。但是以这种理论态度分割经验,所获得的只是僵死的结果。公共行政学需要在整体结构中重新界定刺激与反应的作用机制。由于自然经验的过程是动态的,这项要求并不意味着导向庸俗的结构主义。尽管个体观念与环境是被在先之行动所创造的整体经验所规定的,但被行动所改变的观念与环境又反过来改变了行动本身。在某种程度上,行动是以观念与环境的要素为中介而自我创造的。因此,行动既不是作为自变量的环境通过因果范畴而获得的函数,也不是观念与环境之结构关系的函数。

庸俗的结构主义要求观念与环境的函数描述行动的发生机理,但其描述进路至少存在三个问题。(1)这种理论试图以静止的分析模型解释变化着的现象,芝诺早在2500年前就已经用"阿喀琉斯在赛跑中无法胜过乌龟"的荒谬推理指出这种理论工程是毫无希望的。只有不断做出相应变化的要素才能用于解释行动这个不断变化的概念。所以行动与其说是观念与环境的函数,不如说是观念与环境之间正在发生之关联的函数。(2)庸俗的结构主义经常以平衡的理论态度处理本质上不平衡的要素。复数个体的照面同时存在两种关联模式,个体观念关联环境与环境关联个体观念。但当研究者仅以个体行动者为分析对象时,只能将个体观念关联环境以不平衡的方式抽象出来。因此我们可以说行动总是个体观念关联环境的函数。(3)无论是结构主义还是数学模型的语汇,都可能将行动理解为个体观念关联环境的自然结果,但这种解释误解了自我的性质。本研究已经澄清,自我具有超验性,而不可被化约为任何历时性观念。要使这种解释模型行之有效,需要在自我与意识和环境之间加入意志作为媒介。意志可以被规定为自我对个体观念与环境正在发生之关联的选择和决定,行动则是这种意志的行为。这三个方面的修正最终使个体行动的解释符合变革型公共行政激进经验主义的立场。

以上分析使我们得知:行为是整体情境(total situation)的函数。整体境况包含意识对环境的关联,以及自我对此正在发生之关联的选择和决定(也就是意志)。但如果我们从演变情境(evolving situation)的角度研究,就必须考虑这些要素在时间绵延中的排列。在不完全的意义上,整个经验的动态演变是由一个初始行动 $Act.0$[①]所推动的。这个行动创造出整体情境 $TS.0$,它在特定时刻被分析为意识 $Con.0$、环境 $Env.0$ 以及意志 $Will.0$ 的相互作用。这些要素在期待方向的动态关联使原始行动发生了改变,我们将初次调整后的行动规定为 $Act.1$,调整或改变后的行为创造出全新的整体情境 $TS.1$,此情境又在相关时刻被回溯性地分解为三个新的静态要素:$Con.1$、$Will.1$ 和 $Env.1$。以此类推,行动经过 n 次调整后,创造出整体情境 $TS.n$,其中包含三个分析性要素 $Con.n$、$Will.n$ 和 $Env.n$ 的动态关联,详情见动态经验增长

[①] 推动经验发生的是行动,而不是在先的理论、法律或规则等静态要素。本书第五章所研究的就是这个初始行动的不平衡性原理,以及如何使这个行动符合深思熟虑的判断。

模拟演示图(图6-1)。尽管自我通常在整个演变情境中并不发生改变,[1]但意识、环境和意志等因素却从未停止过在相互关联中持续变化。最终行动在不断创造崭新整体境况的同时,也不断创造着自身。

图6-1 动态经验增长模拟演示图

　　动态经验的增长模型为重构公共机构与政治社会的创生机制提供了一种替代性选择。长久以来,以平衡思想为基础的社会契约模型在解释公共组织与政治社会起源的问题上占据支配性地位。直到20世纪70年代,罗尔斯仍然选择社会契约模型建构社会基本制度的正义原则。他尝试用原初状态与无知之幕的议程设计,澄清作为丰裕社会合作之基础的直觉判断。罗尔斯区分了"合理的"与"理性的"这两个基本概念,并相信唯有后者才是组织与合作之公共性的基础。[2] 但是他认为理性的原则与观念内在于人类本性,政治哲学可以通过精心设计的思辨工具将之揭示出来。正如休谟所言,政治社会组织与合作的规则并不是根植于自然或本性之中的永恒真理。社会契约的平衡隐喻企图在人类固有观念和利益恒常不变的前提下解释政治社会服从和秩序的起源。尽管在相似性充裕的条件下,基于契约组织政治社会是可能的,但仅依赖于初始相似性的社群会导致组织营养不良并且短寿。唯有通过经验的增长所创造的(公民)联合,才是正确理解公共组织和政治社会群体过程的关键。

　　〔补充〕将公共组织与政治社会的发生视为不断增长的创造性经验,并不等同于将组织与合作的经验看作历史进程的自然后果。

---

[1] 自我的改变通常需要超自然因素的介入。当这种介入不存在时,研究者可以将自我视为一个常量。

[2] 罗尔斯.政治哲学史讲义[M].杨通进,李丽丽,林航,译.北京:中国社会科学出版社,2011.

尽管诺齐克拒绝用社会契约的模型解释政治社会的诞生，但他试图表明：国家的诞生与市场经济的形成类似，是"看不见的手"所支配的自然过程。[①] 马基雅维利显然更理解组织政治社会的纯粹行动究竟意味着什么。他认为创造意大利民族统一体的本质是某些无德无赖之人从无起步，在已经建制的国家之外，将分裂混沌的残破之躯重新组织起来的政治行动。由于政治社会必须面对不断发生激烈冲突的环境，所以公共组织的创生不仅要求组织和领导者有杰出的德行，还需要被领导者或公众发生立场与观念的激进变革。这种唯物主义者的纯粹思考揭示出公共组织的发生绝非自然而然的过程。变革型公共行政对公共组织过程的重构需要个体通过行动积极地介入历史发展。这既要求理性地界定支配性权力关系，又要求严肃回应社会自我组织的规范性要求。

另一方面，像霍布斯这样的哲学家深谙现实世界的冲突特征，并认为政治社会起源必须以个体灵魂与意识结构的激进转变为前提。但他因轻视这一过程的历史性而预支了阶级斗争与国家的功能。尽管霍布斯以杰出的修辞技艺调动读者的激情，使他们的立场得到阅读经验的塑造，但阅读经验对观念的塑造力极为有限。《利维坦》的接受史证实，霍布斯深邃的思想与精湛的技艺不仅从未实现其写作意图，反而招致广泛的误解。卢梭认识到，即使是最杰出的哲学家也无法跳过时间的劳作而实现经验的目标。正如儿童发展不能预支各个阶段，公共组织与政治秩序的发生也必须在时间绵延中循序渐进，而不能像霍布斯那样交付给政治哲学来预支经验。所以正如卢梭与加图的立场所清晰显明的：在公共组织的创生问题上，哲学沉思不及政治行动重要。总而言之，通过不断增长的创造性经验来理解公共组织与政治社会发生，既要避免以自然发生的进程将经验的增长庸俗化，又要避免通过哲学沉思预支经验。

---

① 诺克齐.无政府：国家和乌托邦[M].何怀宏,译.北京：中国社会科学出版社,2008.

3. 公共组织的社群联合

我们已经论证了组织经验主要涉及的是经验的增加值,这意味着公共行政需要在经验的创造和增长过程中动态地理解组织中每个个体的联合。贯彻这种认识论要求接受彻底不同的行政模式。变革型公共行政需要论证这种模式的有效性,并在公共组织的边缘地区与传统的行政模式间展开拉锯战。变革型公共行政之所以选择"农村包围城市"的战略路线,主要是因为以动态的方式组织公共机构的要求与主流的行政模式立基其上的管理过程格格不入。在弗里德里克所描绘的行政图景中,可能的创造性力量仅仅来自策划性的行政管理者。事实上弗里德里克与芬纳都拒绝将公共行政人员置于管理过程中的有效可行位置。传统行政学对问题界定之局限再次显示,如果要通过集体行动与协作重构管理过程,就必须在完全不同的社会模式中寻找公共行政的替代性形象。孕育当代公共行政的土壤是围绕合理解决效用问题组织起来的社会,而英国功利主义不断向社会组织与管理提出效用问题。

论及现代公共行政所嵌入其中的政治社会,许多研究者会反思性地回溯到管治国家。管治国家是司法与行政管理的混合治理模式。尽管行政管理基于国家理由要求突破一切治理的界限,但司法仍旧作为这种治理模式的外在束缚而不断限制政府行为。这种混合社会治理模式在 18 世纪以来提出了两种解决公共权力司法限制的举措。其中一种举措从人权出发,最终走向革命道路。对公共行政而言,更值得注意的是另一种举措:行政管理通过功利主义实现自我限制。福柯认为,这种限制的基础是事实,对此界限的违背是缺乏效用的。① 这种举措重构了对作为私法基础之自由的解释。自由不再被构想为基本权利体系,而被解释为被治理者相对于治理者的独立空间。19 世纪以来,效用问题开始不断覆盖

---

① 福柯.生命政治的诞生[M].莫伟民,赵伟,译.上海:上海人民出版社,2011.

法律的传统问题,结果构成传统公共组织生长环境的公正场域逐渐让位于功利主义效用问题的真言场域。罗尔斯注意到这种变化对传统自由主义的背离。他认为功利主义者试图将个人选择的原则扩展到社会,这样做的后果是无法严肃地对待个体多元性与差别。作为自由主义内部对功利主义的回应,罗尔斯选择以契约论的模型将公共领域的组织问题恢复成传统的公正问题。①

罗尔斯认为,由于契约预设了人类主体本质多元性和对相互冲突的安排,所以依靠契约所实现的社会合作能够弥补功利主义效用管理的缺陷。社会契约可以让合作方式的基本安排成为各方合理选择的结果,然而实际的契约不可避免地根植于特殊社会的习俗与实践,因偶然性而不足以产生正义的结果。罗尔斯于是尝试采用合理建构的假设契约,以贯彻唯意志论与程序正义。他提出无知之幕的概念,使原初契约的结果不受随意偶然性或各种社会力量的干扰。这个概念通过屏蔽与具体处境相关的所有知识,取消了能力与知识的差异性。但随无知之幕而来的问题是:人类在原初状态中是否能做出真实的选择?桑德尔指出,当人对自己的社会境遇和自然财产毫不知情时,就会因无法使原则适应其利益而丧失讨价还价的基础。② 这意味着无知之幕剥夺了原初状态中各方选择"他律"的知识。正如德沃金所言,这种假设契约因其苍白无力的形式,已丧失了契约的实质。③

罗尔斯既无法通过纯粹的程序性安排确保契约主体的多元性,也无法通过正义的先行安排兑现差别原则所承诺的共同体。他明确反对传统的个人主义假设,这种假设只承认人所具有的自私动机,认为他们仅仅为了追求私人目的而合作。罗尔斯相信正常情况下,社会合作多少依赖于其成员所共享的终极目的。他所提出的差别原则在某种程度上预设了共同财产的概念,这种概念

---

① 罗尔斯.正义论[M].何怀宏,何包钢,廖申白,译.修订版.北京:中国社会科学出版社,2009.
② 桑德尔.自由主义与正义的局限[M].万俊人,唐文明,张之锋,等,译.南京:译林出版社,2011.
③ 德沃金.认真对待权利[M].信春鹰,吴玉章,译.北京:中国大百科全书出版社,1998.

被视为广泛社会合作的基础。事实上共同财产的概念并不具有普遍的效力，它以愿意分享各自财产的个体所组成之共同体的存在为前提条件。但这个前提与罗尔斯对合作主体之个体性的先行假设相矛盾。为使契约避免偶然性的影响，共同体的联合必须以妥善安排各种特殊善的正当性为基础。正是因为个体自我已经为正当观念所规定，所以其拒绝让善参与个体的自我构成。然而一个严格的共同体必须建立在参与者所共享之自我理解的基础之上，当个体拒绝这些理解参与自我建构时，任何实际的共同体都无法出现。

罗尔斯利用社会契约建构共同体的尝试难言成功之根本原因在于，他在错误的方向上建构个体身份的先验维度。本研究已经证实个体身份具有历时性内容无法彻底覆盖的结构。罗尔斯从相同洞见出发，按照道义论推导出优先于各种特殊善的正当安排。此安排相对于善而言具有先验性，其告诫公共行政学不可随意对待镶嵌在历时性结构中的善。但先验性却使先验个体的身份陷入双重困境：一方面，自我会因合理筹划之正义理论可能占有的任何内容而显得过强；另一方面，道义论自我剥离了一切构成性依附，因丧失行动能力而过于孱弱。事实上只有重新认识具体历史情境中得以理解的善对自我理解的构成性地位，才能脱离个体身份的先验筹划所制造的困境。正如麦金太尔所言，用独立于叙事、可理解性与可解释性的结构去阐明个体身份概念的任何尝试都注定要失败。[①] 当变革型公共行政暂时离开个体身份的先验维度，却仍严肃对待公民联合的道德性，就会逐渐导向社群主义。

社群主义否认自我先行的个体性，而将共同体的善视为个体身份的组成部分。这意味着成员的身份在某种程度上被共同体所规定。桑德尔认为，共同体描述的不只是其成员作为公民拥有什么，还有他们是什么；不是他们自愿选择的一种关系，而是他们所

---

① 麦金太尔.追寻美德[M].宋继杰,译.南京:译林出版社,2011.

发现的依附。① 社群主义所要取消的，正是罗尔斯这样的自由主义者所竭力维持的自我与共同体之间的距离。当共同体的内在善对成员身份具有构成性关联时，它就会要求成员有无限委身的义务。尽管在暂时关系的情境中，以契约为代表的有限义务模式运作良好，但正如塞尔兹尼克所言，随着合作生根与共同体经验的增长，有限义务会不断让位于更有助于培育信任并鼓励交流的无限义务。② 需要注意的是，无限委身不等同于接受在范围上无所限制的共同体义务。由于当代社会分化出多元的权威领域，任何种类的共同体都不能像部落社会那样要求覆盖文化生活各个方面的义务。所以当代社群主义所主张的共同体联合仅仅包含对有限义务的无限委身。

社群主义所主张的联合要求重视共同体对个体身份的建构性关系，从中衍生的情境化主张会改变公共行政学的知识类型。罗尔斯社会契约模型的失败在于人们无法在原初状态的空洞自我中做出选择，事实上只有为经验内容所建构并限定的自我才能作出真实的选择。共同体用以建构自我的主要资源是其成员共享的记忆。塞尔兹尼克认为共同体的记忆是共享信念、思维方式和正当行为规则的源泉。共同体记忆属于处境化知识或格尔茨所说的地方知识。这类知识需要分享共同体经验才能理解，只有通过解释学才能得以阐明。公共行政若要切实发挥组织功能，就必须以这类处境化的知识为基础。福克斯和米勒所提出的公共能量场就要求以真实、生动事件所构成的语境为基础，将行政过程导向建构理解过程的社会互动。这种改变的前提是，实证主义社会科学必须放弃公共行政研究认识论上的优先性，并让出管理过程中具有垄断地位之信息供应者的角色。唯其如此，公共行政才能被安置于管理过程中切实可行的位置。

---

① 桑德尔.自由主义与正义的局限[M].万俊人,唐文明,张之锋,等,译.南京:译林出版社,2011.
② 塞尔兹尼克.社群主义的说服力[M].马洪,李清伟,译.上海:上海人民出版社,2009.

社群主义社会模式不仅会改变公共行政学的知识类型，还会改变组织过程的认知方式。尽管处境化知识是共同体成员的相似性因素，但这种知识的价值在于为联合与组织提供经验的土壤，而不是像理性主义知识那样抹杀共同体成员的差异。社群主义者对组织与冲突的辩证法有深刻的理解，能从解决冲突的角度把握组织过程。他们将公共行政的组织问题还原到个体因偶然归属于特定共同体而彼此冲突的背景之中。社群主义者相信，如果冲突还未发生就被解决了，那么所谓的冲突实际上并不存在。真实存在的冲突不能像理性主义者所设想的那般先验地得到安排，而必须在冲突实际发生的过程中寻求解决。唯有时间的劳作在冲突解决得到尊重的社会模式中，公共组织的知识才会主要来源于福列特所说的创造性经验。以个体偏好为常量的函数由于不能展现冲突的运作方式，而只能导向管理主义。由于导致实际冲突的偏好并非具有严格的封闭性和静止性，所以组织过程的认知归根结底需要依赖于冲突在动态环境中的建设性解决。

〔补充〕以社群主义为基本社会模式构想变革型公共行政学的组织过程可能招致古典政治哲学的批判。尽管古典政治哲学与社群主义都重视实践维度，但后者仍将描述与解释公共生活视为首要关注。虽然二者都承认不同团体之间的冲突与争议塑造着政治生活，但古典政治哲学要求超越政治生活与意见的层面，通过解决冲突求索最佳政治秩序。与之相对，社群主义者并未对真理与意见的区分予以足够的重视。这些差别使社群主义虽仍不失为包含批判性真理的社会理论，却缺乏哲学的反思性。当社群主义作为平衡古典共和主义与自由主义的公民资格理论被引入当代公共行政时，其哲学层面的问题也被转译为实践中共同体的封闭性问题。像阿米什人社群以及当代美国城市地区中的小型集团都是构成型共同体成员身份僵化的堕落表现。因此构成型共同体的成员相较其他人更可能因其身份的特殊性而使差别意识最终向外发展为极端的排他性，向内因共享信念意识形态化而产生强大的意见压力。

针对这个缺陷，当代社群主义理论也作了相应修正。经过调整的社群主义尽管仍然强调共同体意识参与个体身份建构的事实，却认为自我应当具有开放性。这种调整将自我认同视为个体行动的结果，而非其前提。社群主义对实践与行动优先性的强调似乎已经接近典型的实用主义立场。杜威曾经说过，正是个体的决定和行动解释了我们是谁，并将我们塑造成将要成为的人。只是社群主义者为了尽可能弱化"决定"这个概念通常包含的自由主义的选择意味，而强调个体身份建构的认知因素。事实上二者并不矛盾，因为决定的全部含义中包含基于反思的判断。这种经过（在我看来是受到实用主义立场的启发）修正的个体虽仍然以特殊的渴望与爱恋建构自我，却并非彻底受到当下信念与欲望的支配。桑德尔认为这是基于内省的自我理解之要求所发挥的功效。这种内省能够超越当下的直接自我，因而使个体总是根据不断修正的自我理解而向成长与转变开放。[1] 由于持续拒绝脱离基于信念、偏好和欲望的纯粹性自我，这种经过修正的个体身份并未放弃本质上的社群主义立场。

社群主义者对自我封闭性的修正，表明他们已经认识到实践是建构自我的必经之路。只是"更为广泛的占有主体"与"个体行动建构自我认同"的假设自身无法确保自我身份建构的开放进程。共同体的日益深化与其成员彼此交往的增进不会因自我的开放可能性与其行动的实践性而必然发生。正如阿伦特所言，由于个体向来无法明白其正在做的事情，行动的后果是难以预测的。[2] 因此古典政治哲学的第二个批判依旧有效，即若没有哲学的激进介入，公共领域的良好秩序便不会出现（尤其是在一个腐化的社会环境中）。事实上政治哲学对偶然之善所导致不正义秩序的介入正是罗尔斯所从事的工作。他相信介入的方式就是排除特定之善的

---

[1] 桑德尔.自由主义与正义的局限[M].万俊人,唐文明,张之锋,等,译.南京:译林出版社,2011.
[2] Hannah Arendt,The Human Condition[M].Chicago:University of Chicago Press,1958.

偶然性影响，于是便将广泛占有诸善的主体缩减为拒绝偶然经验内容的纯粹道义论主体。被如此建构的主体虽成为了先验的自我，但却同样是占有性的自我。当这个自我不再占有任何具体的善时，便丧失了选择和行动的能力。所以尽管罗尔斯比社群主义者更严肃地对待哲学介入的必要性，但却选择了错误的介入方向。

　　罗尔斯所选择的先验主体之道义论立场深受康德的影响。由于自我作为本体隐藏在一切现象经验之后，所以实践主体只能在先验环境中才能作出纯粹的意志选择。为使原初契约得以裁定，康德必须求助纯粹理性，并从其要求中获得一个在先的前提。纯粹理性的先验性也确保了此前提的公正性，而这个担保必须以主体超然自主地位的假设为前提。但本研究曾试图说明，理论思想是被嵌入自然经验中的一种模态领域，理性即使在先验环境中也不可能是超然中立的。如果理性的中立地位只是一种虚构，那么对社群主义立场的哲学介入就不能回到罗尔斯的先验方向上。本研究也曾经揭示出自我的终极源头藏于超验之境。个体身份的超验起源不同于先验结构之假设在于，这个起源与自我所占有经验的内容只存在间接关联，而与这些经验最终被导向的方向存在直接关联。方向的正确性才能确保自我在不断变化的处境中采取开放的姿态，不断建构自身。承认个体身份的超验本源，就意味着接受历时性经验在个体之中联合的特定结构。这种原则并非罗尔斯意义上社会基本结构的正义原则，而是多元模态领域的领域主权原则。本研究下一章将详细阐述这种原则，并在此基础上建构变革型公共行政的规范性立场。

二、变革型公共行政的组织原理

　　在批判性知识揭示特定领域支配性权力关系与其运作后，具有变革旨趣的基层公务人员便能在与公众接触的最佳位置发起行动。但变革型公共行政的目的并非只是治疗不平衡的权力关系，更是在此过程中逐渐实现基层社会的共同体化。只有当基层社会与运作于其中的公共行政在激进经验主义的方向上组织起来,才能最终具备修正和抵御不平衡权力关系的自主行政能力与长效运作机制。本研究已经在本体论、认识论和伦理学方面为基于激进经验主义的组织方案打下了基础。首先,当理论不再逾越理论思维的界限去筹划组织身份时,便为自然经验的运作创造了空间;其次,为了避免自然经验的意识形态化,组织经验必须被解释为动态过程中增长的经验;最后,只有当个体被理解为特定经验材料所建构,并向交往实践开放自我,公共行政才可能从社群主义中获得一种不同的形象。这三方面的工作为寻求公共组织的替代性模式创造了基础环境。在此基础上,建构变革型公共行政的组织模式不仅要将公共行政理解为个体之间所建构的社会事实,还要用自然语言取代官僚制的语言,使公共组织能够向人类事务的丰富可能性开放,通过整合性群体过程重构公共行政的组织原则。

1. 公共行政的社会建构

变革型公共行政组织建构的主要目标是在不平衡的起点上,以替代官僚制的组织模式逐步实现基层政府与社会的共同体化。官僚制因使公共组织不断客观化,而阻碍变革型公共行政实现其组织目标。公共组织客观化的经典表现形式是以决定论为基础所建构的封闭系统的控制模型。因果律是决定论的基本范畴。公共行政通过确立先行的原因链条,以保证结果的必然出现。古典的治理模式通常以规则为媒介,建构行政管理因果链条中的原因。韦伯认为理想的官僚制应具备由规则所建构,并依靠高压和物理手段得以保障的官方司法行政领域。[1] 这种以决定论为基础的封闭控制模型后来逐渐让位于统计过程控制(SPC)这类以或然论为

---

[1] Weber Max. From Max Weber Essays in Sociology[M]. Translated,Edited by Gerth H., Mills C W. New York:Oxford University Press,1946.

基础的开放控制模型。或然论由于承认管理过程的可变因素,使其脱离古典行政绝对控制的幻想。以之为基础的管理实践经常通过统计意义和趋势来评价行政行为的投入产出比。尽管这种公共行政模式试图软化古典行政模式的理性与控制,但它仍旧将这些变化的条件视为客观事实,并同样将公共组织理解为以控制手段自我维持的有机整体。所以无论官僚制以决定论还是或然论为基础,都不可避免地涉及公共组织客观化。

任何客观化过程在逻辑上都包含前后相继的三个环节:(1)将实在世界理解为具有广延的事物集合;(2)通过先验的因果律建构事物之间的关系;(3)相信这些先验法则可以通过归纳的方法被人发现或认知。这些环节要行之有效,需要至少包含以下两个极强的哲学假设:(A)存在的真理是排除人类影响的客观现实;(B)存在的客观真理可以为理论思维所通达。前者是自然主义假设,而后者则是实证主义假设。康德已经阐明,即使是被认为具有客观性的科学知识,也必然是人类理性机能参与运作的结果。尽管并非每个公共行政学者都严肃对待哲学认识论,但这不能否认自然主义信念无法通过理性批判之试炼这个事实。而早在实证主义立场发源之前,休谟就已经怀疑理性通达实在世界的可靠性。波普尔于20世纪继续发展了休谟的怀疑主义观点。他宣称由于科学命题的实质不过是未被证伪的假说,科学应当放弃对客观实在作本质断言。在此批判环境中,捍卫自然主义和实证主义要么需要人类智识的杰出努力,要么必须依靠权威机制的运作。因此实在的客观化最终被证明是刻意的人类议程。

很多学者试图效法成熟的自然科学,以将公共行政学建立在坚实可靠的根基上。然而即使是最严格的自然科学,也没有办法避免人类理论与生俱来的客观化倾向。[①] 双缝实验曾揭示出传统

---

① Taber Michael, Wallace B A. Choosing Reality: A Contemplative View of Physics and the Mind [M]. Boston: New Science Library, 1989.

物理学的客观化问题。如果光以粒子形态存在,当一个光源穿过具有两个裂缝的嵌板时,就会在后面的荧屏上呈现两条光线的相交或汇合。然而实验显示,触及荧屏的光粒子呈现出聚集型图形。这个实验证明,光在特定情境中以波的形态存在。将光构想为以粒子的形态存在,只是传统物理学客观化的结果。由于物理学家普遍忽视了主观观测装置的关键作用,所以对研究过程中发生的客观化从未加以检查。量子力学的研究者曾公开承认,物理学家必须依靠意识的参与才能描述现象。这意味着我们所观测到的现象取决于我们的感觉和测量工具。科学家出于测量、分析和表述的需要,必须(以电子或质子等名称)将一些要素概念化。这不仅要求为事物命名,更要通过制定规则建构对象。概念化的过程规定我们将某物视为特定现象(如传统物理学认为光以粒子的形态存在),并同时阻止我们以其他的方式来构想此事物(如这种理解拒绝以波的形态来理解光)。

科学研究的客观化不仅是人类观测装置的结果,还是社会建构的产物。如果科学家共同体没有在共享经验中设立测量的相关标准,他们便无法将事物对象化。例如在测量桌子长度的简单研究中,共享的测量标准就发挥着建构对象的功能。如果测量深入原子层面,桌子的边缘就会隐入周围的环境中。此时由于桌子长度的概念丧失了所指,所以无人能对其进行精确测量。只有事先对"长度"进行规定,研究者才可能去测量桌子的长度。这些标准通常不是私人的独断规定,而是通过社会过程得以建构的。有学者曾以嗜酒者互戒协会为例,说明规则建构的社会性。当某人宣称自己能够控制酒量时,此宣告只具有私人性。加入嗜酒者互戒协会的行动意味着此人开始接受"嗜酒者"概念之中社会建构的规范标准,当这位协会成员承认自己是"嗜酒者"时,标志着社会建构标准对其个人意识的符号学入侵。此时这位嗜酒者已经离开私人领域,而走向社会系统的整合。这份研究证实,科学即使不像霍布斯主张的那般具有彻底的公共性,也必须通过社会化的过程才能得以表述、交流和传播。

自然科学客观化会阻止科学理论的反思深入其概念和前提的层面,而公共行政对社会建构的忽视则会导致更为严重的后果。以客观化为基础的官僚制不但会将组织运作囚禁在工具理性的铁牢笼内,还会在社会范围内不断将人性化的生活方式转变为机械化运作的项目。社会领域的客观化与自然科学类似,都是通过隐喻对人类认知施加规则的过程。公共行政的功能性目的正是在这个客观化的过程中被预先设定的。具体而言,公共行政领域因客观化通常被理解为实现政策目标的技术手段。这种设定仅为官僚体制的自我完善保留了工具理性的运作空间,也就是手段在技术上的不断合理化。然而这种规定却因阻碍理性地构想人类的可能目标,从而禁锢了通过公共行政得以发展或实现的人类可能性。此外,客观化也要求将人格要素作为物本体排除出认知过程,并满足于在非人格的利益要素等现象之基础上进行组织设计和管理。由于当代组织身份界定着个体的社会行动范围,因此传统意义上个体之间的关系也会在社会层面不断让位于各种非人格要素的机械化运作。

既然严格的科学研究都必须依赖社会过程,公共行政就没有理由主张独立于社会建构的客观性。即使我们以保守的姿态接受客观研究的合法地位,客观现实也可能只是公共行政现实中的一小部分。公共行政宣称自身客观性的主要理据是定量分析的实证方法,但定量分析必须以概念的准确界定为基本前提。由于任何研究中的概念都是人为建构的,因此研究者个人或团体的兴趣与社会过程都是实证研究必不可少的要素。例如尽管个体婴儿的死亡是确凿无疑的事实,但婴儿死亡的概念却是社会建构的产物。① 统计任何时期个体婴儿死亡的数量是毫无意义的,婴儿死亡的概

---

① Stivers Camilla. Public Administration's Myths of Sisyphus[J]. Administration & Society, 2008,39(8):1008-1012.

念必须由统计目的加以规定。当这个比率用于衡量社区健康的指标时，因交通事故或火灾而死亡的婴儿不会被统计在内。这意味着婴儿死亡的概念不是以客观的方式存在于某处，而是服务于建立社区健康指标之目的。由于社区健康指标是公共卫生的专业人员共同商议的结果，所以婴儿死亡也是公共卫生领域通过社会建构而获得的概念。

公共行政所涉及的大部分事实是个体间建构的社会现实，而非所谓的客观事实。社会建构是从多元化的环境和现实出发，通过个体之间的沟通互动，创造行政与组织现实的过程。主流的公共行政学理论认为公共组织是管理权威通过规则和程序建立并维持的社会现实。这种观点忽视了组织成员各不相同的思想与经验，正是这些差异使行政环境具有本质意义上的多元性。当代管理主义的拥护者已经开始逐渐接受社会分疏的立场。他们认为管理者应当重视满足组织成员的多样需求，在协调彼此冲突之利益的前提下实现动态均衡。然而正如阿尔维森等[①]所言，多元利益往往是媒介、财富与影响力不平等的制度化结果。管理者用以识别多元利益的理性必须诉诸不平等的权力关系通过社会过程形成的刻板价值与观念。公共行政的社会建构观念需要超越管理学的利益社会分疏，对这些不平等社会过程彻底进行反思和清算。因此这里环境与现实的多元性是指自然经验源头上未经扭曲的多样观念与社会生活。

社会建构是对组织、机构与（公民或社团）联合之现实性的特殊观点。尽管组织往往被视为以权威、设计和管理为媒介的制度性或物理性实在，但个体之间的共同体及其运作却是这个客观现实的先决条件。这种认知虽然并不意味全面拒绝将组织的现实性视为理性或物质力量从外部施加的结构建制，却将个体之间的沟通与互动视为具有根本重要性的组织事实。组织实在是经验增殖

---

① 阿尔维森,维尔莫特.理解管理[M].戴黍,译.北京:中央编译出版社,2012.

过程的创造物,其绝非理性对孤立静止之个体职能的先验设计与安排。只有当个体与他人遭遇时,才会出现分享思想与经验的要求。① 当个体积极回应这种规范性要求并寻求解决冲突的建设性方案时,就会发生经验增殖。这个增殖过程所创造的富于社会意义的方案,就是任何组织经验的源头。尽管政府或其他大型机构时常通过理性项目创立组织,但人际关系学派早已证实,理性设计并非是组织经验发生的根本原因。研究者如果不关注个体在共享经验的基础之上进行的交流互动,就无法理解以网络、协会、管理中心与政府机构为代表的公共行政现实。

如果公共行政是通过交往社会性地建构而成的,那么官僚制在人类社会互动之外就没有客观存在。吉登斯认为,如果将人类偶然历史环境中通过行动创造的社会关系客观化,社会建构物就会因不断固着化和仪式化而最终沦为意识形态工具。② 如果公共行政的目标只是维持毫无意义的秩序,就会使个体陷入对公共生活无能为力的境况之中。一旦人们认识到公共行政人员对日常生活的体验是社会的建构物,他们就能摆脱非人格力量的支配。此时公共行政人员不再被视为使管理机器标准化运作的齿轮,而是行政现实的参与者和创造者。尽管公共组织中的人仍旧是规则导向的个体,但他们的联合行动在本质上具有无限可能性,并不断创造或重构出崭新的组织现实。正如全钟燮所言,如果公共行政管理者想要追求有意义的生活,他们就应该积极参与建构有意义的社会现实。③ 因此通过社会建构的途径重新将公共行政概念化,是推动富于意义之社会变革的关键。

很多人担心社会建构的概念会使公共行政理论和实践陷入非

---

① Zaner Richard M. The Way of Phenomenology[M]. New York:Michie Company,1970.
② Giddens Anthony. The Constitution of Society[M]. Berkeley:University of California Press, 1984.
③ 全钟燮.公共行政的社会建构:解释与批判[M].孙柏英,张刚,黎洁,等,译.北京:北京大学出版社,2008.

理性决断与组织虚无化的危险,有学者尝试从实用主义和先验语用学进路为此概念进行辩护。皮尔士相信社会沟通与互动可以通过整合个人意识,制止指谓链的无限滑动。这种实用主义的解释路径仅将社会建构的成果视为某种权宜之计,而拒绝把公共组织的理论和实践建立在理性标准之上。当麦克斯怀特在公共行政中主张实用主义立场时,宣称"如果我们建立了关系,就不再需要理性。"①这种激进实用主义立场虽然为公共行政的变革开辟了道路,但同时也牺牲了知识的有效性。阿佩尔为社会建构立场提出了一种不同于实用主义的认识论基础。在康德的先验唯心论体系中,正是"综合判断的最高原理"确保了知识的有效性。阿佩尔认为尽管人类认知过程中具有规范性约束力的理想前提必不可少,但这个前提始终是在社会和历史中不断实现的。② 他尝试为"综合判断的最高原理"确立某种功能等价物。具体而言,阿佩尔将无限交往共同体的先验语言游戏建构为社会科学与组织经验可能性的条件。由于在任何历史性给定的社会中,理想的交往共同体始终是有待实现的,所以通过社会过程得以确立的知识必须持续向个体之间的交往开放。因此先验唯心主义所赋予知识之有效性,通过交往共同体先验语言游戏的中介化,辩证地在社会和历史的层面建构起来。

2. 公共行政的组织媒介

变革型公共行政虽然试图引入社会建构的视角,从客观化的组织模式中释放人类自由形塑的创造力,但公共组织的历史改造仍然受到组织媒介的限制。换言之,当代公共行政的组织媒介为突破官僚体制设置了技术障碍。麦克卢汉认为,一切媒介均是感

---

① 麦克斯怀特.公共行政的合法性:一种话语分析[M].吴琼,译.北京:中国人民大学出版社,2009.
② 阿佩尔.哲学的改造:阿佩尔哲学研究[M].孙周兴,陆兴华,译.上海:上海译文出版社,2005.

官的延伸,而感官所捕获的感觉塑造着每个人的直觉和经验。①由于公共行政是社会建构的事实,所以公共组织的媒介与人类交往和沟通的方式密切相关。事实上,信息传递的技术革新往往会导致与公共组织事实相关的社会沟通能力的延伸和个体之间交往方式的改变。麦克卢汉通过区别媒介的讯息与内容,以突出通信技术变革中前者的重要性。他认为,媒介的内容通常对塑造人类联合的形态没有影响,任何媒介对个人和社会的影响都是因其所引入的新尺度而产生的。媒介的讯息就是其所引发的人类事务尺度、速度和模式的变化,从而使媒介形式功能以动态呈现。媒介正是通过其讯息而对人类联合或组织的尺度与形态发挥塑造和控制作用。因此变革型公共行政必须研究媒介或技术变革的讯息如何影响和改变公共组织的模式。

媒介的讯息对公共组织的首要影响是界定政治社会的规模。亚里士多德早在两千多年前就注意到公民人口和土地的限度问题。他认为,尽管任何城邦的人口因实现自给自足的需要不能过少,但其幅员也不得过于辽阔。城邦的面积和人口是由其公共行政的需求所决定的,这两方面超过限度的政治社会可能使断案决事、发号施令、分配职司与明晰权利陷入混乱。② 公共管理必须以行政命令为传递媒介,在特定领土范围内将一定数量的人口组织起来。受语言传递困难的限制,国家的人口在几千年的历史中都被限制在数百万之内。但是少数超越此限度的庞大帝国可以通过通信工具的改善得以维持。例如波斯帝国的命脉就是皇家大道和沿路传递皇帝诏书的驿站,罗马帝国则依赖其道路交通调动兵团和传递御诏。尽管巴比伦与波斯在马其顿帝国之前都曾影响过地中海沿岸,但亚里士多德却对其创造并维持帝国的通信方式不屑一顾。他相信如果城邦边缘为嘹亮嗓音所不至,宽阔视野所不及

---

① 麦克卢汉.理解媒介:论人的延伸[M].何道宽,译.南京:译林出版社,2011.
② 亚里士多德.政治学[M].吴寿彭,译.北京:商务印书馆,2011.

范围,其规模就超过了界限。虽然发达的交通网络与诏书传递体系在亚里士多德的时代并非新事,但这位古典理论家却只把语音和照面考虑为传递行政命令的媒介条件。

古典理论家对通信技术的变革心存戒备,并不是因为其可能导致城邦规模的增加,而是考虑到讯息对政治社会性质所造成的改变。亚里士多德认为,尽管城邦是因人类生活发展而成,但其实际的存在却是为了优良的生活。这种生活并不要求官僚制整齐高效的组织形式,而是需要通过对公共事务的激进参与来实现。相互照面的话语沟通是维持公共事务参与程度的关键,但这种沟通模式意味着要在多元话语的环境中劳神费力地创造联合。在人类合作的内在潜能尚未得到进一步开发的前提下,这种缺乏同质性的公共组织媒介必然只能与小国寡民的城邦模式相适应。古典理论家都预见到,这种以实现人类社会本性为目标的联合组织可能因通信技术的革新而遭受挫败。莎草纸的供应和轮车交通的盛行,使书面公文逐渐取代口传的命令,成为公共行政的主要媒介。公文可以通过对语词含义的精确界定以及形式框架的规范安排来确保语义的稳定性。这使得中央权威能将其行政命令的迅速传递和有效执行扩展到遥远的边缘地区。在此基础上发展而成的官僚体制虽然能够满足庞大帝国的公共行政需要,却因排斥生动多元的话语而使优良生活的政治社会逐渐失落了。

古典文明因负载文书的信使开始在精良驿路上往返传递行政命令而瓦解,富于交往活力的城邦政治最终屈从于幅员辽阔的政治大一统国家。作为大一统国家的代表,罗马共和国依靠气势恢宏的文官群体和高效齐整的公共行政管理国家事务。弗里德里克森认为,罗马人在职位、头衔和工资等公务员管理的标准化程度方面接近于军事组织,似乎只有现代计算机技术才能与罗马人对制度和秩序的偏好相适应。① 不过与当代建立在工业生产、大众传

---

① 弗里德里克森.公共行政的精神[M].张成福,等,译.北京:中国人民大学出版社,2013.

媒和消费主义等意识形态工具基础上的全面管理社会不同,没有任何古代社会能够单靠发达的行政管理体系实现以平民为基础的政治联合,同时又避免秦帝国那般短寿的命运。马基雅维利发现,罗马共和国不仅具有形式化的官僚制,还具备阻止公民德性腐化的结构设计。在撒路斯提乌斯看来,霸欲激发了罗马人的德性。但当霸欲因迦太基的灭亡而转向罗马内部时,这种德性结构便随着内战而受到破坏。尽管建立在霸欲基础上的德性结构是不平衡的,但其依旧能使人将公共利益置身于私人利益之上,从而将公民紧密联系起来。

　　由于伊斯兰教徒切断了莎草纸的供应,罗马共和国大约在公元5世纪左右开始崩溃。轮车交通的衰败,使庞大的官僚体制和军事组织也随之没落。由于缺乏高度秩序化的官僚制,中古时代由集中管理的城市文明退回到高度自治的乡村采邑。随着中国的纸张从中东传到欧洲,当地教育和商务才开始稳步复兴。活字印刷术于15世纪在欧洲的推广使各类读物繁荣起来,硬质路面和铁路运输又在几个世纪后为通信革命推波助澜。人们开始相信,理想状态下的信息取得不需要付出任何代价。古典天文学家们因天体质量和运动的高度可预测性,断言宇宙万物都符合稳定因果定律。通信技术和天体物理学的发展伴随着世界图景的机械化,这种图景自传统政治理论日渐式微的19世纪开始全面入侵公共事务的构想。人们开始将如何精确传递并有效实现行政命令视为公共组织的核心功能。迟至20世纪初,韦伯将这种官僚制总结为受各种规则支配,以实现特定目的的管理型组织。

　　高速传递的文书媒介将官僚体制导向以命令和控制系统为核心的国家管理机器。霍布斯曾敏锐地洞察到这类国家机器是以闭合式的钟表为原型,而与现代自动机器大相径庭。国家管理机器的公共行政以决定论为基础,对信息传递过程中的逸失现象不予考虑。零基预算(ZBB)、零容忍的毒品政策,公共部门对某些企业所生产电子零件之用途的控制,以及向污染企业强制推行环保技术等都是其管理的典型范例。国家管理机器的行政系统定型（rigidity）为通信系统的模式，类似于全部指令都写在固定程序带上的计算机。系统末梢接收的行政指令在某种程度上是其构成方式与先验规划的结果，而非经验的增长和学习的产物。这种官僚体制中的成员创新能力也必须符合规矩地取得。在此基础之上组织起来的政治社会因偏爱秩序井然，便在扩张的治理领域里预先指定各人的社会职能。这种以行政命令的单向传递为通信模式的封闭系统与其说是符合期待的公共组织模型，不如说更接近于各司其职的蚂蚁群体。

尽管亚里士多德曾认为蜜蜂和蚂蚁这类动物在社会和政治生活方面与人类没有本质区别，但效法这种组织模式建立的政治社会显然不符合人类的本性。维纳认为，按照恒定不变的个体职能与界限组织政治社会意味着几乎彻底抛弃人类的潜在可能性。[①]与之相对，合理建构的人类公共组织则应该充分实现人类的可能性。国家的行政管理若要与个体或集体行动的可能性相互兼容，就必须要考虑人类事务的变化。维纳相信这意味着行政科学在认识论上必须以非孤立现象的存在为前提。大量个体之间二阶耦合与高阶耦合效应使人类事务的规则仿佛是由变化多端的红心皇后随心所欲地制定而成。但实际上人类行为并没有呈现出彻底的混乱无序，他们的决定和行动多少受缚于客观条件以及习惯模式。尽管某些个体在特定情况下可能基于自己的德性（或因理性的缺乏）胜过（或脱离）这些因素的决定性影响，但大量个案的集合仍旧能够呈现出概率统计意义上的模式。这些模式并不符合严格的因果决定论，仅表现出具有或然性的概率分布和变化的曲线图。尽管这种或然论不足以使国家管理机器成为真正的预测算子，但人们仍然可以在此基础上进行预测和治理。

近几十年来，社会科学领域的决定论思路逐渐让位于以或然

---

① 维纳.人有人的用处[M].陈步,译.北京：商务印书馆,2011.

论为基础的定量分析,产出、可能性以及效用等概念不断取代以直接控制为模式的术语。公共行政中随之而来的改变是,以定型为通信手段的行政命令模式开始被统计规律所支持的管理技术所取代。例如环境保护部门不必强迫制造污染的企业采用昂贵的排污技术,而是通过售卖排污许可证的方式控制空气或水资源的质量。这种管理技术将利用污染空间视为某种昂贵的特权,并通过市场机制使环境资源的分配在动态过程中实现均衡。需更广泛地利用污染空间的企业,需要从拥有剩余排污许可证的企业那里购买污染空间的使用权,购买额外许可证的企业需要支付高额成本,而那些出卖许可证的环保企业则可以从这项权利中获取收益,这两个方面都会鼓励企业采用环保技术。概率统计所获得的污染空间之利用曲线图能够指导政府在实现环保目标的同时实现效用的最大化。与此同时,政府通过将污染空间建构为新型财产,避免压制由各个企业的管理者与环境工程技术人员通过理性判断和相互博弈所实现的可能性。

然而,仅以建立在偶然性基础上的或然论取代经典牛顿物理学的决定论,还不足以确保国家管理机器实现人类的多样可能性。维纳认为,只有当某个控制系统能够通过反馈进行学习,才可以复制人类职能无所限制的情形。他将反馈定义为某种将系统的过去演绎嵌入回去,以实现控制的方法。反馈可以导致两种结果——简单反馈与学习过程。前者是将演绎结果作为鉴定和调节该系统的数据。因此概率统计所获得的或然论结果也可能只是服务于某种简单反馈的过程,从而无法达到罗素在人类职能中所发现的高阶逻辑类型。与之相对,只有当所搜集的演绎情况信息能改变演绎模式和操纵方法时,学习过程才会出现。人类神经中枢在接收信息时,并非只能按照恒常的模式下达命令。感觉器官所搜集的信息在很多情形中都能改变中枢神经的运作模式。因此,学习过程与建立在或然论基础之上的简单反馈之间最显著的区别在于:前者要求彻底抛弃先验定型的通信行为,依据实际情况寻求神经中枢、感知器官与环境的和谐。

如果公共行政的组织需要具备神经中枢那样的学习模式,公共部门就不能被建构为发挥行政导控功能的独立中心。后者由具有传感器功能的行政单元或行为所传递的信息,通过计算实际情况和理想目标之间的差值,对具有效应器功能的单元或组织下达指令。与之相对,具有学习功能的公共行政组织独具特色的行为通常可以被解释为某种循环的过程。此过程中,从决策机关发出的指令通过效应器使组织环境发生改变,而公共行政系统的传感器向决策机关所反馈的信息必须被视为其决策行为所引发的某种后果。在此基础之上,引发初始行为的预计目标和数据演绎计算方式都可能发生改变。目前,阿里云联合杭州市政府所公布的"城市大脑"计划使维纳意义上具有学习能力的公共管理和城市服务体系不再是空中楼阁。这项计划以人工智能技术作为政府与企业共享的大数据平台的核心,实时数据和开放算法使整个治理模式具有基于实际情况改变程序带的学习能力,这项能力最终使城市能够实现自我运行和调节。

杜巴勒在评论维纳《控制论》一书时就曾经构想出类似于"城市大脑"这种具有学习能力的政府管理机器。他预测这种机器能够在搜集生产和市场等领域信息的基础上,通过确定事态最可能的发展,统辖一切政治裁决制度。维纳对这种政府管理机器的前景表示担忧,他认为这种行政模式并非因政务自动化的前景而令人畏惧,控制技术的局限性才是危机的根本所在。即使在今天,高速发展的人工智能技术也无法计算出表征人事变化幅度甚大的概率性。因此,以这些平台为核心的行政技术最终只会体现出对人类可能性的冷漠或狭隘的理解。维纳相信,只有在熵值增加的最后阶段,社会事务的概率性才可以忽略不计,各个个体之间的统计偏差才近乎于零。在此阶段,尽管人类行为充分可预测,但是整个社会的混沌指数已经接近最高点,以至于只有依靠强制权力的政府管理机器才能通过创造死气沉沉的秩序来使熵值降低。马基雅维利笔下腐败人民基础上的独裁统治,霍布斯学说中零和博弈的自然状态,以及孟德斯鸠理论中以恐惧为原则的专制政体都是以这个阶段为背景。尽管在孤立系统的前提下,人类事务的最终阶段似乎不可避免,但公共行政不应预支这个阶段的政府管理功能。

  维纳并没有贯彻技术现实性的设疑,他对政府管理机器的思考后来转向了另一种立场。维纳在讨论共同体组织的时候,区分了两种与通信有关的基本立场。其中一种充满摩尼教的色彩,而另一种则接近于奥古斯丁的理论。第一种假设特定共同体中熵值的增长是某种邪恶势力蓄意而为的结果,在充满混沌恶意的环境中,政府被理解为在各个阶段都能以最优方式取得信息的博弈者。政府管理机器从这种立场出发,以漠视人类事务可能性为代价来实现社会秩序。与之相对,奥古斯丁式的立场则相信熵值的增加并非是某种自然之敌意的结果,而是人类行动与科学研究的弱点所致。如果自然中并不包含非反熵趋势的敌人,那么人类社会自然秩序中的通信手段就是可靠的。所以共同体的组织秩序就需要借由其内部决策而实现,而不能依赖从外界进入共同体的决策。以国际社会向发展中国家提供的行政援助为例,无论援助组织具有多么良好的意愿,外部势力创造制度需求的能力仍然非常有限。虽然援助国与国际金融机构等组织可能依靠输出行政项目来改善发展中国家的处境,但在这种外来指导和援助撤出以后,受援国还能维持国家能力的例子屈指可数。因此共同体有效范围的测度,由这个群体达到一定自治程度所必需的范围决定。

  维纳认为任何社会组织保持其内稳性的关键在于其获取、使用、留存和传递信息的方式。小型且紧密结合的政治社会富于理性、仁爱和公共精神,故而比现代大型政治社会具有更强的组织内稳性。大型政治社会的成员通常不直接彼此接触,而是以电话、平面媒体、互联网与印刷物等方式来获取、保存、使用和传递信息。这些媒介不仅具有通信的主要属性,还具有营利的次要属性。当资本主义的经济逻辑使这些通信媒介的次要属性取代主要属性时,大型政治社会的成员所共享的信息量就会不断减少。与此同时,通信技术的革新使信息传递速度不断增加,必然导致单位时间内逸失的信息量的增加,所以单纯的技术革新并不一定使信息传递过程更加高效。对于行政而言,重要的不是传递出的信息量,而是为系统终端所接收,并足以作为行动扳机的剩余信息量。政治社会的内稳性要求公共组织提升信息传递的效率。因此,大型政治社会和新型通信技术将会选择传递过程中损耗较小的信息媒介,放弃那些荷载较大的信息媒介。

建立在发达通信技术基础之上的大型政治社会所选择的组织媒介通常符合怎样的规定？在某种意义上,语言就是通信的别称,这里所讨论的实际上是官僚制语言的典型特征。维纳将以人为终端机器的通信网络划分为彼此关联的三个阶段。首先是由耳以及内耳作固定联系的大脑机构所组成的语音装置;其次是神经元丛通过暂时性装配而形成的复杂网络得以运作的语义装置;最后是个人经验中语音和语义向行动转换的语用装置。维纳认为,根据热力学第二定律,语音装置在通过语义装置和语用装置时,所包含的信息量会逐渐减少。任何统一语言由语音装置向语义装置和语用装置的发展,实际上是将所指的观念与能指的声音复合焊接在一起的过程。[①] 日常语言由于包含多种焊接可能性,所以单位语汇不可避免地表现出形式主义纯粹性与直观主义彻底性之间的紧张关系。以这类语言为媒介的信息在传递过程中通常需要支付大量成本,而且可能伴随信息量的惊人逸失。因此,大型政治社会的公共部门基于自我合理化通常也会逐渐放弃这类必然降低通信效率的语言媒介。与日常语言相对,在语音、语义和语用装置之间通过建构特定规则实现的固定装配虽然限制了单位语汇所承载的信息量,却因其稳定的链接结构能减少信息在传递过程中的逸失。这种受恒常规则所限制的语言最终成了官僚制理想的通信媒介。

---

① 德里达.声音与现象[M].杜小真,译.北京:商务印书馆,2010.

然而,在形式化规则全面控制的基础上形成的官僚制语言无法企及完备的组织秩序,这与大型政治社会和通信技术自然选择所要实现的目标背道而驰。有学者相信,公共行政在媒介的形式化方面越是复杂精巧,重要信息的传播就越可能受到阻碍。例如,美国联邦调查局的某地方办公室在 2001 年 9 月 11 日之前逐级上报的备忘录最终在官僚体系的通信中偃旗息鼓。事实上,语言在官僚机构中的功能不再是沟通,而只不过是通告。沟通以人类在共享经验基础之上的理解力为基础。如果某人不但能理解信息的内容,而且还能在相似语汇中通过修正后的装配规则表述自己的判断,此时才可能出现有效的反馈。当有效反馈推动富于意义的对话时,沟通就会发生。但是当语音、语义和语用装置之间的装配规则不可更改时,信息在官僚制中的传递就是单向的。这意味着,信息在官僚制中向下传递时所抵达的任何人类终端都不能基于自身经验来修改语言要素的装配规则。这种通信模式运转起来时,理解和人类经验的参与就成了累赘。官僚制因自我合理化的要求,将由稳定的语义规则所确保的信息与人类共享的生活方式分离开来。此时公共组织的内在动力便不再是创造内稳性,而是在程序上步调一致和墨守成规。也正是这种组织动力滋生了哥伦比亚号航天飞机爆炸这类公共行政历史上的灾难性事件。

与官僚制所青睐的人工语言相比,日常语言是公共组织更加适宜的通信媒介。本研究已经阐明,组织秩序不是在先验环境中所与的现实,而是人们在交往实践中所创造的经验。尽管公共组织可以通过先验地确定语言的装配规则来创造行政现实,但这种现实的秩序可能在局部精致合理,却在宏观层面因盲目而引发灾难。事实上,公共组织的内稳性依赖于行政机构在人们共享经验的基础之上所创造的公共秩序。公共行政语言媒介的功能就是使机构或个人之间的有效沟通得以发生。日常语言中形式主义纯粹性与直观主义彻底性之间的矛盾不仅不会阻碍信息传递的效率,而且还是沟通得以发生的前提。在这种辩证关系中,形式主义纯粹性不会导致信息内容的亘古不变,却足以保证话语规则的在场。直观主义彻底性不会使信息意义陷入相对主义,却能使新的经验因差异而发生。所以公共组织的经验是其成员以日常语言为媒介,在言说和交往过程中所发生的经验增量。

〔补充〕尽管维纳对官僚制的批判深刻有力,但控制论的假设与公共事务的本质特征并不完全相符。控制论原则对当代大型社会公共组织的根本诊断是:官僚制通常为增加微观领域信息传递的效率,而牺牲了人类未来的丰富可能性。公共组织以预支熵值增加后期阶段的政府功能,以期在短期视域中实现控制和秩序,这与控制论的基本原则背道而驰。控制论原则首先预设了孤立系统的存在,只有当系统处于封闭条件之下,总熵才趋于增加。在此宏观背景中,组织被理解为通过信息的传递在局部实现负熵的机制。由于信息在传递中不可避免地因能量损耗而发生逸失,公共组织必须致力于探索最大限度减少通信过程中信息逸失的方式和媒介。但是本研究已经指出,组织经验并不是系统初始条件下所与的经验,而是通过人类联合行动的实践所创造的经验增值。这意味着公共组织并不是在人类事务系统最初所给定信息总量的基础之上在局部实现负熵的机制,而是通过创造出新的经验实现信息量增长的开放过程。

维纳将结构与信息等而视之,而没有看到人类事务系统的开放性。信息通常具有语言的属性,其产生于人类的文化行动。通信技术和电脑技术将语言视为信息的分析基质,并在信号的帮助下,最终实现信息的传递和处理。然而,这些信号只能从人类的形塑行动中获取其结构。因此,信息是以人类形式赋予的文化行动为前提的。人们也只有在文化行动所构造的信号之中,才能再生产出语言的分析基质。人们通过自由行动创造出新的结构,就能实现信息量的增长。尽管在封闭的物理系统中,信息量逐渐减少的趋势不可避免,但是公共事物的系统所传递的信息可以通过人类的自由行动获得持续的补偿。这意味着人类可以通过沟通互动创造出新的结构,最终在物理意义上实现负熵,因此人类事物因系统的开放性,并不严格遵循热力学第二定律。维纳因为将结构等同于信息,从而无法看到人类的形塑活动对信息量的积极影响。变革型公共行政绝不满足于在封闭系统的前提下寻求减少信息逸失的组织媒介,而是要在充分发掘人类实践潜能的基础之上,探索不断使信息量增长的组织媒介。

3. 公共行政的组织原则

这里需要简要回顾目前变革型公共行政理论建构所抵达的阶段,并且界定这个阶段所要解决的问题。变革型公共行政的目标是通过重构公共行政,推动特定政治社会朝向历史规范性揭示的建设性变革。变革型公共行政就是研究这种变革的哲学原理和具体条件。本研究主要考察的是前者,旨在将建设性社会变革的事业奠定在哲学层面深思熟虑的基础之上。变革型公共行政行为是推动建设性社会变革的起点,是在不平衡的权力关系背景下,通过批判知识来采取的行动。

尽管第五章我们尝试通过视域融合以及对基本原则的符号学转换将理性奠定在坚实可靠的基础上,但这些努力都无法使批判知识和变革行动脱离抽象的境地。这使变革型公共行政行为不得不放弃任何一蹴而就的便捷途径,只满足于切实可行的最低限度标准。根据本研究之前已经澄清的认识论观点,理论知识的抽象性只能在实践中得到治愈。当公共行政人员以抽象的批判知识为基础发起变革行动时,知识和行动的抽象性都会在组织实践中逐渐消融。本章先后通过修正理解组织经验的哲学假设,并将公共行政置于社会建构的视野中,除去组织实践所面临的障碍。当语言重新被建构为公共组织的主要媒介时,组织经验就获得了面向实践敞开的平台。因此,当前有待讨论的问题是:什么样的实践原则有助于组织经验发生?

变革型公共行政由于要求将公共组织还原为国家治理结构的组成部分，因此必须以公共治理行为而非封闭系统作为讨论组织原则的出发点。以泰勒和古立克为代表的封闭系统理论将组织理解为实现既定目标的工具。这意味着组织工作主要是内向型的，即通过以切实可行的方式整合利用组织资源，使组织的各个部分都符合系统的生成逻辑，并通过控制机制来减少环境中的不确定性。[1] 塞尔兹尼克则认为组织在产生之时就具有社会学特征，从而超出了封闭系统的内在关注。[2] 由于组织的制度层次需要针对源自环境的不确定性作出回应，成功的组织应具有吸纳机制，以将应对环境的需要而出现的新兴要素吸收到组织领导或决策结构中。开放系统理论虽然开始挑战将组织视为封闭实在的基本假设，却仍然保留了系统与环境之间的差别。事实上，行政机关与公众接触的跨界互动与小型社群中行政组织的发生史所展现的是公共组织与公众彼此依赖并相互建构的过程。这是一个行政组织在治理公众的同时，不断塑造自身的过程。变革型公共行政所关注的就是行政机关与公众相互接触的具体位置，通过变革型公共行政行为同源创造出新型公共组织与政治社会的种种原理和条件。尽管这种理论不会像福克斯和米勒的公共能量场概念那样激进地取消系统和环境之间的任何区别，但为实现既定组织任务而对相关变量进行技术控制的原则不会得到特别关注。因此，变革型公共行政在此阶段所发展出的组织原则既是公共组织的工作原则，也是政治社会的组织原则。

变革型公共行政的组织原则是使公共组织的结构功能得以规范地运作。这种功能曾经蕴藏在公共组织的观念论构想中。黑格尔曾经跟随卢梭复兴古希腊的观念，将社会视为以其成员为组成部分的有机整体。但古希腊哲学家还未等个体多样性得到充分揭

---

[1] Thompson James D. Organizations in Action: Social Science Bases of Administrative Theory [M]. New York: McGraw-Hill, 1967.
[2] 登哈特. 公共组织理论[M]. 扶松茂, 丁力, 译. 3版. 北京: 中国人民大学出版社, 2003.

示,就迫不及待地主张用公共事务的普遍性吸收组织和社会成员的个体性。① 黑格尔虽同样主张个体是整体的组成部分,但他相信政治社会的公共善只能在其成员各自禀赋予福祉得以实现的基础之上才会出现。这意味着公共组织所面对的不是在意愿表达上整齐划一的大众,而是在利益和倾向方面交错相异的冲突世界。公共组织的功能就是要调节这些对立的观念和目的,将政治社会的成员组织起来追求公共福祉。② 为实现这个功能,政府成员和国家官吏应当成为社会普遍等级的主要组成部分。这些人就像柏拉图笔下的城邦卫士,主要为政治社会的整体福祉所驱动,他们引导家庭、农业和工商部门以促进这个目标的实现。

变革型公共行政的哲学研究试图通过实用主义或过程理论将公共组织的结构功能从观念论构想中提取出来。黑格尔意义上作为普遍阶层的公共组织功能经常被误解为通过吸收、消融或者调和个体的差异,以符合公共意志或利益。但是如果人们试图诉诸公义或理性设计这类外部实证的权威来宣告公共组织的精神实在,就会使政治社会因脱离过程和现实性而暴露在政治危险中。例如,即便某种形式的社会符合人们深思熟虑的判断,但是缺乏耐心之人寻求捷径的做法也会使整个政治社会陷入极权主义危险。那些先验确定的静止目标是曾经主宰过很多政治社会的最为致命的灾难性观念。相反,正如艾默生所言,公共组织与政治生活是力学笃行的过程,而非尘埃落定的结果。事实上,个体的利益、意愿和行为只有在发生的过程中才涌现出来,而不能被先验地预测、衡量与确定。正如"密涅瓦的猫头鹰直到黄昏才起飞",个体和公共组织或政治社会的关联只能等到社会过程所创造的互动模式趋于稳定时才能得到界定。

---

① 例如柏拉图曾经主张剥夺城邦卫士的家庭与私有财产,使他们脱离对特殊利益的角逐。
② Gordon P, White J. Philosophers as Educational Reformers(International Library of the Philosophy of Education Volume 10)[M]. The Influence of Idealism on British Educational Thought,2009.

变革型公共行政的哲学研究将公共组织的结构功能规定为整合性群体过程(integrative group process)。群体与勒庞理论中的大众(crowd)有本质区别。大众是个体在聚集成群时,失去自觉个性而形成集体心理的组织现象。组成大众的个人表现为有意识人格的消失,无意识人格的得势,思想和感情因暗示和传染而转向共同的方向,以及立刻把暗示的观念转化为行动的倾向。① 大众心理的主导性可能使公共事务表现出法西斯式的未来政治或组织风格:由某位具有超凡魅力的领袖带领着彼此孤立、沉溺大众娱乐且缺乏个性的百姓或成员。自大众心理学使人群聚集的政治危机被揭露以来,很多理论家因害怕个体虚无化的组织灾难,便拒绝任何意义上的集体行动,但事实上大众并非个体联合的唯一形式。群体是某种与大众截然相对的公民和成员的联合形式。福列特将群体规定为在相互渗透的规则之下进行联合的人们。群体的成员并不像大众那样依靠缺乏自我意识的服从和模仿聚集起来,而是靠个体之间相互作用(interplay)组织在一起。正是由于这种作用,群体并不会像大众那样以牺牲个体性为代价聚集人们,而是包含实现个体性的种种机制。

群体成员之间的相互作用是在大众之中无处寻觅的真实的社会过程。人们在日常生活中并非首先结束自己的思考,建构自己的意愿,然后才在社会过程中实现他们的意愿。事实上这个实现的过程不仅与思考和意愿同时发生,它还会反过来塑造思想并强化意愿。所以无论借助怎样的技术手段,在思想、意愿进入社会过程之前,组织联合的角度根本不会出现。这是一个统一思想、意志和行动的过程。群体过程并不是指个体意志的机械累加,而是在各方立场相互渗透(interpenetration)的前提下,将不同的观念、感觉和意愿混合在一起的社会过程。这是共享某种生活背景的个体从各自利益、偏好和意愿出发,创造出公共意志的过程。群体过程

---

① 勒庞.乌合之众:大众心理研究[M].冯克利,译.桂林:广西师范大学出版社,2007.

整合的典型例子是两个或者两个以上具有不同目的或意愿的人聚集并决定某种行动方案。最终的方案并没有被任何个体所事先拥有,组织过程也不是登记个体比较思想的结论,以作出选择和判断。与之相反,各方是聚集起来通过交往行动的相互作用,创造公共观念并推动集体行动。

群体的社会过程依赖于对差异的持续整合。整合是将彼此各异的思想、意愿和行为联合起来,并创造出共识的过程。变革型公共行政需要通过引入实用主义的过程原理,以避免整体概念中可能包含的极权主义危险。更大的整体概念不是事实搜集、科学计算、理性选择或哲学思辨的结果,协调彼此的差异所必需的事实、视角与目标只有在整合行动中才会出现。此外,群体过程也并非建立在既与事实之相似性的基础上,整合是在群体成员彼此之间存在差异的基础之上,通过创造获取相似性的过程。差异不是只能导致争斗、压迫和战争,也可能促进各方彼此协调以及渐进统一。个体会对刺激作出反应,该反应既可能表现为差异,也可能表现为相似性。组织过程的检验标准既不是其成员或治理对象的相似性,也不是他们之间的差异,而是人们处理差异的方式。只有当群体成员和个体反应彼此协调时,整合统一的过程才会发生。最后,此过程会永无止境地趋于整体。彼此协调往往意味着新层次中的矛盾或差异。当新兴的统一成为新层次中差异的某个极点,就需要愈发广泛的整合行动来推动组织的社会过程。因此,群体的社会过程归根结底是由组织将差异性整合进入活泼创生型整体的能力来评估的。

整合是在避免牺牲任何个体重大价值之基础上,将各方利益紧密联系起来的冲突解决方案。以价值增量为目标的整合原则是政治学与行政学传统中的妥协原则的替代性方案。妥协是指以各方作出让步或牺牲部分利益为代价,以达成协议或解决争端。其不仅是经济行为或国际关系中达成共识的主要原则,也被视为政治社会或公共组织的基础。正如柏克所言,所有以人类福祉、美德和慎思为念的政府都是建立在妥协的基础之上。但是由于妥协以刻板的零和博弈理论为基础,各方只能以其他人利益的减损来实现自身利益的增长,所以该原则最终只能在缺乏信任和模棱两可的框架中抑制冲突的消极后果,而无法真正地解决争议和冲突。与之相对,整合原则需要各方在相互理解和充分信任的基础上,探索超越原有利益冲突的更为广阔的生活世界背景。由商谈和交往行动所带出的崭新图景为总体利益的增长提供了可能性,零和博弈的环境也被协同增长的场域所取代(synergic plus-plus field)。在更为充分地利用经验空间的前提之下,各方的利益在得到重新界定的同时,也会出现达成共识的崭新视角。

整合不是将特殊的观念、意愿和行为吸收进某个更大整体(larger whole)的理性过程。更大整体的概念由于无法摆脱古希腊形而上学的真理观念,所以变革型公共行政尽量避免使用。对于柏拉图而言,真理是某种由遮蔽到敞亮的层级序列,位于这个序列顶端的是实在的相或理念。对特殊的观念进行整合就是持续追问真理的过程。这种追问是一种使人清醒、内心最深处被唤醒的追问。进行追问的活动被称作辩证法,即在具有对立观念的双方之间持续发生的开放讨论之话语活动。辩证法的功能是使话语双方澄清各自的观点,以揭示二律背反的内容和共享前提,并最终在某种更高层级之更大整体的概念中消解矛盾。对于柏拉图而言,这是一种引导人类本性朝向存在之真理提升的,真正意义上的哲学活动。尽管整合同样是使特殊观念、意愿和行动不断趋于实在的过程,但包含在更大整体概念之中的真理等级形而上学和理性话语过程都是变革型公共行政所拒绝接受的。

整合是不断向自然经验敞开的实践活动,而不是向某种形而上学真理攀升的哲学活动。变革型公共行政拒绝将实在真理理解为由低级向高级晋升之阶层分布的谱系。实在真理的量值绝非由观念对经验之疏远和超越程度所衡量,而是正好相反,由其与自然经验的吻合程度所评价。这意味着实在是一个由抽象到具体的绵延展开的过程。如果观念和意愿只能链接到少数经验维度,它们就具有高度抽象性。以之为基础所实现的组织联合必然会以牺牲人类事务的复杂多样性为代价。随着所链接之经验维度数量的增加,各方立场就逐渐由抽象向具体转化。由于理论思维并不具备统合各个模态维度的机制,所以诸如哲学和辩证法这类理性的话语活动都无法推动这种转化。只有当观念和意愿成为行动进入实践议程时,自然经验才会介入个体立场的演化。当个体立场与自然经验接触时,它们会因发生绵展而链接到更多的经验维度。模态维度在绵展方向的扩展为各方立场的表达建构了崭新的场域,这意味着各方的利益都会在新的平台上得到重新界定。尽管观念、意愿和行动向自然经验的演进是一个永无止境的过程,但模态维度领域绵展量的每次增长,都会创造出大量实现整合的全新视角和可能性。

建设性地处理冲突是使经验增长条件下整合视角得以发生的内在动力。传统理论相信,矛盾冲突是管理过程中的异常因素,它们可能会威胁组织的效率。然而冲突并非都会对个体联合产生负效应,只有停滞在冲突中才会导致混乱和低效。事实上矛盾和冲突是人类多样性和可能性的表现,它们在历史中不断推动政治社会和公共组织经验的发生和增长。只要不使冲突停滞在非此即彼的零和博弈中,各方就可能在全新视角和可能性方面重新评估他们的利益。通过公开讨论或其他形式的交往行动,人们可以检验并重构各自曾经拘泥的假设和结构,使冲突获得各方都能接受的创造性整合的解决方案。例如,20世纪30年代美国生产企业劳资协议会的会议地点总容易引发争议。很多人觉得为了便利,应当在工厂内开会,也有很多人因担心公司的影响,而反对这种主张。这种冲突使少数工厂超越两难的选择,提出了创造性的整合方案,即在工厂空地上建造员工俱乐部。由于工人普遍感觉在这里比工厂其他地方更加自由,所以一致同意以之作为签订劳资协议的场所。正是在这类冲突的建设性整合过程中,组织目的、各方权利以及成员目的被不断创造出来。与各种技术装置或者制度设计从外部施加的机制相比,这种过程能够提供更为深刻持久的组织经验。因此,整合的原则不仅是建设性解决冲突的办法,还是公共组织的基本原则。

整合群体过程的原则意味着公共组织的结构功能并不是去构想某种特定的人类联合形式,而是探索和学习与他人共同生活的方式。博克斯教授曾经在社区治理的研究中讨论了公共行政功能角色变革的可行性方案。他认为,公共行政职业者在组织管理和公共治理过程中,不仅可以扮演传统意义上的执行者与控制者的角色,还可以扮演帮助者的角色。这种角色处于政策制定和执行之连续谱系的中间位置,既不是顺从的技术专家,也不是独立负责的决策者。帮助者的关注焦点是引导决策和项目执行过程中的对话、协商与深思熟虑。类似于社区协调委员会就是以帮助者的角色为模型而建构的治理机构。该机构会让渡部分基层政府在社区层面的独立决策权,并引导以公民理事会为中心的对话过程。在如此建构的社区治理图景中,公共组织的技术议程逐渐让位于个体成员基于社区共同生活,通过交往互动创造公共利益和意愿。这类新兴的角色模型必须是在实际的治理过程中,于公共组织技术层级封闭性和制度层级灵活性的张力中建设性地发展出切实可行的方法。

〔补充〕虽然批判知识所界定的支配性权力关系不可避免地携带着抽象性的基因,但变革行动中组织群体的整合过程却可以不断清除这种抽象性。支配性权力结构并不是通过自然机制来实施控制的。这种结构源自人类的贪婪和恶意,并因掩饰和无知得以再生产,最后因公职人员对责任和判断的持续忽视开始进入并主导公共行政的过程。权力关系的动态过程由人类决定的片段绵延而成,并可能因人类的行动而得以巩固、改变和瓦解。某种精准界定权力关系的批判知识是对此动态过程特定时刻横截面的概念化,这类知识的功能是为推动建设性变革的行政行动提供最佳的发起点。但是变革型公共行政行为作为刺激所引起的循环反馈会使权力环境和相关个体的自我都发生改变。如果将变革型公共行政行为视为批判知识的刻板应用，则由此所致的最为轻微的消极影响将是因刻舟求剑而错失建设性变革的有效位置，后果严重者，还可能因破坏社会自发机理而滋生新的分裂和抑制。群体过程的动态性要求以变化的眼光持续对变革型公共行政行为的目标进行重新界定，并在创造性经验思维活动中不断调整解决冲突的方案。整合原则不仅是使变革行为有的放矢的金科玉律，也是弥合因批判知识之抽象性所致行政行为之分裂后果的金创药。因此，批判知识与整合原则并不是两种对立的理论，而是变革型公共行政相同哲学原理的两个侧面以及连续的变革行动过程中前后相继的两个环节。

三、变革型公共组织的职权建构

在摆脱身份筹划这种超越公共组织理论境况的西西弗斯式任务后，组织经验在哲学层面被澄清为某种创造性经验。变革型公共行政的整合原则可以在此基础之上推动公共组织的重构。这个环节仍待解决的问题是：对公共组织的主体架构进行变革型重构。面对这个问题，变革型公共行政的研究再次显示了自身与正统理论的重大区别。正统理论建立在政府机构和公民群体内部运作相互分离的基础之上，因此可以对公共部门进行孤立的研究。这种二分法可以追溯到古代中东的城市国家模型。这类国家以宗教、军事和经济为核心公共职能，其社会变革通常局限于以苏美尔的乌鲁卡基那为典范的纯粹财政问题。与之相对，变革型公共行政以古希腊城邦为模型，这种模型以公民内部的联合组织和相互扶助的社会控制与社会调节为主要职能。这类职能并不需要预设某个外在于公民群众治理行动的发起点。实现这类职能的行政行为通常运作于公共部门与公民群体的内部关系中，从而在政治社会整体中引发循环反应。

事实上,即使是在传统东方国家,这种古希腊城邦的核心公共职能也绝非彻底的异质要素。但这种在古希腊城邦中作为国家本质的职能,只在传统东方国家社会结构的最底层才具备运作的空间。令人遗憾的是,现代工业国家似乎以不可扭转的势头向比古代东方国家更为糟糕的政治社会堕落。即使是拥有公民自治传统的美国,也在大萧条、世界大战、冷战和恐怖主义的影响下发展为以军事和经济为主要职能的政治社会。尽管如此,由于人类境况具有无限可改变的潜能,致力于社会变革的公共行政仍旧肩负着从混沌中创造出未来政治社会的使命。因此,变革型公共行政的目标不仅是为解决当下复杂棘手问题提供某种替代性思路,而且要通过变革型公共行政行动同源创造出新型公共机构与公民群体。由于从事跨越边界工作的公共行政人员是变革行动的发起者,整合原则首先会因自我关涉的需要性重构出公共机构的权力和职位。变革型公共行政行动的外部效应意味着通过对公民进行整合而建构出作为基本政治单元的邻里组织。最终这种新型的公民组织会在与公共机构的内在关联中召唤出新型的法律模式,以变革原有的外在制度框架。

1. 职权体系的社会学分析

这部分内容试图按照变革型公共行政的原理来重构公共组织的权力和职位。当代公共组织的典型模式是等级制的官职结构,也就是通常所说的官僚制。这种制度分派每个官职以明确的职责与权限,并在此基础之上形成受规则支配的组织秩序。韦伯将官僚制视为典型的合法权威,并对这种制度进行了类型化研究。他认为,官僚制最典型的特征是其非人格的权威类型。公共组织中的典型权威人物服从于非人格的秩序,"他在发号施令时的行动会以该秩序为取向"。① 特定职位中的人只是作为公共组织的成员才服从于权威。他们的服从也是非人格秩序的要求,而不是出自被服从者自身的权威特质。官僚制中的职责是体系化劳动分工的结果,通常由必要的条款来赋予履行职责的权威,行政人员只需要照章办事。公共组织的职位遵循等级制原则,每个较低的职位受到上级职位的控制和监督。尽管很多经验研究现实组织实际上极少严格地与这种模型相符,但几乎无人会质疑这种理想类型的基本范式。

官僚制的理想模型通常被视为与公共行政角色最匹配的组织形式。韦伯认为,公共行政是以维持垄断合法实施强制权力的政治秩序为取向的社会行动。公共行政作为整体,可以被视为目的合理的行动系统。韦伯将目的合理性的行动规定为"对外部环境中事物和他人的行动有所预期,并以这些预期作为达成经过合理衡量和合理追求的合理性目的之条件或手段"。尽管目的合理性并不关注行动的终极目的,但会考虑终极目的特定作用。唯有内部分工只涉及特定处境中手段和目的的关系,而与终极目标没有任何关联时,目的合理的行动才可能获得最佳功效。官僚制的结构就是围绕这种最佳功效原理来设计的。正如西蒙所言,官僚组织的专业化分工模式,就是与目标实现的手段和目的体系保持一致的结构安排。② 这意味着理想类型官僚制等级式的职位安排只是内在手段和目的的中介成分。所以理想类型官僚制的任何职位都只是一个社会行动框架的组成部件,而不能被视为独立目的和理性行为的发起点。只有各个职位被建构为纯粹的技术手段时,这种等级式的官僚制才因具备实现最佳功效的潜力,而被韦伯视为公共组织最为合理的形式。

韦伯所论的是现代官僚制的理想类型。事实上只有源自资本

---

① 韦伯.经济与社会(第一卷)[M].阎克文,译.上海:上海人民出版社,2010.
② 西蒙.管理行为[M].詹正茂,译.北京:机械工业出版社,2013.

主义经济中的合理化力量①才能推动文官体系朝向理想类型的方向发展。为理解这种合理化力量对官僚制的影响，必须参照缺乏这种动力的制度实例。古代埃及、罗马帝国以及古代中国都曾在历史中发展出具有官僚制度特征的管理制。例如，古代中国专业化的文官体系在某些方面具有高度合理性，但其缺少增进合理化的强大动力。孔飞力通过对18世纪中后期长江中下游"叫魂"危机的分析，发现当时中华帝制国家首先是围绕诸如征税、治安和战争这类公共事务建立起来的组织机构。除此以外，国家还是一种君主官僚制的制度安排。这种制度是"由那些生活于等级秩序之中，其生涯取决于声望和权力、黜陟和安全的人们之间的各种关系所建构而成的"。作为制度侧面存在的政府，其实是公共组织各个职位上的官员采取目的合理的行动所形成的重复性实践模式。只要没有某种外在的合理化动力去削弱或阻碍政府继续为官僚制的运作提供象征性资源，高度合理的职权体系就不会按照手段和目的体系的功能分化，不断将自身改造成统一行动框架的组成部件。

传统公共组织职权体系中作为政府功能和政治工具的面向与作为官僚制象征性运作的面向之间充满张力。当按照手段-目的链和功能分化原则设计安排的职权体系需要以（无论是目的合理的、价值合理的、情绪的或是传统的）社会行动为媒介关联到公共组织的整体结构时，官僚制根据职权体系所分配的行政任务通常会受到相关职位行政人员的人格审查。某些情境中，这种人格审查意味着对行政命令的抵制。在1768年中国长江中下游爆发的那场巫术危机中，乾隆皇帝从中央下达的谕旨遭到了官僚体制的

---

① 《变革型行政的哲学原理》是一种新型公共行政的纲领性文件，文中提出资本主义经济对合理化的促进只是为了引出"官僚制的合理化动力"这个关键概念。出于聚焦主题的需要，本研究在这里并不对"内在于资本主义经济的合理化力量如何塑造官僚制"这个衍生主题加以讨论。如果读者有兴趣，马克斯·韦伯卷帙浩繁的著作以及黄仁宇的《万历十五年》都对这个主题进行了杰出的分析。

重重抵制。尽管并非所有的抵制都是值得颂赞的,但多数抵制行动都是经过深思熟虑的。有些行政官员害怕清剿会危及自己的仕途,还有些耿直的官员拒绝根据诬告之词迫害无辜民众。行政官员心照不宣的抵制途径也是多种多样的,他们通常从隐瞒事件和案情开始,当对信息先发制人的控制未能达到息事宁人的结果时,他们采取各种补救措施。因此,在这类缺乏合理化动力的官僚系统中,公共事务的功能分化体系与各个职位官员按照目的合理行动所建构的关系体系紧密交织在一起。在清帝国高度合理的政府结构中,官僚制的象征性运作为职权体系的目的合理行动搭建了平台。政府实现公共职能的手段-目的体系只有以个体社会行动为中介才能被整合进官僚制之中。

尽管源自资本主义经济的合理化力量并未抹杀公共组织中个体的社会行动,但不断朝向理想类型的官僚制却逐渐与社会行动体系相互分离。这种合理化力量推动官僚制职权的调整和改造,使之不断与功能分化的架构和手段-目的体系相吻合。对行政人员的生存研究或处境研究显明,这种趋势并不能轻易阻止人在行政管理的等级制中停止其存在。与传统政治科学所采用的外部观察者的视角不同,塔洛克试图以公共组织成员的内部视角来理解等级制的官僚体系。① 他的理想模型并非冷静、职业的行政人,而是公共组织中的政治人。他们为了在行政管理体制中获得晋级提升,而持续采取目的合理的行动。这种模型反映出,即便是在当代官僚体制的实际运作中,行政人员在各自职位上发起的目的合理行动仍旧能解释他们在体制内生活的真实境况。但问题在于:这种目的合理的行动是否仍旧被视为官僚机器运转的必要环节?现代官僚制的职权体系是否必须以其中政治人目的合理的行动为中介才能得到理解?如果我们所考察的是现代官僚制自我理想化的趋势,那么答案必然是否定的。

---

① 戈登·塔洛克.官僚体制的政治[M].柏克,郑景胜,译.北京:商务印书馆,2010.

2. 职权体系的符号学批判

只有将职权置于发生学的视野中,才能充分阐明官僚制在合理化压力下所发生的扭曲。判断某个共同体或联合体是否是组织的决定性标准,必须由秩序强制实施。这意味着组织总是由一些特定个人来确保秩序的遵守。正如韦伯所言,一个组织是否存在,完全取决于有没有一个权威人物或者有没有一个行政班子存在。换言之,组织的诞生以管理者与被管理者的初次职权分工为标记。最为简单的组织在蒙昧时代中级阶段的氏族社会中就已经出现了。氏族社会以原始共产和高度平等为特征。正如恩格斯所言,在这种社会中,"部落和氏族分为不同的阶级也是不可能的"。[①]所以诞生于平等共产条件下的组织绝不可能是社会既有等级结构的投影。这种环境中的职权分化和组织是自然产生的。只有出于狩猎和战争这类活动对统一指挥的需要,职权的初级分化才会发生,这种分化同时也创造出了灵活简单的合作组织。尽管这种原始的组织机构缺乏固定的形式与强大的控制能力,但其却能对当下问题作出及时回应。

公共组织中职权的分化更加注重话语的基础性地位。富于真知灼见的思想家从来不会抹杀公共组织与普通组织的区别,正如真诚的马克思主义者从来不会将资本家所占有的财产与无产阶级的财物等而视之。公共组织并非人在征服自然的过程中对集体合作需求的回应,而是对人与人之间激烈冲突的回应。当冶金、农耕和私有财产孕育出阶级和不平等时,人类社会内部就会爆发大规模的冲突。尽管有人相信征服是解决这类冲突的最终途径,但是在话语所建构的委身意愿出现之前,真正的政治社会根本不可能出现。即使不考虑依约建构政治社会的情形,话语机制仍旧是缺

---

① 恩格斯.家庭·私有制和国家起源[M].中共中央马克思恩格斯列宁斯大林著作编译局,译.北京:中央编译出版社,1999.

乏普遍性的政治团体中公民联合不可缺少的要素。①② 对拒绝采纳社会契约论模型解释公共组织起源的诺齐克而言，从保护性机构到最低限度国家之间的发展，都是依靠协商和话语机制来实现的。公共组织的职权分化在多数历史实例中同样是受话语机制所推动的。例如，正是受以色列人与他们领袖之间的冲突性话语的推动，摩西才在百姓中选立了70个人做百姓的长老和官长。现代比较典型的例子是北美殖民地后期出现的大陆会议，这个可供辩论或解决当时重大问题的全国性论坛在1776年前后逐渐发展成了美国政府的原型。因此话语机制是公共组织职权分化的基础媒介。

在公共组织的古典时期，语言媒介与职权安排都保持着和社会实在的真实关联。语言的词项交换存在两个维度：(1)每个词项与其指称物之间的关系。也就是每个能指与自己所指之间的关系；(2)每个词项与特定语汇系统中的其他词项彼此之间的关系。索绪尔将前者类比为货币可能用于交换之财产的使用价值；而后者则相当于货币自身在整个金融系统中的价值。波德里亚将词项的第一个方面称作语言的结构维度；而第二个方面则涉及语言的功能维度。③ 在符号系统发展的古典阶段，语言的两个维度紧密交织在一起。在职权分化的古典时期，使公共组织得以运作的话语机制也主要依赖于这种符号系统。由于该符号系统中语言的结构维度与功能维度处于彼此矛盾却又紧密联系的辩证关系中，由其内在语言机制同源建构的公共组织职权体系也具有这种二重

---

① 卢梭.论人类不平等的起源和基础[M].李常山,译.北京:商务印书馆,1999.
② 为了创造稳定的(尽管是缺乏正义的)秩序环境,富人会编造一些动听的理由去说服穷人。卢梭生动地模拟了富人的典型话语,他们说:"让我们团结起来,保障弱者不受欺凌,不让有野心的人得逞,保证每一个人都拥有属于他自己的东西;为此,让我们制定一些无论何人都必须遵守的保证公正和安宁的规章,让强者和弱者都互相承担义务,以便在某种程度上补偿不幸和命运造成的意外损失。总而言之,我们不但不把自己的力量用来危害我们自己,相反,我们要把它们集合成一个最高的权威,按照贤明的法律治理我们,保护团体中的每一个成员,抗击共同的敌人,使我们永远和睦相处。"
③ 波德里亚.象征、交换和死亡[M].车槿山,译.南京:译林出版社,2009:3.

性：一方面是职权安排在发生学上对当下事件的回应与指向；另一方面是公共组织内部各个职权之间的相互关系。公共组织古典时期的辩证特征表现为其职权设置对环境和事件的指向与其系统关涉性维度的矛盾统一。正如语言/货币与实在的关联都依赖于这种辩证关系，古典时期的公共组织也同样因之与社会实在保持密切关联。

在公共组织的仿象（simulacra）时期，趋于理想类型的官僚制逐渐被建构为某种虚拟的现实（virtual reality）。如果将公共组织与符号相对应的结构维度与功能维度的辩证关系规定为职权体系的现实原则，那么官僚制的自我合理化就是仿真（stimulation）原则取代现实原则来施行管理的过程。仿真原则要求职权系统自我关涉的功能指向与其向环境开放的对当下具体事件之指向相互分离。职权系统就会逐渐脱离源自具体事件的特殊规定性，而强化了仿象参照的自身有效性。这种进程可以借助韦伯古典官僚制的术语被表述为：在官僚制的理想类型中，基于特定职权的行政行为，由作为整体的社会行动逐渐被改造为公共组织功能系统中得以存在的手段/目的中介环节。当公共组织只能以纯粹的功能统一体来理解时，官僚制就达到了其理想形式。但官僚制的理想形式因切断了与现实世界的交流，成为由自我指涉之符号建构而成的超现实的公共组织。由自然的社会行为所充满的世界逐渐被由理性地组织化的官僚行为所导控的世界取代。在官僚制功能统一体中，高速传递的信息也逐渐脱离了赋予其人性特征的意义背景。在符号学意义上，这是一个现实被代码和仿真所吸收的超现实的过程。结果正如福克斯和米勒所言，官僚制的理想类型"根本就不是现实的东西，它们只是现实的扭曲"。①

---

① 福克斯,米勒.后现代公共行政:话语指向[M].楚艳红,曹泌颖,吴巧林,译.中文修订版.北京：中国人民大学出版社,2013:36.

3. 职权体系的现象学重构

官僚制的理想类型是根据目的合理之社会行动的纯粹体系所建构的分析术语。由于官僚制理想化的职权仅仅被构想为内在手段/目的之中介部分，特定职位上的行政行为只是某个行动（目的合理的行动）结构框架的组成部分。当各个职权脱离个体目的或价值合理的行动时，整个管理体系在形式方面被建构为某种虚拟的现实。尽管麦克吉认为，韦伯所提出的官僚制理想类型与其理解社会学只存在间接的关系，但对公共组织职权体系的批判性重构必须以对韦伯理解社会学的认识论重构为基础。韦伯的理解社会学是对19世纪末德国哲学界实证归纳与主观个体化之间非此即彼境况的回应。韦伯试图通过将主观评估引入对社会行动的分析，来弥合主客观世界之间的认识论断裂。这种努力集中表现在韦伯对行动概念的建构上。韦伯认为，对于行动中的个体而言，任何人类行为都附带某种主观意义，行为动机是对主观意义的概念化。韦伯也正是通过动机的概念来界定社会行动的类型。尽管这些类型远不足以涵盖所有存在的人类动机，但它们是对最为显著且具有指导性的动机所进行的合并与提炼。

理解社会学的建构使理想官僚制职权体系的阐释性范畴陷入了两难之境。官僚体系中基于职权的行政行为要么被解释为以利益为取向的行动要素，要么被理解为目的合理之社会行动的体系。如果基于职权的行政行为只是某种行动结构框架的组成部分，个体在公共组织中就是被抽象定制的，这样就会使内部的行政行为丧失了意义。如果理想的官僚制被理解为社会行动的复合体系，这种解释就会在组织认识论上遭遇著名的社会契约难题。由于纯粹目的合理的行为难以终结自然状态，所以几乎没有理论能够从这种前提中推导出公共组织这种大规模社会合作的发生。因此基于职权的行政行为并不能完全在韦伯目的合理行动的范畴下得到理解。事实上，韦伯的理解社会学对社会行动的建构存在三个紧密联系的问题:(1)没有区分某种文化现象之生产者所具有的意义与被生产出来之对象的意义,以致置身事外之观察者的视角无法设身处地地理解公共行政人员职权行动的统一性。(2)没有对"正在发生的行动"与"已经完成的行动"进行区分。(3)没有识别自我与他人之间的独特关系。所以,韦伯对社会行动作为意义与行为复合体的建构,难以对基于职权之行政行为做出正确解释。

自第一次明诺布鲁克会议以来,以科克哈特、哈蒙、福克斯和米勒为代表的学者将现象学应用到组织理论中,试图通过修正韦伯理解社会学的概念,来重构组织生活的意义脉络。现象学可以被界定为通过研究事物和事件与其所从属的意义背景之回溯性关联的表现和条件,去考察这些事物和事件的理论进路。现象学家首先对理解社会学客观主义视角的问题进行了修正。舒茨(与文下注许茨为同一人)认为韦伯并未如愿地对社会行动的原始成分作出界定,从而弱化了理解社会学本应具备的高度复杂性。意义并非如韦伯所述是被附加到行动之上的。在此基础之上,通过目的/手段所建构的合理行动的概念也不可避免地导致对社会实在的遮蔽。由于目的/手段使具有整体性的活动被分割为若干组成部分,因此固守客观姿态的观察者无从判断目标完成与否。观察性理解与动机性理解的相互结合,无法在参照行动者所预期之意义的前提下界定特定行动。舒茨试图通过在现象学意义上拓展理解社会学,修正韦伯在建构社会行动的问题上存在的缺陷。舒茨认为,"任何一种行动的意义都是它那相应的、经过设计的活动",[①]而行动则是对这种活动的实施过程。由于合理行为预设在不同手段之间进行选择的可能性,所以必须预先将行动设计为针对将来事件的回应。又由于这类行为具有各种已知的中介性目标以及作为其手段的固定原因,所以这种有计划的行动必须被理解

---

① 许茨.社会世界的意义建构:理解的社会学引论[M].霍桂桓,译.北京:北京师范大学出版社,2017:89.

为某种已经完成的行动。因此,当行动者以将来完成时态(modo futuri exacti)对待某事时,他就会采取目的合理的行动。

在现象学上得以重构之合理行动的概念仍然不足以解释公共组织中基于职权的行政行为的所有意义脉络。这类行政行为不能完全被化约为某种设计的实施过程,因而迫切地需要另一种意义脉络进行补充。这种解释的局限在于韦伯没有区分"正在发生的行动"和"已经完成的行动"。针对该问题,舒茨区分了两种类型的动机:目的动机与原因动机。上文所述"以将来完成时设计出来的,使行为以之为根据而获得其取向的活动,便是对于行动者来说的目的动机"(Um-zu-Motiv)。与之相对,原因动机不是根据某种将来完成时态的设计过程来说明行动的,而是根据行动者过去的经验来说明这种设计的原动机(Primum Mobile)。例如,当某人被问到他为何在下雨天撑开伞时,他回答为了避免被淋湿。此人为避免某种让人觉得难受的情境,通过某种将来完成时态的设计取向来采取行动。所以此人的回答是对目的动机的陈述,但该陈述却掩盖了行为的原因动机。舒茨对此情境中的目的动机进行了重构:下雨作为发生的事件,使此人想到被雨淋湿的糟糕体验。此人可能选择跑到某处避雨,或者撑开自己的伞。用以构造此人撑伞行动之设计的动机就是真正的原因动机。这类动机所激发的体验必然具有过去完成时的时间特征。

舒茨对社会行动的重构能够避免公共组织职权体系的解释陷入"目的合理行动的组成要件"与塔洛克之"目的合理行动的体系"的两难之境。前者将职权行为理解为等级制度的中介环节,后者则将行政行为理解为以晋升和生存为取向的目的行为。事实上,对公共组织中大多数以晋升为取向的目的合理行动而言,组织身份与经验都临在于具体事件中。这种在场并不是通过将职权系统抽象地建构为功能分派的中介环节实现的,而是通过某种原因动机对行政行为设计之构造才得以实现。例如,行政管理部门的会计工作不能仅被理解为获取薪资和晋升的目的合理行为,但也不能完全被理解为根据上级命令和相关规则记账和报表的应答机制。无论是管理会计还是财务会计，或多或少都将某种程度和形式的社会合作经验作为构造其设计的基础。这类经验主要是指组织经验，但对持变革立场的公共行政人员而言，还包括更加广泛的社会合作经验。已经完成的社会合作构成了公共组织成员共享的总体性经验的复合体。在这种现象学的认识论图式中，通过规则得以明确表述，并借助物理机制得以确保的职权体系，实际上是对过往合作经验中各个行动者角色的客观化与沉淀。事件或行政命令的刺激，在不同程度上使行动者注意这种由多种角色复合而成的合作经验，从而构造出推动基于特定职权之行政行为的设计。

本研究在认识论部分已经阐明自我的超越性，因此，用以构造职权之原因动机的意义脉络，不能被理解为以规则体系为媒介所实现的自我关涉。对于公共组织职权体系这类社会实在而言，自我与他人之间的关联具有本质重要性。但由于韦伯并未关注自我与他人关系的独特性，因此理解社会学无法区分"将他人作为物理对象来把握"与"将他人作为某个不同的自我来把握"的意向性区别。仅按照前者来构造职权行动的认知图示会扭曲公共组织的实在特征，这正是当代大型组织在其内部与外部均表现出客观性的原因。[①] 与之相对，用以构造公共组织职权行为之设计的合作经验，必然涉及"汝取向"的社会关系。舒茨将"汝取向"界定为自我以原初自我的方式来把握他人之行动所具有的意向性。"汝取向"可能具有单向性，也可能具有交互性。只有当公共组织的成员彼此都觉察到对方时，基于职权的组织合作才是可能的。因此公共组织中基于职权的行政行为不仅是"汝取向"的，还是从"纯粹我们关系"出发得以构造的。这意味着公共组织各个职位上的行政人员都生活在彼此的意义脉络中。

---

① Richter A. The Existentialist Executive[J]. Public Administration Review, 1970(4): 415-422.

基于舒茨对韦伯社会行动概念的现象学重构，研究者可以对官僚组织职权体系客观化的过程进行描述。由于公共组织职权系统的自然分化是其成员为回应具体需求，在相关事件的刺激之下所作设计的实施，所以职权行为在发生学上是公共组织成员基于"纯粹我们关系"的协同构造。他人在这类关系中总是被作为主体对待，其生活世界也共情地参与职权行动的设计中。由于组织成员的目的动机和原因动机相互渗透，所以合作安排可以在面对面的直接情境中实现，而无须某种将他人客体化的设计行为介入其中。这种情境下的职权分化并非某种技术文件或政治会议的安排，而是形成于合作行动本身的能量场中。随着个体行动者对他人感知数量的下降，以及用以观察他人的视角范围的萎缩，他人对该个体的观察保持开放状态的反应总数在不断下降。所以，与接近纯粹主体间动机的协同式的"我们关系"相比，所有其他形式的社会关系都包含着越来越少的具体信息，这些关系中个体之间的相互观察也越来越抽象。

只有当某种解释性框架能够区分直接经验的具体化阶段与实现阶段时，才能在抽象性不断增长的社会行动谱系中界定公共组织职权关系的理想类型。公共组织成员的职权行为在某种程度上依赖于以意向性方式对待他人的设想，这种设想必须以某种理想类型为依据。舒茨通过两种方式来理解人类行为的理想类型。这个概念首先是指行动者正在或曾经以某种方式表达自己的意思，它还可能指作为表达过程的指号来对各种外在结果加以解释。舒茨将前者称为个人性理想类型，将后者称为行动过程理想类型。后者以纯粹客观的意义脉络呈现出来；前者作为主观意义脉络的产物具有派生性，只有在行动过程理想类型的基础上才能被构想出来。任何对象在某种程度上都是这两种理想类型的混合体。行动过程理想类型所占比例越高，行动者所构想之对象的匿名性就越高。可见匿名性是行动过程理想类型与整个意义脉络正向关联的函数。社会行动/关系的匿名性的公式可以被表述为：A

(Anonymity) $= f(M)$ [$M = C$(Course-of-action Types)$/P$(Personal-ideal Types)$+C$(Course-of-action Types)]。当行动/关系取向的匿名性程度越高，这种行动/关系由客观意义构造而成的程度就越高。

界定公共组织职权所涉及的理想类型要求将匿名性谱系上分布的各种社会行动/关系类型化。这个谱系的起点是直接或自然经验所呈现的"纯粹我们关系"，此类关系是由面对面情境中充满活力的互动塑造而成。尽管这类活动并不必然会导向合作，但任何抽象的知识都会在直接互动所涌现的自然经验中得到修正。个人性理想类型在这种面对面的关系之中高度活跃，所以行动者对他人性理想类型的构想具有高度敞亮性以及最低限度的匿名性。虽然现代典型的公共行政几乎将"纯粹我们关系"彻底边缘化，但这类关系曾经在中国传统乡土社会的治理与美国受邻里关系推动的行政模式中占据过于重要的地位。例如，中国传统乡土社会人与人之间因长时间、多方面、经常性的照面与接触而产生亲密的感觉。这感觉是无数次的小摩擦里陶炼出来的结果。[①] 从这类关系经年累积而成的礼俗是传统社会乡村治理所依赖的规则。这类规则可以使人从心所欲而不逾矩，因此以之为参照的治理体系只具有最低限度的匿名性。

随着面对面情境与个人理想类型在对象结构中所占比例逐渐降低，社会行动/关系的匿名性随之增加。在匿名性谱系中排列倒数第二位的关系被舒茨称作"性格性"理想类型。这类理想类型涉及将某种间接经验引入面对面的情境。例如，某乙在面对面的话语交往中，向其所熟知的某甲讲述与甲未曾谋面的某丙的有关事情。某乙的讲述以其直接经验所建构的有关某丙的理想类型Ⅰ为基础。但某甲在领受时，基于自己的注意、旨趣和判断，将理想类型Ⅰ修正为有关某丙的理想类型Ⅱ。理想类型Ⅱ对自然经验所呈

---

① 费孝通.乡土中国 生育制度[M].北京:北京大学出版社,1998:10.

现之某丙的偏离程度要大于理想类型Ⅰ，所以某甲对某丙的对象化架构具有更高层次的匿名性。但是，由于某甲是通过与之处于面对面情境中的某乙为媒介来建构某丙的理想类型，所以某甲并未脱离自然经验而进入抽象的操作环境，他只是将某种间接经验引入了自然经验。公共组织中小型项目组成员之间所建构的领导角色，以及邻里组织对公共行政/服务人员的初级委派都保留了这种性格理想类型的建构。

基于性格性理想类型对公共行政职能的初级委派是公共能量场的原型，当面对面情境中插入性格性理想类型的媒介之时，就出现了某种意向性融合。这种意向性融合使自然经验与直接话语中在场的各方具备了集体谋划/设计/构造的潜能。亚里士多德将以前仅以潜能形式存在物的实现称作能量。在社会领域，人们针对当下不断变化的处境进行筹划的进程中所发生的意图、情感、目的和动机构成某种能量场。相对于原子化个人或拟人化组织这类传统社会科学的分析概念，能量场是在主体之间建构起来的概念。这种场域是由意识流在主体之间传递所形成的，人们的交往活动与重复性实践在某种程度上也是由这种意识流的变化与传递所建构而成的。唯有当意识流离开赫拉克利特意义上纯粹流变的直接情境，开始围绕某种在面对面处境中主体之间共享的间接经验时，公共事务的对象才会以性格性理想类型的方式被建构出来。尽管由性格性理想类型所建构的对象在双方或多方面对面的话语以及互动中，因位格缺乏临在而不可避免地具有一定程度的匿名性，但自然经验与直接话语的运作又能够不断降低这种匿名性或抽象性。当某种角色或行为类型按照性格性理想类型的方式作为公共事务被构造出来时，就形成了公共能量场的原型。

与性格性理想类型相对，从特定文化背景中个体的行动模式与职能中被构造出来的对象被称作"习惯性"理想类型。例如警察的概念就属于某种习惯性理想类型。对于城市居民而言，警察就是以国家强制力为后盾去管理辖区秩序并矫正违法行为的人。这种理想类型主要是从行动过程的客观意义脉络中被构造出来。与依赖自然经验和面对面情境的"性格性"理想类型相比,习惯性理想类型具有更高的匿名性。公共组织内部各个职位上行政人员之间的合作以及公民办理登记或申请复议等事务通常都以这种理想类型为行动的背景设计。例如,在公安机关办理身份证件时,任何人都无须考虑办理此项业务民警的人格或构想与之相关的主观意义脉络。人们只需知道必须携带的相关材料以及办理流程即可。在公共组织职权体系的发生学上,这种理想类型与公共行政/服务人员的次级委派相关。在美国历史早期,存在大量通过合作行动管理公共事务的社区,这使地方公共治理持续维持在较低的匿名性层级上。由于广泛参与的合作行动要求每个人时刻处于回应公共事务的待命状态,这种社区治理模式给经济等其他领域的事务带来了不便。诺齐克指出,这种不便最终可以通过劳动分工和交换加以解决。[①] 社区居民委托某些人代表他们,并雇佣一些人来专门处理公共事务。通过劳动分工所实现的公共能量场的层级分化,各种基于职权的理想类型被匿名地构想出来。

在"习惯性"理想类型中,最为典型的是秩序取向的理想类型。当某种理想类型是被行动者从特定背景之规则取向中建构出来时,这种建构对象的方式就是秩序取向的。无论这里的秩序或规则是具有成文法的规范形式,还是作为习俗被特定群体所有个体心照不宣地实践着,对其解释都具有对文化背景的路径依赖性。这与按照某种反复出现之行为模式的统计概率建构而成的理想类型具有本质区别。尽管二者都涉及某种规则的运作,但秩序取向的理想类型是主观意义脉络运作的产物,而社会科学的理想类型则服从于客观意义脉络的设计。虽然社会科学的理想类型与秩序取向的理想类型都是行动者根据反复出现的行为模式构造出来的,但是前者在运作中包含使基于统计概率建构的行为模式永恒

---

① 诺克齐.无政府、国家和乌托邦[M].姚大志,译.北京:中国社会科学出版社,2008:15.

化的意图。如果硬要将两种规则都称作秩序,前者也应该是哈耶克意义上的内在秩序(Cosmos),而后者则属于某种极端类型的外部秩序(Taxis),或用以建构虚拟事实的组织秩序。如果相似的客观意义脉络主导特定人群相互建构以秩序为取向的理想类型,那么这些个体的集合就构成联合体(Interlinkage)。这个概念并不限于韦伯意义上与共同体相对的,以利益平衡或同意的理性动机为取向的联合体(Vergesellschaftung),[①]而是涵盖了各种各样的互动模式。

相对于秩序取向的理想类型而言,"组织性"理想类型具有更高的匿名性。其不仅是从特定文化背景之规则中构造而来,更是按照某种权威体系与团结纽带建构而成的。当特定群体的所有个体都按照相似的客观意义脉络,将彼此构造成组织性理想类型时,这些个体的集合就是组织。除了家庭之外,几乎所有的组织单元都具有权威关系。这种关系作为客观意义脉络,只存在于百节各按各职且紧密团结的公共整体中。这并不是说只在以性格或习惯理想类型相互构造之社会关系的参与者之间具有平等性。例如,受特定地区民事法律秩序所约束的每个人,都按照客观意义脉络将对方构造为具有平等关系的主体,他们构成一个联合体。但年龄、性别、财富、阶级、性格、职业、政治或心理力量的差异使联合体的各方在事实上处于不平等的权威关系中。这种权威关系并非联合体不可或缺的结构要素,但组织却以权威结构为基本要件。此外,当这些差异越来越广泛地参与以秩序为取向之理想类型的建构时,相应联合体的匿名性程度会不断降低。在组织性理想类型中,伴随权威等级的参与而引入的额外匿名性通常具有相对稳定性。

权威等级的出现使公共能量场发生第三次职权分化,这是意向性聚集体在导向行政组织的方向所迈出的决定性步伐。在公共

---

① 韦伯.经济与社会(第一卷)[M].阎克文,译.上海:上海人民出版社,2010.

组织发生学的早期阶段，共同体可分化出某种专门的联合体，去应对几乎所有的公共事务。随着共同体规模的扩大，公共行政系统在外部压力与内部张力的共同作用下抵达某个临界点时，基于次级委派的职权体系就会出现控制危机。马克思曾提出，公共事务的危机控制能够通过社会自主管理得到缓解甚至消除。这种后资本主义社会的可能性与公共组织发生学的史前阶段相互近合，以至于其广泛的社会合作体系足以补偿因私人或生产系统运作所致公共事务的亏损。但是马克思深知，这种未来社会公共事务的管理模式只有在相当有限的意义上才与技术的面向有关。如果缺乏自我身份之筹划方向（非结构）以及与之相关的技术和主体间关系在末世论架构下所发生的激进变革，公共事务的共产主义模式不可能出现。就目前人类的整体境况而言，权威结构是应对危机控制的必要设计。图 6-2 所展现的是构造对象的类型、公共能量场的形态、社会关系的标志性特征以及社会关系、实在的类别于匿名性增长谱系中的分布以及其相互之间的对应关系。

构造对象的类型	公共能量场的形态	社会关系的标志性特征	社会关系、实在的类别
个人性理想类型	公共能量场的原型	面对面意向汇聚	纯粹我们关系
性格性理想类型	公共能量场的初次分化	临时性功能委派	社群团体关系
习惯性理想类型	公共能量场的次级分化	横向的功能分派	社会联合体
组织性理想类型	公共能量场的三级分化	纵向的权威分派	组织个体结构

图 6-2 匿名性增长谱系

通过横向功能分派与纵向等级分派实现的公共能量场职权体系的三级分化使公共组织的个体结构得以形成。权威是特定关系理想类型，这种关系的双方分别按照相互补充的客观意义脉络将彼此构造为对象。居于权威地位的行动者能够根据"不顾他人反对去贯彻自身意志"的过程来设计其行动。① 而这种权威的受众则需根据"在相应事项中排除贯彻自身意志"来设计行动。得到广泛接受的权威结构作为客观意义脉络运作下形成的过程理想类型，需要通过主观意义脉络的关注和激活，并以行动者根据环境所做的判断为媒介，才能参与具体行政行为的设计中。由于命令向执行的转化并不依赖于权威体系中各种职权的客观化定着，所以权威结构的存在并不必然导致某些明确的命令得到特定群体按部就班地贯彻执行。构成公共组织基础特征的权威结构比严格规则所建立的职权结构具有更高的灵活性。奥克肖特曾经以古罗马政治经验为例，对权力（Potestas）与权威（Auctoritas）进行区分。他认为权威的运作不能被限制在特定的范围与方式之内。与之相对的是具体可定义的，根据特定职务有权利和义务去行使权力。古罗马的护民官与执政官被赋予了属于其职位的特定权力，但由于元老院在施加其影响力时，在范围与方式方面所受的限制更少，所以很多人都认为贵族元老院享有的就是特定的权威。

如果某类组织只具备按照权威结构分派的职权体系，却并不依靠韦伯意义上的支配或纪律来实现其统一性，就构成沃伦·本尼斯和拉里·科克哈特所提出的社会协同型组织（Consociated

---

① 这种客观意义脉络的界定是通过对韦伯关于权力之定义进行现象学改造所获得的。韦伯将权力定义为"在一种社会关系内部，某个行动者将会处在一个能够不顾他人的反对，去贯彻自身意志的地位上的概率，不管这种概率的基础是什么。"（原文引自：马克斯·韦伯.经济与社会第一卷[M].阎克文,译.上海人民出版社,2010:147.）在翻译韦伯权力（Macht）的术语时，帕森斯与本迪克斯和罗斯存在不同的意见。帕森斯认为"Macht"总是与正当性的概念有关，所以应该译为权威。但是本迪克斯和罗斯则认为这个术语应当被翻译成"统治"或者"支配"，以突出"命令与服从"的关系结构。但韦伯在解释"Macht"时提到：这个概念并不必然蕴含某种"固定的界限"。以至于某些各人素质或者条件组合都可以使某人处于将其自身意志强加于特定情境的地位。由于韦伯将"Macht"与具有明确命令内容的"Herrschaft"以及"Discipline"区分开来，所以这里按照帕森斯的理解将"Macht"理解为权威。另外由于变革型公共行政拒绝理解社会学预设中立客观之观察者的研究支点，所以这里在界定"Macht"概念之时舍去"将会"与"概率"这种描述性术语。对于行动者而言，权威关系并非某种重复性实践的概率值，而是为其所接受的（因而多少具有一定程度合法性的）某种用以设计其行为的原因动机。通过这种方式，本研究将韦伯对权威的定义改造为某种行动者用以在权威关系中构造其行动的客观意义脉络。

Organization)。这类组织并非不存在内容与形式方面受到明确界定与限制的命令与服从(执行)结构,但是在理想类型的社会协同型组织中,个体根据职权所配置的制度资源与操作模式并不是永恒不变的。换言之,社会协同型组织的职权分派并不是根据建构组织运作的程序规则在先验的环境中所确定下来的,而是(用福列特的话说)根据具体情境所做出的临时安排。^① 所以,社会协同型组织的职权体系不过是按照权威结构分化的客观意义脉络,而并非某种由严格的规则体系搭建而成的具有客观化性质的"准物理结构"。这种客观意义脉络只能借助具体情境中新生事件的刺激或者变革型公共行政行为所识别的公共需求才能激活,最终参与构造职权行动的进程中。因此,社会协同型组织的基本工作单元是项目组,而不是由固定运作规则所建构的行政班子。

社会协同型组织中具有权威地位的个体并非为官僚组织中基于规则体系的命令链中传递意志的信息发送者,而是在公共能量场意向性汇集的交接点上能够按照搜集、转化和传导流通动向的方式构造其发号施令行为的行动者。权威结构使行政领导以合法的姿态驻扎在公共能量场的交接点上。这些居于权威地位的行政人员能够对意向性的流通动向进行优先的信息化处理,并以具有排他性的方式将意向汇聚点上的信息搜集起来。这并非功能主义理论对运作机制的描述,而是领导和下属用以设计行政行动的客观意义脉络(或过程脉络)。行政领导作为转换器,能够将所搜集的信息输入公共组织的主导功能技术系统,最终在公共性的方向构造出某种承载行政信息的意向性。这种意向性将沿着动量矢量的方向产生影响。下级职能部门或个人将这种动量矢量接受为富于意义的筹划,并以之为客观意义脉络的组成部分,通过构造设计过程参与各自行政行动中。这里并非描述下级职能部门的功能运作,而是重构职权行为的原因动机。直接经验中的多种因素都随

---

① 福列特.动态管理[M].杜子建,译.北京:北京理工大学出版社,2014:43.

时可能将构造这种原因动机的客观意义脉络重新纳入主观意义脉络的运作,这种运作可能使意向流通得到更新或者取消。无论是何种结果,这都意味着斯蒂福斯所说的行政行动与道德自我的对话。[①]

维持在这种基本个体结构层面的公共组织具有最低限度的匿名性。当匿名性程度进一步增加时,作为客观意义脉络参与行动构造的职权体系就逐渐丧失其转变为主观过程的可能性。当职权范围像韦伯在分析合法权威的基本范畴时所说那般,由系统劳动分工所分派的固定位置得以界定时,主观意义脉络就难以根据具体情境参与公共组织的职权安排。这类官僚制公共组织的职权行为开始服从于某种非人格的秩序,其匿名性程度与维持在这种基本个体结构层面的公共组织之间相比已经发生了决定性的增长。由于任何社会现象都是主体之间建构的产物,即使是在客观意义脉络中得以运作的过程理想类型也应随时保持以主观意义脉络的方式被激活。当职权结构与个人理想类型在主观意义脉络中发生碰撞时,原有的行政过程就可能被改变。这意味着职权结构在环境变化和联合行动的影响下不断被重新界定。只有当特定技术装置将系统劳动分工的职权安排固定在科层结构之中的时候,职权结构与主观意义脉络的关联才受到阻碍,从而导致公共行政体系转变为公众的匿名代理人。

尽管很多研究者为减少当代社会治理过程中的负效应而寻求官僚组织的替代模式,但只有匿名性的过度增长才为拒绝这种公共组织模式提供了道德上的充足理由。拉里·雷恩认为,政府行为的复杂结构与庞大规模使官僚组织的中心化控制难以实现,[②]这使很多人开始探索行政分权模型、邻里控制模型、矩阵模型等非

---

① Stivers Camilla. Governance in Dark Times[M]. Washington DC:Georgetown University Press,2008:145.
② Wamsley L G, Wolf J E. Refounding Democratic Administration[M]. London:Sage Publications,1996:245.

官僚制组织模式的现实可能性。但本研究并非是为回应缺乏治理效用的问题,而是将官僚制度的理想类型视为在道德上对某种边界限制的逾越。当匿名性开始阻碍职权安排进入主观意义脉络时,现代组织内部就会发生去人性化的现象。在斯坦福模拟监狱实验中,由严格等级制的职权规则所确保的劳动分工系统仅用了六天时间就使接受实验之学生的真实身份让位于监狱场景中的虚拟身份。① 这意味着基于严格官僚制组织的规训体系可以通过匿名性运作,使自我观念与人类价值都被暂时悬置起来。

　　剩余的匿名性能够将某种毁灭性的邪恶引入现代公共组织的运作之中。在历史上,公务人员按部就班执行职权的行为曾经是纳粹大规模屠杀犹太人的组织支持和技术保障。如果职权安排只是通过精确界定、详细规制与服从法律来实现系统劳动分工,就难以分辨对犹太人的清洗和任何的现代组织过程之间的区别。由匿名规则体系所固着的命令/服从的权威结构以精致的形式和理所当然的风格,将可怕的大屠杀掩饰成道路运输的财政问题或者排污设施的设计问题。当纳粹党卫军中校阿道夫·艾希曼于1961年在耶路撒冷接受审判时,他不断诉诸大型公共组织雇员的身份,将自己的行为辩解为官僚程序的要求。在阿伦特看来,"艾希曼不是伊阿古,也不是麦克白,在他的内心深处,从来不曾像查理三世那样一心只想做个恶人"。② 只是他在执行职务时,从来未曾将技术规则建构的权威结构代入主观意义脉络去考量。所以尽管艾希曼并不愚蠢,但他却从未积极反思自己的职权行动。之所以没有人能"从艾希曼身上找到任何残忍的、恶魔般的深度",是因为公共组织彻底吸收了其内部个体存在意义上的危机。艾希曼与纳粹组织的案例(尽管具有极端性)足以证实在某种公共组织中,个体道

---

① 艾赅博,百里枫.揭开行政之恶[M].白锐,译.北京:中央编译出版社,2009.
② 阿伦特.艾希曼在耶路撒冷:一份关于平庸的恶的报告[M].安尼,译.南京:译林出版社,2017:306.

德的失范可以通过更高级别的官僚理性获得辩护。① 因此,在奥斯维辛集中营所发生的并不是对公共行政的大规模背叛,而是匿名性增殖埋藏在现代公共组织中的潜在可能性。

具有最低限度匿名性的公共组织针对的是不特定公共事务,是按照特定权威结构联合起来的集体行动系统。首先,作为事务性领域,公共组织并不是由特定规则体系所建构的秩序。灵活应对具体事务是降低由非人格化规则体系引入之匿名性的重要途径,它使人类的全备经验与丰富的可能性不至于被公共组织彻底耗尽。所以,组织技术的革新不能以准确建构职权的规则体系为方向,设计出"不再需要人去做好人"的完美制度方案。② 其次,政府出于公共治理的需要,必须涉足不特定的事务性领域。现代欧洲历史上曾经出现的目的政府(Teleocracy)观念将公共组织理解成为追逐特定目标而组织起来的个体与资源的集合体。例如,16世纪欧洲奉行重商主义政策的国家把政府理解为某种经济组织,其主要职能是实现特定的经济目标。在历史上,战争也使很多国家转向了这种对公共组织的理解和建构。但只有当所有类型的公共事务都被纳入相关个体的主观脉络时,公共组织的匿名性才能维持在最低限度。

公共组织匿名性的持续增长主要是受后传统环境下大型政治社会持续攀升的控制压力推动的。工业革命早期阶段开始形成的基于专业化劳动分工和固定模式行政管理系统的官僚制是为应对个人任意、裙带和残忍行为,以发展出精确、秩序和公平的组织实践。③ 既然边界限制拒绝匿名性超出形成公共组织个体结构要求的最低限度,那么如何在较低匿名性的环境中发展出使公共行政有效运转的控制技术?这就要将公共组织的匿名性维持在最低限

---

① Denhardt R B. In the Shadow of Organization[M]. Kansas: University Press of Kansas,1981:85.
② 纪克之.现代世界之道[M].刘平,谢燕,译.北京:北京大学出版社,2010:33.
③ 本尼斯.经营梦想[M].姜文波,译.杭州:浙江人民出版社,2017:102.

度之内，这样权威结构就不能通过系统化的技术装置固着于等级制的劳动分工职权体系之上。这意味着公共组织在回应各类需求的同时，不能将系统的匿名性从外部强加给具体处境中公共事务的自然管理。当这种匿名性被剥离后，公共组织的基本单元就由具有固定职权安排的行政班子还原为灵活多变的项目组。在以项目组为基本单元的组织中，各项职权安排是针对具体环境和各类事务具有强大适应性和迅速反应性的临时系统。这种具有替代官僚制潜能的社会协同模式与官僚制组织结构特征的比较如图6-3所示。

图6-3　社会协同模式与官僚制组织结构特征的比较

社会协同模式能够排除因组织自我维持而产生的剩余匿名性。这种理想类型在借鉴矩阵模型（Matrix/Mckinsey Matrix）的基础之上，将公共组织的基本单元规定为临时项目小组。这些项目都具有明确的完成日期，并且在预算、人事、采购和总务等方面具有较高的灵活性与自主性。当某个项目完成的时候，组织能够根据当下的环境与需求，决定是否重复这个项目，以及以什么方式重复这个项目。其中人事安排并非出于对管理规则的抽象演绎，而是出于应对当下事务的临时配置。尽管本尼斯和那些推崇矩阵模型的理论家拒绝垂直方向的等级分工添加给组织的匿名性,但他们却忽视了水平方向的专业分工对组织匿名性带来的增长。模拟技术环节水平分化的过程理想类型会阻碍人们在主观意义脉络中对于整体上把握人类联合的目的与意义,这可能使组织的匿名性增长到最低限度之上。如果项目小组的合作仅仅被理解为各个专业职能的组装运转,那么整个项目就可能因专业性的阻碍而无法得到主观意义脉络的审视。正如彼得·伯格所指出的,按照专业化流程生产出来的齿轮,最终既可能进入某辆载客汽车,也可能被运用于某种核武器之中。[①]

社会协同模式与矩阵模型之间最显著的区别在于:前者能使作为技术环节的劳动分工不受阻碍地按照主观意义脉络的运转整合进入整个协作体系之中。正如哈贝马斯对当代大型组织所作出的诊断:主体之间的社会协作不能只在技术过程的客观框架下得到理解。社会协同型组织的职权体系不能被视为技术过程劳动分工的直接安排。即使是建立在专业知识辎重基础之上的社会协作也必须同时具备两种要素,按照技术环节配置角色的方法,以及个体之间(通常是在面对面情境中,或者至少是以语言为媒介的)基于公开达成的共识而实现的互动协作。前者赋予组织协作以技术过程的连贯性,而后者则有助于将组织的匿名性控制在最低限度的范围之内。为了避免社会协作因彻底臣服于技术过程之分派而产生剩余匿名性,必须在各个技术环节之间安插某种公共交往的媒介。[②] 尽管并非任何形式的公共交往都发生在几乎不产生额外匿名性的面对面情境中,但是日常生活(非技术性)的话语媒介也能有效阻止匿名性的增长。

将社会协同模式与纯粹的矩阵模型区别开来的范例是美国马

---

① Berger Peter, Berger Brigitte, Kellner Hansfried. The Homeless Mind: Modernization and Consciousness[M]. New York: Vintage Books, 1973: 27-28.
② Lisa A Zanetti. Advancing Praxis: Connecting Critical Theory with Practice in Pubic Administration[J]. American Review of Public Administration, 1997, 27(2): 145-167.

歇尔航天中心火箭发射计划的负责人沃纳·冯·布劳恩对太空计划管理的变革。休斯顿太空发射中心的工程师普遍将以统计学模型为基础的安全性数据之间的拟合视为火箭成功发射的可靠保障。冯·布劳恩却认为这些数据是抽象且不可信的。他认为,在与安全性有关的各个技术环节方面,真正重要的是那些直接介入改进火箭各个部件之人对实际飞行状态下这些部件可靠性给出的深思熟虑的判断。在对火箭发射的安全性项目进行评估时,冯·布劳恩只是简单地询问了各个环节项目组的成员:"克劳斯,你认为调压泵有什么问题吗?""没有。"克劳斯说。"埃里克,在你看来回转仪有什么问题吗?""没有。"埃里克回答,诸如此类。询问完毕,冯·布劳恩报告说:"我的可靠性数据是:没有,没有,没有……"。① 这类面对面处境中达成的共识或以话语为媒介的整合,确保了组织将从技术分工所致碎片中产生的匿名性控制在道德上可以接受的范围之内。唯有当公共交往充分介入技术环节的整合过程时,社会协同型组织才会出现。

〔补充〕理想化的官僚制可以通过与克里斯马型权威相结合,补偿剩余匿名性对公共组织造成的破坏性影响。② 由于克里斯马型权威可以将某种生机勃勃的主观意义脉络引入公共组织,现代官僚制相较各类公共组织更为需要这种因素。③ 降低公共组织匿名性的要求可能会推出将克里斯马型权威引入官僚制的结论。但是韦伯主要是在议会民主制的前提下对克里斯马型权威持相对乐观的态度,他也确实未能在 1919 年之前预见到克里斯马型权威煽

---

① 麦克斯怀特.公共行政的合法性:一种话语分析[M].吴琼,译.北京:中国人民大学出版社,2002.

② 这并不是一个正确的命题。因为在韦伯看来,克里斯马型权威属于超常类型,"因而总是与理性的、尤其是官僚制的权威形成尖锐对立"。而且正如阿伦特所言,类似于希特勒这样的政治领袖也并非韦伯克里斯马型权威的实例。而且阿伦特也正确地指出,尽管斯大林曾经表现出某种克里斯马型的权威,但这不过是他从列宁那里所继承的权威类型。所以这里论及的其实并非是韦伯意义上的克里斯马型权威,而是类似于 20 世纪 30 年代中期于德国官僚制之上所出现的那种权威类型。

③ 莱斯诺夫.二十世纪的政治哲学家[M].冯克利,译.北京:商务印书馆,2002:39.

动家希特勒的崛起。对克里斯马型权威与官僚制相结合的积极立场显示出匿名性概念的局限性。事实上,匿名性不仅阻碍公共组织职权过程在主观意义脉络中被激活,也抑制或破坏了通过主观意义脉络运作形成的自发结构(这种结构通常是个体之间通过协作交往所建立的模式)。所以,过分剩余的匿名性在官僚制内部导致的对主观意义脉络的饥渴,可能压倒公共组织对主观意义脉络的结构性需求。这导致现代官僚制可能通过接受无差别的主观意义脉络运作权威,最终吞噬官僚制发号施令的科层结构与理性权威,使权力意志不经任何中介就降临于底层。尽管普通的官僚制并不一定会酝酿出这种后果,但其对公共组织主观意义脉络自由运作的阻碍确实可能将某种具有结构破坏力的权威类型引入官僚制。①

四、小结

为了使变革型公共行政行动不再停留在社会批判的否定性层面,就需要为公共组织及至整个组织化社会提供某种替代性的组织原理。现代官僚组织之所以可能阻碍公共机构的实证形式去吸收变革型公共行政行动的种种成果,其在哲学层面的根本动机是公共组织的各项筹划受到组织身份建构问题的捆绑。当组织的制度结构、运作机制和技术方案不是为了解决行政管理工作当中的实际问题,而是为了将组织的身份认同从无中建构出来时,就可能使某种理性控制的根本动机主导公共组织的各项筹划。这种动机不仅会使公共组织成为压抑人性的机构,也会使变革型公共行政行动所推动的社会变革因错误的组织方式而遭受挫败。事实上,任何组织的身份都是在组织实践的自然经验中所给定的,任何设法通过理论、机制和技术去筹划这种身份的努力都超出了人类的

---

① 阿伦特.极权主义的起源[M].林骧华,译.上海:生活·读书·新知三联书店,2014:414.

处境。只有当公共组织的理论和实践摆脱了身份筹划这项西西弗斯式的工作,公共行政才能够向经验实在敞开。此时组织经验便不再被理解为各项制度与安排所发挥的控制功能的产物,而是组织成员在联合行动时不断发生的创造性经验。组织经验的创造绝不可能来自某种先验主体的理性筹划,而是以主体之间高度背景化的经验条件为前提的。因此,对公共组织经验的彻底改造必须以社群主义这种对个体与社会截然不同的构想作为前提。

在本体论层面对公共组织经验之性质的澄清为提出替代性的组织原理奠定了基础。传统公共行政理论在描述组织现实时,对研究者和实践者所经历的现象进行了客观性改造。这种理论工程能够为官僚制的运作提供知识基础,但却阻碍了组织经验的创造性发生。现实主义现象学在分析这种客观化过程的同时,也揭示出公共行政所涉及的大部分事实是个体之间所建构的社会现实。这意味着公共行政所建构的现实永远只可能通过个体之间的协作行动来调整。但是在公共行政的实际运作过程中,个体之间的互动与协作受到组织媒介的限制。尽管由稳定语义规则所界定的信息,能够满足建立在发达通信技术基础之上的大型政治社会各个要素之间沟通的需要。但是这种语言由于限制了人类事务的丰富可能性,从而排斥了自然经验对组织过程的向导功能。只有日常语言才能在充分发掘人类实践潜能的基础之上,满足公共组织成员之间彼此沟通和协作的需要。所以和语义受到高度限制的人工语言相比,日常语言是公共组织更加适宜的通信媒介。在日常语言作为主要通信媒介的地方,组织现实就是相互渗透的规则之下相互联合的人们。组织过程在此前提之下并非某种从外部施加的理性安排,而是对成员之间的各种差异进行持续整合的过程。整合是在避免牺牲任何个体重大价值之基础上,将各方利益紧密联系起来的冲突解决方案。只有当整合统一成为公共组织基本原则的时候,公共行政才可能降低对组织成员个体人性的压抑。

那么,如何用这种新型的组织原理去改造官僚组织的宏观架构？职权体系是公共组织基础的宏观架构。当代公共组织的典型模式是等级制的官职结构，也就是官僚制。官僚制度的理想类型通常被视为与公共行政角色最匹配的组织形式。这种职权体系将公共组织构造为两种彼此关联的系统。第一种是以各个成员目的合理的社会行动所构成的协作系统；第二种是作为中介环节被整合进入官僚机构整体的行为要素系统。在历史早期的官僚制中，这两种系统持续处于相互冲突的紧张关系中。资本主义的兴起为官僚制注入了一种合理化的力量。官僚体系的自我合理化趋势表现基于职权体系的要素环节逐渐与社会行动的体系相互分离。这导致政府实现公共职能的手段/目的体系不再需要通过个体社会行动的中介就被整合进官僚制的整体之中。当职权行为脱离个体人格的监管并通过某种客观化的机制联合成为一个整体时，公共组织实际上就成为了资本主义合理化力量所建构的虚拟现实。这标志着官僚制进入了高度匿名化的仿象时期，组织现代性的破坏性后果也在这个时期达到了高峰。

要使自然经验的组织原理运作于组织机构，就有必要找到降低公共组织匿名性的方式。在构造具有相对较低匿名性的组织模式前，必须先对匿名性程度与公共组织的匹配性关联进行分析。合理的匿名性程度必须既能够维持公共组织的联合体身份，又能避免富余匿名性为组织实践带来的破坏性后果。面对面情境中的个人性理想类型是具有最低匿名性程度的社会关系。随着面对面情境与个人性理想类型在对象结构中所占比例逐渐降低，社会行动/关系的匿名性随之增加，社会关系开始呈现出涉及间接经验的性格性理想类型。性格性理想类型对公共行政职能的初级委派构造出公共能量场。具有更高匿名性的是由特定文化背景中个体的行动模式与职能所构造的习惯性理想类型。公共事务的次级分化（也就是功能分化）需要以习惯性理想类型的构造作为客观意义脉络才可能实现。秩序取向的理想类型是典型的习惯性理想类型。

如果相似的客观意义脉络主导特定人群彼此建构以秩序为取向的理想类型,那么这些个体的集合就构成联合体。由于组织性理想类型是按照特定权威体系与团结纽带建构而成的,所以其具有更高的匿名性。权威等级的出现使公共能量场发生了第三次职权分化,正是权威关系的纵向分化构造出公共组织的个体结构。这个阶段的匿名性是公共组织维持其个体身份所付出的必要代价。符合人性运作的公共组织必须将自身的匿名性限制在维持其组织化个体结构的必要水平之上。这意味着公共组织在维持必要权威等级的同时,不能将职权系统的固着化设计添加到组织实践的客观化脉络之中。因为任何这类理性添加都会使公共组织的匿名性增长到合法界限之外。所以具有最低限度匿名性的公共组织可以被理解为针对不特定公共事务,并按照某种权威结构联合起来的集体行动系统。在稳定的权威结构之中,按照公共事务的处境化要求聚合起来的临时性项目小组是这类公共组织的基本职能部门或组成单元。这类在未来具有替代官僚制潜能的组织模式就是社会协同型组织。

这种新型的组织模式也与我国当前改革和发展的宏观战略具有特殊的关联性。为实现数字领航的换道超车,我国正以数字化、网络化和智能化驱动现代化,加快建设数字中国。在此快速发展的宏观背景下,我国公共组织的发展变革面对着两个可能的出口:要么在信息化进程中转向以扁平、互通与共享为基本特征,推进人类解放事业的新型组织;要么在额外增加的匿名化压力下变得更具官僚制色彩。前者意味着机遇,后者则提出挑战。决定走向哪种未来的关键因素是有没有一种规范性组织模式将由云计算、大数据以及人工智能等当代信息科技创造的新动能在社会层面合理化。在缺乏这种规范性模式的地方,急剧增长的管理需求会产生过剩的匿名化压力。要把握机遇,面对挑战,就必须采取新思维、新技术和新模式,建构一种与我国数字社会发展相适应的规范性组织模式。社会协同型组织通过向组织实践植入一种规范性薄膜,将技术升级的塑造力导向促进人类解放的社会主义的未来图景。因此,在道德上得到澄清的社会协同型组织是与建设数字中国的目标相适应的规范性组织模式,其为研究者和实践者在新形势下理解与探索组织实践提供了一种理想化的基本类型。

第七章
变革型公共行政的社会建构

本书第五章已经阐述了如何在支配性权力结构的宏观背景之下,发起并推动以社会变革为目标的公共行政行动。这类行动能如手术刀般剖开公共事务的表象,并直面对行政现象施加结构性支配的不平衡权力关系。但是,这种行动在任何处境中都因诉诸激进变革而对现有社会结构造成破坏性威胁。如果变革行动在瓦解现有支配性权力结构的同时,不通过某种新型组织原则实现关系结构的再造,就意味着放任对社会现实重构的规范控制。这不仅无法改善社会现状,还可能使人类处境愈发恶劣。所以本研究提出并且论证了以经验主义为导向的组织原则,其功能是在变革型公共行政行动推动微观解放的前提下,通过协作行动创造出符合期待的行政现实。但正如阿伦特所言,这种行动基于其自我揭示的性质,也存在毫无价值甚至是造成灾难性后果的风险。因此变革型公共行政的第三个(也是最后一个)环节是为协作行动提出某种规范性框架,以确保公共行政的运作能够产生符合人性发展与期待的变革结果。

由于批判理论在哲学上面临本质主义难题,所以其乌托邦构想并不能为变革型公共行政提供适当的规范性框架。马尔库塞认为现在应该超越式描述现有社会特征,在克服马克思主义乌托邦思想禁忌的条件下提出替代性未来的具体构想。① 这种构想以人类对劳动工具的从属地位的转化,消除异化劳动的直接生产,以集中供应各种基本需求的中央行政管理系统为特征。然而这种规范性前景由于是理性所建构的,受其引导的公共行政也不可避免地具有某种抽象特征。即使是哈贝马斯借以重构社会现实的交往理性,也不过是为理性主义汰旧换新。② 罗蒂因反对这类规范性框架背后所预设的主体与知识对象的先验和谐,而转向在现有体制的框架下,通过集体协作不断减少人类痛苦的渐进式变革。③ 但这种实用主义方案因唯名论的化约主义假设,同样无法在哲学上避免抽象性难题。批判理论与实用主义在哲学上的困境使变革型公共行政最终转向激进经验主义立场,这要求自然经验在自我呈现中去寻找公共行政理论与实践的规范性框架。

内在于自然经验的规范性框架呈现为多维度模态领域的交织整合,以至于公共行政必须以切实可行的方式被建构在某种规范形态的社会结构之中。由于当代公共行政不断诉诸非政治的治理方案,公共事务逐渐丧失了通过政治行动改变人类境况的可能性。本研究的首要任务是将公共行政领域还原为国家治理结构的组成部分,从而以政治的方式对公共行政予以重构。当代公共行政的另一个基本问题是过度组织化压抑甚至窒息了人类的可能性。前苏联经验证实,纯粹政治层面的重构无法抵挡现代官僚制压抑人性的破坏性影响。变革型公共行政需要去探索最大限度展现人类事务丰富可能性的组织模式。以上两项使命并非是彼此割裂的,事实上,只有当政治领域与同型关联的其他模态领域在自然经验中交织,才能使自我作为意义整体不受扭曲地呈现出来。这既意味着公共行政的政治建构无法在和其他模态领域相互分离的前提

---

① Kellner D. Herbert Marcuse and the Crisis of Marxism[M]. Berkeley: University of California Press, 1984: 323.
② 理查德·罗蒂. 偶然、反讽与团结[M]. 徐文瑞, 译. 北京: 商务印书馆, 2003: 95.
③ Box R C. Progressive Utopias[J]. Administrative Theory & Praxis, 2012, 34(1): 60-84.

下实现,也表明公共行政的组织建构无法在忽视模态维度领域多元性的境况下取得成功。因此,只有当变革型公共行政在多维度模态领域的社会结构中被构造出来时,才可能保障这些思考的有效性。

　　变革型公共行政的社会建构包含前后相继的三项任务。首先,需要重构公共行政的信息系统。公共行政作为子系统,通过信息的搜集和传递来实现与社会系统之间符号、能量的交换与互动,但信息系统的建构绝非纯粹的技术工作,而是涉及对生活世界中相关要素的评价与转换,只有当信息的搜集最大限度地向自然经验敞开之时,公共组织才具备符合人性运作的基本条件。所以,变革型公共行政有必要在展现多维度经验的前提下,改造传统的管理信息系统。其次,需要在充分向自然经验敞开的信息系统基础之上,探索公共行政人性化运作的基本原则和机制。搜集的信息与有效的知识只有基于公共行政系统的运作才得以反馈,并重新整合到社会系统中。因为公共行政系统并非封闭的技术装置,而是嵌入并运作于社会系统的结构之中,所以,是社会系统的结构原则而非技术原理,才是界定管理公共事务的规范指引。因此变革型公共行政需要在社会规范性结构原则的基础之上重构公共行政的运作原则。最后,应当变革和修正公共行政效应的评估原则。公共行政的运作需要被社会结构所消化才能显现其最终效应。由于社会系统对行政反馈的吸收过程遵循人类事务的历史原则,所以急功近利的技术性评估只会透支循序渐进的历史阶段。这种评价方式也会对未来公共行政人员的教育和就业者的选择产生深远的影响。变革型公共行政必须对此做出回应。

一、变革型公共行政的人类模型

　　主流的公共行政理论通常并不关注社会结构对公共行政塑造的影响力。当泰勒和西蒙在有限的视域中探索理性决策与合理操作的各种机制与技术时,都不加反思地接受了社会系统给组织行政所分配的任务。变革型公共行政学已经基于批判理论与实用主义针对主流理论的盲区进行了回应,但这两种思想都存在不同程度的缺陷。批判理论将主流公共行政的问题界定为宏观社会背景中支配性权力结构性运作的后果。但这种思想无法克服本质主义的难题,其所诉诸的激进变革行动可能导致具有破坏性的政治后果。实用主义则将公共组织重构为集体协作的飞地,并致力于在特定的公共能量场中解构社会系统用以压抑个体可能性的正式机制。但是这种方案为避免对社会结构造成破坏性影响,放弃了通过激进变革使社会秩序合理化的目标,从而任由公共行政或其他领域持续暴露在社会环境所施加的结构性压力之下。变革型公共行政的目标是寻找一种替代性社会结构模型,使社会环境与运作于其中的公共行政在符合人性发展的方向上相互促进。

1. 社会环境的结构化压抑

任何拒绝盲信历史主义的人都会承认特定文化背景中社会的结构与人类经验的历时性维度相关联。尽管特定的社会结构会依靠人类行动在历史中的塑造影响力,[①]但是这些进程也同时受到某种规范系统的调节和引导。由于这种规范既不像社会契约论者所设想的那样是从外部强加于社会的理性设计,又不是人类实践在纯粹偶然性中的发明,所以人们只能像亚里士多德那样将这些规范的源头追溯至内在于人类个体的潜在可能性。由于对这种规范性的理论界定时刻面临着陷入本质主义的危险,[②]后传统时代的理论主要是从否定方面对个体潜在可能性做出判断,以将规范性的表述维持在较弱的直觉主义范围之内。很多理论家相信组织化的社会结构是个体规范性在当代所遭遇的主要威胁。正如沃林

---

① 例如宗教改革对现代西方多元社会结构的塑造,或者 20 世纪 50 年代中后期社会主义改造对中国计划经济体制的建构性影响。
② 本章的第二部分会集中讨论如何在避免本质主义的前提下将某种规范性的社会结构概念化。

所言，当代个体的本性主要是通过组织生活才得以界定的。就像以色列的利未支派①一样，终有一死之人的当代人格与身份归根结底源自他们对永世不朽之组织的服侍。而正是这些巨型的公司与政府机构扭曲了个体的人性。②

当代组织化社会对个体人性的破坏主要因为经济系统向各个社会领域所施加的结构化的迫力。社会结构的不平衡运作促使很多人在极为有限的维度之内构想个体的本质和需求。泰勒曾将市场体系的心理需求等同于人性本身。他为激励人类劳动所开的处方完全建立在将竞争、可计算性、追逐利益，以及纯粹的经济特征作为人性本质的基础之上。③ 马林洛夫斯基的人类学研究已经证实，在前工业社会，经济对人类行为的影响力从未达到以市场为中心的社会中那种至高无上的决定性程度。唯有现代工业社会，依靠组织命令才会引导人作为经济存在来表现和行动。除此以外，泰勒并不只是将科学管理和激励机制局限于劳动和生产部门，他还主张按照以经济为主要导向的个体模型来重新设计政府、家庭、学校，以及其他社会领域。换言之，泰勒将整个社会结构设想为某种扩展的市场领域。尽管泰勒主义目前主要只在组织科学方面的历史文献中得以讨论，但是个体作为经济存在的界定却仍旧决定着组织设计者或政策制定者的行动方针。

20世纪后期兴起的人际关系学派已经意识到由经济迫力所推动的组织生活对人性的压抑和扭曲，但由此所作的种种努力因轻视社会环境的结构性影响而无法实现其目标。从20世纪中叶

---

① 利未人一般是指利未的后代。利未是利亚给雅各生的第三个儿子。当利未人这个名称指整个部族时，还包括亚伦的祭司家族。在亚伦的家族中，只有男丁才能担任祭司的职责，利未部族的其他成员则担任祭司的助手。大卫把利未人组织起来，做出精细的分工，并委任监督、官长、审判官、守门人和司库，同时委派一大批人在圣殿、院子和膳堂协助祭司照料与献祭、行洁净礼、量度物品及守卫圣所有关的事务。
② Townsend R. Up the Organization: How to Stop the Corporation from Stifling People and Strangling Profits[M]. Greenwich: Fawcett Publications, 1970: 121.
③ Ramos A G. The New Science of Organizations: A Reconceptualization of the Wealth of Nations [M]. Toronto: University of Toronto Press, 1981: 81.

开始,正式经济组织与行为在实现激增的同时,开始以弥散的形态向各个社会领域渗透,这使个体的生活空间逐渐被经济逻辑所蚕食。大众媒体在正式经济组织不断增长的要求之下开始入侵个体的私人生活领域,并诱使人们通过购买特定商品来界定并满足他们的多样化需求。在此过程中,个体逐渐丧失了规定和影响市场生产的能力,他们基于本性的需求逐渐被商业组织与大众传媒所塑造的虚假需求所掩盖了。人际关系学派为缓解组织生活对多样化人性需求的压抑,试图整合个体目标与组织目标,并致力于将经济组织转变为像家一样的社会体系。该学派的研究者认为,只要组织成员能够广泛参与某种沟通彼此信息的反馈议程,信任、真诚、爱与敞开这些服务于个体深层满足与人格全面发展的关系善品就能孕育于经济组织个体间的文化之中。但是这些组织人文主义者很少批判市场或行政命令支配之社会环境的非人格特征。令人遗憾的是,未受质疑的整体社会结构基于其本质并不允许组织以符合人性的方式运作。

假设在经济维度占据支配地位的环境之中存在培育自我实现的空间,实际上是对现存社会结构的容忍。组织人文主义者提出的创造以自我实现为目标的关系善品的沟通方案,难以在高度经济化的组织环境中实现。西蒙曾敏锐地指出这类组织中的沟通不过是"一个组织成员向另一个组织成员传输决策前提的过程"。这意味着在高度经济化的环境中,个体之间的沟通独立于人格的临在,并且只有在附带决定性前提的基础之上才是可理解的。换言之,这种所谓的沟通并不能取消非人格化规则的支配,因此无法成为个体自我实现与满足的媒介。通过臣服于组织化目标以及持续将之吸收为自身立场,组织生活为个体建构了一种与个体自身人格完全不同的组织人格。这意味着组织成员被要求放弃基于独立人格的批判能力,转而任由组织迫令支配其判断。这种规训会逐渐将某种职业病态转变为个体的第二本性。① 与此同时，个体独立于组织作出符合人格本性之伦理判断的能力也不断遭到削弱。

西蒙对组织人性的假设源自行为主义的方法论，正是这种方法论限制了公共行政的理论与实践展现出人类本质的丰富可能性。西蒙将人类视为极为简单的行为系统，个体行为"经年累月所展现的复杂性不过是其居于其中之环境复杂性的反应"。② 个体作为某种适应性系统，其目标是实现内在与外在的环境相互契合。西蒙认为，有效适应的结果是个体行为主要表现出外在环境的特征，而仅在极为有限的范围内显露其内在环境的性质。然而，行为本质上不过只是个体外在生活的范畴。当这个概念在1490年前后形成之时，其所指的是某种外部力量所要求的一致性。在当代组织化社会中，行为主要是指以与外部命令所规定之行为相互匹配为目标进行功利计算的结果。所以将人类构想为行为动物的心理学自然倾向于以组织或者社会反馈过程为根本规定。但事实上行为只能展现人类本性的有限面向，像西蒙那样将人类化约为行为动物是对人类精神生活碎片化的扭曲。用拉莫斯的话说，人类在本质上并不行为。

以西蒙为代表的主流公共行政界定人类本性的方法论被拉莫斯诊断为行为综合征（Behavioral Syndrome）。其症状是指某种被社会所规定的心智对个体生命造成的影响，使人们将社会系统所特有的运作准则普遍混同于其自身的行动规范和原则。这个术语试图揭示一系列诸如历史主义的思想范畴将以市场为中心的社会视为在实质性和功能性方面均优于其他社会类型并使之合法化的方式。而当市场化运作如此根深蒂固地渗透进社会生活各个领域时，人类存在就被局限在与整体人性极不匹配的特殊模式中。克尔凯郭尔曾经相信社会的强制性特征在道德上是合理的，并且认

---

① Merton R K. Social Theory and Social Structure[M]. London：Free Press，1968.
② Simon H A. The Sciences of the Artificial[M]. Cambridge：The M I T Press，1969：25.

为只有当个人完全符合社会制度的规训时,才达到最高的道德发展水平。拉莫斯曾忧心忡忡地争辩说,人类现今生活在一个以个人利益之相互作用为公民联合的社会之中,一个纯粹后果计算取代人类常识的社会。因此主流公共行政学人性假设的错误在于将社会化和文化适应的"行为生物"自身视为现代社会强大的规范基础。

为了治疗主流理论与实践的行为综合征,变革型公共行政研究需要重构人类本性与社会结构之间的关系。由于社会环境可能成为人类自我实现的巨大障碍,所以被宏观结构所定制的诸项条件不能合法地成为人类可能性的规范源头。事实上,社会环境应当反过来根据人类实现自身潜能的必要性来进行评估。从人类本性自我实现与发展的角度来看,任何社会结构的合法性都是不稳定的。如果人类本性可以在某种程度上通过理性得以界定,那么这种研究就必须超越现存社会系统的内在规范标准。因此,变革型公共行政在此阶段的任务是将人类本性的概念与其努力从行为综合征所施加的限制之中解放出来,并以之为基础发展出设计、实施,以及根据个体的特殊目标培育多样追求所需要的操作进路。曾经受聘于美国南加州大学公共管理学院的巴西流亡学者阿尔贝托·格雷罗·拉莫斯是将这个领域问题化的先驱,他对人类本性持之以恒的求索以及在组织化社会中实现个体自我发展途径坚持不懈的研究都为变革型公共行政提供了丰富的资源。本研究接下来会讨论拉莫斯的"套叠人"模型,并以之作为建构公共行政人类模型的中介。

2. 公共行政的套叠人模型

"套叠人"(Parethetical Man)的概念是该理论代表人物拉莫斯对人文主义、社会学和组织理论之间关系的终极反思。在20世纪60年代初巴西国会竞选期间,拉莫斯观察到,几乎所有的正式组织(在此情形中主要是指政党)都向个体强加了运作与认识论方面的限制,正是这些限制阻碍了人类的自主发展。这种观察使拉莫斯意识到,有必要在公共事务中提出某种与组织人完全不同的人类模型,以抵制官僚制对人类行为和心理的影响。由于正式组织在当下历史进程中扮演着前所未有的根基性角色,因此对人类模型的思考不能离开对组织的研究。如果缺乏组织的视角,就无法理解人类联合生活的本质。尽管人类注定要以组织媒介行动和交往,但这并不意味着个体必然要被定制为组织化的形象,或者被改造为韦伯意义上的组织人。人类拒绝这种定制或改造的关键在于认识到组织性质对个体心理所造成的限制、压抑和扭曲。这种反思意识可能使人类免于组织所施加的奴役,并进入重构联合生活的崭新阶段。

人际关系学派曾经为服从于生产效用之工业社会的人类模型提供了一种替代性方案,但这种方案仍然受缚于现代组织化社会的管理目标。传统管理实践以"业务人"(Operational Man)的模型为基本人性假设。这种模型将个体视为在可测量的物理产出方面实现效用最大化的组织资源。由美国20世纪30年代霍桑研究发展而来的人际关系学派的人文主义者们对传统的"业务人"模型进行了如下三个方面的修正:(1)认为人类动机的性质更为复杂;(2)没有忽视组织的外部社会环境,并将组织界定为开放的系统;(3)重视价值观、情感和精神状态在生产中的作用。[1] 人际关系学派所提出的人类模型被称作"反应人"(Reactive Man),也就是能够根据组织环境不断调节的个体存在。这种模型所关注的只是工人对环境的适应,而非个体真实的成长与发展。以这种模型为基础之组织管理的主要目标是强化支持其特殊理性的行为。大规模应用人际关系理论的最终效果是使个体完全融入组织。因此尽管人文主义者表面上更加关心个体动机于处境,但他们所追逐的目标并未改变。

---

[1] Roethlisberger F J, Dickson W J. Management and the Worker[M]. New York: Wiley, 1964.

拉莫斯在施加奴役的组织化社会和解放个体的矛盾背景下，构造了能够彻底变革组织目标和运作的"套叠式立场"。其概念源自胡塞尔"悬置（Suspension）"与"囊括（Bracketing）"的概念。这两个概念与自然和批判立场之间的区别有关。前者是社会环境成功调整和规训的个体，其对知悟理性（Noetic Reason）漠不关心，并且被束缚于某种在直接性中被给定的背景。① 而批判的立场则能够悬置社会环境向个体植入的信念，或者将这些信念囊括并限制在有限的范围之内，这使得个体因达到概念思维的水平而获得自由。受胡塞尔的启发，拉莫斯将套叠式立场界定为个体分离其内部存在与外在环境的心理能力。这是一种在自我与世界之间互动运作和自我与存在之间进行合理安排的能力。这种能力可以使个体通过获取对自我与其环境的批判意识，从而去攻占存在之自我意识的平台，使自我的超验性在历时性经验结构所施加的压力之下得以维持。如果人类在当代处境中缺乏套叠式立场，就无法抵抗组织化社会环境对自身心灵的扭曲。这样的结果会不断削弱个体改善自身处境的能力，并使人类持续滑向去人性化的野蛮深渊。在拉莫斯的思想中，套叠式立场在人类解放进程中具有根本重要性。这种立场意味着将个体的理性和自由安置在人类与世界彼此接合的中心位置。其并不是某种形而上学术语，但却揭示出可能彰显人类存在优越地位之新型组织实践的未来可能性。

套叠式立场最终指向相应的规范性人类模型。这是对人类本性假设的直接呈现，被人类的实际境况合法化。在发展这种人类模型时，拉莫斯试图脱离制度规范模式合法化过程的影响。这项工作要求建立在系统理解人类本性与需求的基础之上，以超越主流经济学与社会学对人类适应社会系统之必要性的预设。"套叠人"模型就是这项工作的中心，这是将人类界定为具有实质或认知理性之存在物的人类模型。理解套叠人模型的关键是将功能理性

---

① Carroll J D. Noetic Authority[J]. Public Administration Review, 1969, 29(5): 492-500.

与实质理性区别开来。功能理性可以按照预先确定之目标进行评估。当人类行动与其他要素相互联系以实现预先确定的目标之时,这些行动的运作就是符合功能理性的。而所有本质上符合理性的行为都必须以实质上合理之事实间关系的清楚理解为条件。这种理性能够彰显人类存在超越性的个体品质。因此以实质理性为核心的套叠人模型,为个体留存了在组织化社会的压抑现实中不断加强存在之自我意识的运作,并以忠于主体性和意义的方式进行思考和行动。

　　套叠人不仅是实质理性的承载者,还是个人成长与实现的理想类型。由于社会化的系统正在迅速丧失采集个体朝向自我实现之多样需求的能力,所以在人造系统的目标和运作与个体真实的自我实现之间只存在偶然的关系。如果某人允许组织规范成为其存在的首要向导,他就会丧失与真实自我的接触,并将自己抛入由市场价值与组织运作所建构的虚拟现实。那些在人造系统中找到适合其实现之环境的个体,要么存在不同程度的缺陷,要么其心理结构曾经遭受不可逆转的破坏。与之相对,能够真正实现自我的个体,有能力在组织化的世界中通过创造性运作最终服务于其本真的精神追求,并为其自身独特存在之设计的实现留出空间。套叠人是拥有自我导向能力的强大自我,随时准备将组织化与制度化的伦理目标作为欺骗手段来进行设疑。如果个体能够通过套叠人模型得以重构,社会结构将被转变为某种不稳定的体系,其合法性必须根据特殊历史文化背景之中人类自我实现与全面发展的需要不断进行评估。

　　整个历史进程中表现出套叠人模式的个体凤毛麟角。雷恩认为苏格拉底、马基雅维利和培根具有某种从内在世界和环境之中分离自我的能力,[1]这使他们有能力将各自所在的社会视为不稳

---

[1] Lane R E. The Decline of Politics and Ideology in a Knowledgeable Society[J]. American Sociological Review. 1966,31(5):649-657.

定的结构和安排。这些社会中绝大多数的个体都是根据传统上通行的观念来理解自身和社会现实,而只有极少数具有强大自我的个体能够悬置其内部和外部的环境,并以批判的眼光来审视社会结构向个体所施加的价值观念与伦理规范。这种能力明确界定了什么是"套叠",也就是将社会环境的结构化运作安置在"括号"之间加以悬置的可能性。套叠人能够从俗常生活的主流模式中分离出来,并作为旁观者来检验和评估为社会环境所定制的规范和模式。具备这种能力的个体始终坚持生活在别处的姿态,立志成为其所在社会的吉卜赛人。利夫顿曾在20世纪60年代日本青年身上观察到某种漂泊不定的生存状态。[①] 尽管这些"普罗透斯们"与套叠人之间存在诸多相似之处,但是他们却沉溺于毫无意义的相对主义。套叠人则相反在伦理上委身于实质理性,并承认其在社会与个人生活中至高无上的地位。当这种套叠人兴起之时,社会环境单纯的表象就注定要宣告破产。

最后有必要澄清对套叠人的三种误解。首先,由于当代社会真实存在的任何个体都不能完全代表套叠人模态复杂的人格化,所以套叠人并非某些个体的心理特征,而是一种规范模式或理想类型。其次,套叠人不是一种抽象类型,而是当代社会中人类处境的一种具体可能性。最后,由于套叠人模型对自主的价值倾向与行为主义心理学所提出的过度组织化相冲突,所以套叠人也并非某种整合模型,不能根据调整心理学的标准来解释。尽管套叠人与主流社会理论和心理学所提出的人类假设大相径庭,但这种模型为评估和批判组织与社会系统提供了具有规范意义的分析工具。该模型所展现的心理特征有助于识别现代工业社会某些严重的结构性缺陷。此外,套叠人是由人类自我中心推动,去发展掌控自身与环境关系之能力的个体。这使得超我(Superego)必然根据

[①] Lifton R J. The Protean Self: Human Resilience in An Age of Fragmentation[M]. Chicago: The University of Chicago Press, 1999: 311.

人类发展的需求不断调整和改善,因此,套叠人能帮助社会系统的分析者和规划者创造出众多能够满足人类多样需求的新型组织。

3. 人类学模型与社会结构

套叠人的模型是对人类存在冲突本质的概念化。青年时代的拉莫斯深受别尔嘉耶夫·尼古拉的影响。这位俄国哲学家认为,人的复杂性在于其既是精神性存在物,又是社会性存在物。这意味着人类不可能在自身与社会的关联之外彰显其精神存在的维度,但他们的本性又绝不能合法地被社会所决定。[1] 所以在提升个性和价值的斗争中,作为精神存在的人类必然会与社会发生冲突。这种存在层面的紧张感主导了拉莫斯的整个学术生涯,即使在已经成为巴西主要的社会理论家后,拉莫斯仍然用沃格林所说的"居间"(In Between)来解释自身的存在境况。事实上这种冲突情境和紧张感不仅是拉莫斯与别尔嘉耶夫的个人体验,更是个体在存在层面具有自我意识的基础。人类的语言正是因这类存在层面的冲突而充满张力。正如沃格林所言,如果将所有矛盾的表征符号拆分成独立的实体,就等同于毁灭存在的现实。[2] 因此套叠人模型是从个体存在和社会化之间的冲突去界定公共行政处境的分析范畴。

得到重新界定的公共行政被安置在社会秩序所代表之真理和人类个体所代表之真理的持续冲突中。前者在人类历史中起源较早,并且在当代拥有较大的影响力。早期帝国都将社会视为宇宙秩序的代表,而这种秩序又被其中大多数人视为真理。根据沃格林的研究,无论是中国的《尚书》,还是埃及、亚述、巴比伦或波斯的

---

[1] 别尔嘉耶夫·尼古拉.论人的使命:悖论伦理学体验[M].张百春,译.上海:学林出版社,2000:87.
[2] Voegelin E. From Enlightenment to Revolution[M]. North Carolinaz:Duke University Press,1975.

铭文都包含将帝国秩序解释为人类社会媒介中宇宙秩序代表的观念。① 在这些文献中,帝国被视为万有秩序的微缩模型,帝国的统治者或者具有支配性的结构代表维持宇宙秩序的超越力量。帝国的秩序是历史真理的彰显,其目标是建立自由、和平与正义的国家。虽然这种统治结构不可避免地暴露在内部或外部的抵抗中,但那些抵抗者从起初就不具备真理层面的合法地位。

人类个体是与社会秩序所代表之真理相互竞争的新真理的代表。根据沃格林的研究,几个互不影响的文明内部几乎都在公元前800年到公元前300年之间逐渐形成了这种真理观念。这是以孔子和老子为代表的中国哲学百家争鸣的时代;这是奥义书和佛陀的印度玄思大行其道的时代;这是查拉图斯特拉将波斯拜火教发扬光大的时代;这也是以耶利米和赛亚为代表的以色列先知众星闪耀的时代。这几乎就是雅斯贝尔斯所提出的对全人类文明进程产生重大影响的轴心时代。尽管新真理在不同文化背景中的表达形式大相径庭,但是古希腊哲人以最接近现代社会科学的方式对这种真理作了基本的陈述。柏拉图的人类学信条是对这类真理最精炼的表达,即:城邦是大写的个人。这个原则认为政治社会的存在不仅是微观的宇宙,更是宏观的个人。所以政治社会秩序的建立和维持绝不能以牺牲人类个体为代价。在这个原则得到应用的地方,就可以见到社会批判的踪影。由于对人类存在之真理的发现是在被意见所充斥的环境之中实施的分化行动,所以其必然会在最广泛的层面动摇特定社会最强有力的信念,而传播这种真理的人会时刻面临苏格拉底所遭遇的那种致命抵抗。

这种人类学原则对新真理的表述并非内在意义上心理学知识的进步,而是在人类心灵中心朝向超验实在开放的经验。在新真理中逐渐浮现出来的心灵并非某种持续被忽视的客体,而是人类

---

① Voegelin E. The New Science of Politics:An Introduction[M]. Chicago:University of Chicago Press,1952:54.

自然经验的中心。围绕理论思维的阿基米德支点所展开的是一个抽象的场域,人类经验的各个维度在其中只能呈现相互疏离的模态。而心灵则是人类历时性经验诸多模态的统一体,宇宙秩序只有从这个中心出发才能以融贯的方式向人类呈现。人类在这个新真理的中心要么采取朝向超验实在的开放态度,要么采取朝向历时性经验的内在态度。人类心灵的方向是在个体存在层面具有根本重要性的事实。只有当人类心灵以开放的方式朝向超验实在之时,个体存在的中心才不会以扭曲的方式表征或代表宇宙秩序。因此,人类历史轴心时代所涌现的社会批判的新标准并不在人类自身,而是在人类个体与超验实在的关系之中。正如柏拉图借雅典来客与克列阿尼斯的谈话,在反对普罗泰戈拉"人是万物尺度"教义的基础上,所提出的完全相反的原则。

通过与超验实在的关联界定人类心灵并不会导致非理性主义或者不可知论的立场。只有当人类心灵与历时性经验无关时,个体存在所代表的秩序才是不可知的。尽管人类存在的中心既无法通过人类感觉形式进行直观展现,也不能被任何特殊的学科所把握,但心灵作为人类经验的精神中心,必须在个体的整个历时性存在中表现自身。在具有超验关涉的个体中心穿过时间绵延的棱镜时,人类心灵分化成某种秩序结构。研究者可以通过个体历时性存在多样经验所呈现的整体秩序来认识人类心灵的特征。当个体采取向超验实在封闭的内在立场时,他就会从社会环境或者其他有限的经验实在中接受某些规定定制其身份,并以之为基础来创建某种人造秩序。但人类作为社会或世界内部存在的任意观念绝非合法的社会建构与批判的工具。只有当人类个体存在的中心和根源朝向超验实在开放时,心灵或灵魂在历时性经验中所呈现的结构才能代表超验的秩序真理。当这种真理被视为评估社会秩序的规范时,就具有相对于帝国真理的绝对优先性。

心灵作为个体存在中心所代表的新真理,与帝国或社会秩序所代表的旧真理之间持续冲突的事实并不能证明心灵与社会间

（或者灵魂与身体之间）的二元论结构。当代有研究者效法阿奎那，将人类存在界定为灵魂与身体的复合体，按照个体与社会的复合体来建构公共行政的人类模型。但这么做的结果是，这类以"套叠人"为代表的人类模型无法克服从古希腊形而上学中继承而来的二元论。这种解释进路的根本错误在于，通过理论思维抽象模态的运作，将个体与社会（或灵魂与身体）都建构为历时性层面相互冲突的基本范畴。事实上人类心灵并不是基于个体历时性经验的理论抽象，[①]而是所有人类功能都得以汇聚的精神统一体。当个体存在停留在心灵中时，还没有显出内在差别，尚未分化出任何意义上的秩序。当这个整体存在与时间绵延发生接触之时，人类心灵就如同光穿过棱镜折射出多种色彩一般，分裂为多样的功能与个体结构。所以人类既不是灵魂与身体的复合体，也不是个体心灵与社会规范的复合体。社会（或身体）作为所有个体共享的历时性经验的全体存在形式，只能在人类心灵中实现统一。

变革型公共行政的使命不是像拉莫斯那样，在个体与环境矛盾冲突的基础之上设计某种促进人类发展与实现的社会和组织结构，而是在朝向超验实在开放的人类心灵进入时间绵延时所呈现之秩序真理的基础上，发展出某种社会结构的规范性原则，并且在这种架构中设计使公共行政切实可行的运作机制。很多理论家将人类个体的本性视为公共行政的内在原则，而将社会层面所建构的规范视为公共行政的外在原则。但事实上离开了内在原则，外在原则只不过是对事实盲目力量的卑躬屈膝。社会环境自我合法化并施加于个体的价值和模式无不欠缺规范性的根基。由于个体心灵并非经验实在的组成部分，而是人类经验的内在整体，所以社会秩序所代表的真理绝对不能撇开人类轴心时代所发现的新真理。又由于人类心灵在时间绵延中不断分化以形成某种秩序，所

---

① Dooyeweerd Herman. Philosophy of Nature and Philosophical Anthropology[M]. Ontario: Paideia Press, 2011: 136.

以社会结构的规范性原则只能从人类心灵朝向超验实在的开放立场中推导而来。因此接下来的问题是：如何以理论的方式把握个体存在向历时性经验所投射的秩序？社会环境要与这种秩序真理相符合，应当遵循怎样的结构性原则？应该怎样设计变革型公共行政的信息系统和操作模式，使公共行政切实可行地运作于代表秩序真理的规范架构中。

二、变革型公共行政的社会模型

本节的目的是在个体心灵真理的基础之上，发展出某种使变革型公共行政得以符合规范地运作于其中的社会结构模型。尽管拉莫斯从未像柏拉图那样用对智慧（Sophon）、美（kalon）、善（Agathon）和正义（Dike）的爱欲去界定人类规范本性的积极内容，但他还是通过批判组织化社会过于狭隘的塑造影响力，陈述了与自我实现和发展密切相关的消极内容。在以市场为中心的社会中，社会化的个体被限制在经济原则主导的思维和行动中。尽管市场激励措施有助于工具性目标的实现，但是这种社会环境阻碍了个体自我实现和全面发展。拉莫斯在此诊断的基础上发展出了一种名为经济对等（Para-economic）的多维度社会模型。他的目标是将正式经济组织安置在整体社会结构的限制性区域以内。①在经济对等的社会模型中，市场只是回应公民不同需求之诸多领域中的一个。这种模型能够保证主体以不同的方式满足服务于自我实现和发展的多样化需求。尽管拉莫斯的经济对等社会模型符合宗教改革以来众多思想家的社会分疏直觉，但他用以建构这个模型的平等原则（Isonomy）实际上是从社会领域的外部施加的一

---

① Ventriss C, Candler G G. Alberto Guerreiro Ramos, 20 Years Later: A New Science Still Unrealized in an Era of Public Cynicism and Theoretical Ambivalence[J]. Public Administration Review, 2005, 65(3): 347-359.

种沃尔泽式的平均主义框架。这种框架在哲学上面临本质主义的责难。因此,变革型公共行政研究需要在理论上澄清社会分疏直觉的同时,还要避免哲学上的本质主义错误。

1. 社会分疏结构的理论直觉

无论是工程学模式还是实用主义模式,都源自主导现代思想的唯名论,基于唯名论的个人主义哲学严重阻碍了人们澄清现代社会结构的社会分疏直觉。个人主义的失败最显著地体现在政治领域中。20世纪以来,由于通信技术的发展、经济增长和应对战争的需求,许多政治家开始严肃回应霍布斯两个多世纪以前的教导,主张现代国家应当拥有绝对权力。例如孔布就曾主张除了国家权威之外,不存在任何其他类型的权威。① 这种主张实际上是剥夺了企业、学校、社团和教会等多样社会机构在其各自领域自治的权利。阿伦特基于对第一次世界大战后德国在阶级制度崩溃的背景下重建社会的历史分析,指出:国家主义甚至是极权主义,通常是原子化个体试图逃避孤独的后果。② 当这种存在主义的分析最终将国家主义的病源诊断为个人主义时,同样出于个人主义的现代自由主义无法为阻止其蔓延提供壁垒。因此,要抵抗国家主义的威胁,必须在个人主义之外提出一种构造社会结构的替代方案。

现代个人主义哲学(无论是理性主义工程学还是具有浓厚非理性主义色彩的实用主义)自宗教改革以来,就不断遭到社会结构分疏化洞见的抵抗。这种社会分疏化的趋势在欧洲得到了黑格尔的强力捍卫。他认为对个人自由的保障在于对社会权力的分配。③ 黑格尔曾经试图在官僚制主宰下的政治架构中捍卫一种具

---

① Figgis J N. Churches in the Modern State[M]. London: Macmillan Publishers, 1975: 56.
② Arendt Hannah. Totalitarianism: Part Three of The Origins of Totalitarianism[M]. San Diego: Harcourt Brace Jovanocich, 1968: 21.
③ 阿维纳瑞. 黑格尔的现代国家理论[M]. 朱学平, 王兴赛, 译. 北京: 知识产权出版社, 2016: 213.

有差异性的社会结构。他基于对法国官僚制抑制多元社会组织的抨击,指出:尽管同业公会和地方自治团体曾在中世纪阻碍了国家机构的有效运转,但国家与政府的真正力量确实有赖于这些自治团体。社会分疏者认为国家主义和自由主义都因立足于个人主义而忽视了不同领域交织形成的复杂关系。如果这些社会关系只是由个体派生而出的,它们可能因被迫符合国家目的而受到公共权力的改造。在主体哲学传统中,唯一不可化约、不可改造,并具有意志表达能力的概念是个体身份。这个概念曾经被自由主义者赋予个人,而后在浪漫主义的影响下又被传递给社会整体。但是这两种方案都无法确保社会生活的多样性。冯祁克在批判国家主义和自由主义的基础之上,在主体哲学的架构内提出了群体人格的概念。由于相信种类繁多的群体才使社会展现出多样性,冯祁克主张各个群体都具有其独特的身份甚至人格。

  菲吉斯和拉斯基通过介绍冯祁克的群体人格的概念,将这种社会分疏思想引入英国。他们认为,各个社会团体的身份或人格不可化约为个体的意志表达或行动。如果将学校、企业、行会或教会等组织视为社会实在的规范性结构,生活的多样性就能得到保障。这种基于群体身份授予的社会分疏不仅在欧洲产生过重大影响,还与实用主义思想结合起来塑造了美国19世纪后期的公共行政的主体思想。例如,威尔逊在论及州作为具有多样性的地方行政单元的时候指出,这样的行政单元是自我组织、自我构成、自信自给、名副其实的团体,人们只需要对之加以承认就可以了。但是群体人格的概念因其充满形而上学辎重的假设而遭到了激烈批判。尽管各类群体的身份或人格或多或少独立于其成员在个体与数量方面的变化,但仅凭这点还不足以证实群体作为意志表达或精神活动的中心,成为某种精神有机体或具有超越个体的人格。里特曾指出,不同群体社会行动的多样性不必预设集体人格这类形而上学概念,①这种多样性可视为个体自我之间复杂社会交织的表现。为避免过度的形而上学筹划,社会分疏思想必须承认群体不具有个体之上的意识,其并非集体行动生活的中心。

20世纪后期兴起的美国社会分疏思想试图绕开群体身份的概念,另辟蹊径去复兴社会生活多样性的洞见。始于1964年的"向贫困宣战"运动使政府通过立法推动多项以促进社会公平为目标的福利项目。但这项运动不仅没有取得胜利,还导致了政府职能的扩张与政策过程的缺乏限制。贝格尔与纽豪斯批评这些福利项目对原生共同体居于其中的中介结构缺乏关注。沃尔泽认为社会分化进程创造的多元领域与结构是使人免于专制的营垒。各个中介领域自身就包含独特的分配原则,政府对社会善品的分配不能绕开这些原则。正如沃尔泽所言,分配正义必须考虑社会领域的多样性。② 通过对善品的区分来运作,这种社会分疏的思想避开了关于群体身份的形而上学论辩,而专注于澄清政府分配行为的道德原则。虽然以沃尔泽为代表的美国社会分疏思想的目标是对分配原则设立界限,但却无法回答这些标准和规范源自何处。英国社会分疏者曾直接从个体身份这个行而上学的源头出发,但美国社会分疏思想因受实用争论推动,对这些原则的基础缺乏关注。尽管沃尔泽试图诉诸历史经验而消解源头的问题,但他的社会分疏思想却无法彻底放弃超越历史的普遍性诉求。如果社会的多元领域完全是在历史中建构而成的,那为何应当珍视这些多元的遗产而拒绝希特勒等在历史中建构的社会类型?历史自身并不包含这个问题的答案。

另一方面,尽管沃尔泽尝试用历史主义的态度削弱其社会分疏思想的先验性,但这种理论依旧无法避免后现代主义者的攻击。许多批评者指出他的理论包含浓厚的平等主义倾向,并面临本质

---

① Vierkandt A. Individuum und Gemeinschaft by Theodor Litt[J]. Kant-Studien,1925,28(1-2):306-307.
② 迈克尔·沃尔泽.正义诸领域[M].褚松燕,译.南京:译林出版社,2002:23.

主义和道德绝对主义的问题。沃尔泽认为多元社会领域尽管相互交织，却又彼此分离，各个领域拥有不同的分配方式，并包含各自所谓的普遍价值。但事实上这些价值通常只能通过本质上相互竞争的概念予以阐明。阿贝尔和赛门特里认为，沃尔泽赋予这些价值以同等普遍的效力，其实是将一种平等主义的规范强加于社会实在。① 所以当代主流的社会分疏思想面临悖论式的困境：它既因过于孱弱的规范性特征无法说明其超越历史的普遍性诉求，又因内容上过强的规范性主张而陷入本质主义或绝对主义的危险。这种理论困境可能使社会分疏思想偃旗息鼓。因此，要澄清一种使当代公共行政系统运作于其中的具有规范性架构的社会结构，社会分疏直觉必须在概念化的同时避免历史主义与本质主义的危险。

2. 社会规范结构的多维模态

现代社会分疏思想的困境都是由理论思维自身的局限所造成的。这些困境在现代概念密集型理论筹划的过程中愈演愈烈。启蒙时代以来的西方知识界相信人类理性即使不是获取真知的唯一途径，也是具有优先性的自治起点。康德曾对知识生产的理性机制作了令人信服的解释。他认为，自然经验的杂多只有通过内在于人类理性的先验范畴组织起来，才能成为可靠的科学认知。杜伊维尔认为这些通过亚里士多德的逻辑概念改造而来的范畴不能为理论提供基础的关涉支点，只有核心自我才能从一种前理论的支点提供这种关涉机制。② 这种前理论的支点就是自我作为个体化整体（Individual Whole）运作于其中的自然经验。现代西方思

---

① Abel C F, Sementelli A J. Justice and Public Administration[M]. Tuscaloosa: The University of Alabama Press, 2007: 96.
② Dooyeweerd Herman. A New Critique of Theoretical Thought Ⅰ: The Necessary Presuppositions of Philosophy[M]. David Freeman, William Young. Ontario: Paideia Press, 1984: 84.

想受笛卡尔影响,都以怀疑自然经验作为出发点,他们认为只有通过反思将经验建构为理论,才能获得可靠的知识。但是理论思维只能从前理论的自然经验出发,以获得有限的、抽象的知识。① 事实上自然经验才是人类获取真知的坚实基地。这是人类在实践中广泛承担责任,发展自身天赋并与其他事物共享各类关系的领域。即使对无法被理论思维所把握而被康德归入本体领域的道德责任而言,人类依旧可以从自然经验中获取可靠的实践知识。因此,激进经验主义的立场实际上是要将康德、笛卡尔以及他们的追随者拉回各种哲学与科学源起的基本假设和信念之中。

正是在自然经验之中,人们与多样的组织与社会团体相互照面。各个社会实在都显示出独特而确定的特征,这是理论家社会分疏直觉的源头。这种社会分疏直觉具有双重特征:一方面,它是一种普遍的经验,人们在不同历史时期与地区都能在不同程度上经历社会生活的多样性;②但另一方面,这种社会分疏经验在不同社会中的实证形式却大相径庭。杜伊维尔认为,正是每个事件、社会关系与组织机构个体身份结构之间不可化约的差异性使社会分疏直觉具有这种双重特征。③ 但是由于概念与逻辑无法重现经验的具体性,所以理论思想无法把握这些个体身份结构之间极致的差异性。当社会理论试图超越自身界限去从事这项西西弗斯式的工作时,就会陷入悖论性的困境。很多理论家可能为了弱化规范性前提,而将社会生活的多样性视为纯粹历史的构造物,但这种筹划使社会理论在社会分疏直觉的普遍性要求下显得过于孱弱。他们也可能为了提出一种关于普遍社会结构或分配原则的社会分疏理论,像沃尔泽一样在某种平等主义的伦理框架下思考社会领域

---

① Dooyeweerd Herman. In the Twilight of Western Thought[M]. Ontario:Paideia Press,2012:11.
② 尚未分化的部落社会可能是仅有的例外。
③ Dooyeweerd Herman. A New Critique of Theoretical Thought Ⅲ:The Structure of Individuality of Temporal Reality [M]. translated by David Freeman, Jongste H. D. Philadelphia:The Presbyterian and Reformed Publishing Company,1969:80.

的多样性,但这种进路又因从外面向经验施加的理性原则,破坏了社会分疏实证形式之间的本质差异性。

在这里我们遭遇到了分疏化社会结构的核心问题,即理论思维究竟能以怎样的方式表述自然经验①中人类社会生活的多样性？人类的自然经验是多维度的统一体,当人们开始从理论视角检验自然经验时,所发现的只是实在经验的模态维度。模态主要指事物的存在方式,或所有系统在其中运转的意义架构。② 模态维度被界定为事物、事件、关系和事态所呈现的性质与规则最基本的种类。所以此概念并非事物的类型或种类,而是事物所呈现之性质的类别,以及与这些性质相伴的规则秩序。前者主要是指不同人类与自然系统以及它们之间的相互影响,而后者则是指事物存在之不同维度的层次机构。可以用两个性质不同的问题来区分事物的个体身份与模态。前者是对"存在的是什么"这个问题的回答,而后者只是为了说明"事物如何存在"。由于自然经验中的多种模态相互交织,并统一于个体身份的整体。所以这两个问题密切相关,如果人们误解了前者的性质,就无法从后者中获得正确的洞见。

自然经验中,存在并不表征于抽象出思想来的那些模态之中,而是使自身呈现在事物、事件、行为与社会关系这些个体化整体的结构中。只有当理论思维的抽象功能将这些模态维度彼此分开时,它们才以疏离的形式出现在人类认知的视野中。例如,一个孩子首先从左侧抽屉取出 5 个青苹果,随后又从右侧抽屉取出 3 个红苹果,现在他得知摆在自己面前的总共是 8 个苹果。但是为了从理论上认识算术法则,男孩必须忽视"可数"模态维度之外的实物特征。只有当他将自己的思想限制在逻辑或方法论的运作之

---

① 杜伊维尔意义上的自然经验是指非理论化的人类经验。"自然"并不等同于"简单的"。有时候自然经验也被称作日常经验。杜伊维尔尽力强调理论是嵌在这种自然经验之中的,所以不能侵扰这种经验。

② 杜伊维尔也将模态称作"模态功能""模态维度"或者"实在的面向"。

内,从而在自然经验的关联中抽象去掉各个苹果独特的身份结构,才能学会"5+3=8"的算术法则。霍布斯早在17世纪反思现代自然科学的基础时就曾洞见到,理论思维所获得的只是"关于结果以及一个事实与另一个事实之间依存关系的知识",而不是关于事实本身的知识。例如在公共事物中,当代社会科学只能得出变量之间通过某些函数表达的依存关系,却无法揭示出社会实在发生的全备原理。前者是以抽象的方式在孤立的模态中所获得的规则,而后者则涉及自然经验之中的具体事物。

浪漫主义者、实用主义者与后现代主义者都在个体身份所展现出的极致多样性上获得了丰富的洞见。但很多人都忽视了模态领域不同维度所呈现的多样性。如果人们在理论上区分统一自然意识的模态时遭遇到悖论,就意味着意识整体中包含着两个或两个以上的模态领域有待进一步区分。例如,芝诺问题的推理之所以最终得出阿喀琉斯在赛跑中无法超越乌龟的悖论,是因为人们未能将运动从空间或位移的模态中区分开来。① 一系列的模态维度在过去2600年的时间里被区分出来,它们中的每一个都被纳入特定学科或科学的研究领域,例如:数学、物理学、生物学、逻辑学、社会学、经济学、美学、法学、伦理学与神学等。由于模态并非是指这些学科所研究事物的类别,而是涉及它们在某个经验维度中的运作方式,所以杜伊维尔避免以名词的方式创建模态维度的目录。这使他被迫在这份目录中采用了一些古怪的术语以及一些熟悉术语的特殊含义。目前广为接受的模态领域的类别包括:可数的、空间的、物性的、运动的、生命的、感知的、逻辑的、历史的、象征的、交往的、经济的、审美的、正义的、伦理的和信仰的。这里所澄清的模态多元性与实在事务个体身份多元性相结合就构成了社会的多元结构,这种结构模型如图7-1所示:

---

① 对于杜伊维尔来说,模态既不等同于内在于模态之事物的功能,也不等同于事物的属性。由于逻辑分析本身就是一种特殊的模态,所以模态之间的区别也并非逻辑上的区别。

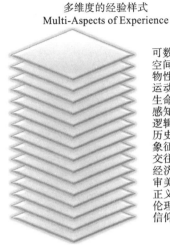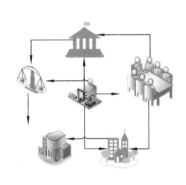

多维度的经验样式　Multi-Aspects of Experience

多元个体结构的实在系统　Systemic of Individuality Structures

可数的(Numerical)
空间的(Spatial)
物性的(Physical)
运动的(Kinematic)
生命的(Biotic)
感知的(Psychical)
逻辑的(Logical)
历史的(Historical)
象征的(Symbolic)
交往的(Social)
经济的(Economic)
审美的(Aesthetic)
正义的(Juridical)
伦理的(Ethical)
信仰的(Fiduciary)

图 7-1　多元社会体系的双重结构模型

当个体结构相互遭遇而发生的自然经验穿过理论思维的棱镜时，实在事物的个体身份因此场域的抽象效应受到了阻碍。所以，当实在世界开始在彼此孤立的模态维度中展现其关联时，各个事件、社会关系与组织机构的身份就隐退幕后。也正是从这个时候开始，事物的极致多样性逐渐淡出了研究者的视野。在此过程中逐渐浮现出来的模态领域兼具普遍性与多样性的特征，是二者的辩证统一。经验的模态是存在事物所具有的普遍维度。① 这意味着任何事物或个人都运作于每一种模态维度。但注意到模态维度的普遍性并不必然使理论家获得某种社会分疏洞见。例如，可数模态的普遍性使毕达哥拉斯将数视为世界的本原；运动和物性模态的普遍性使霍布斯将实在理解为"运动着的物质"；历史模态的普遍性使很多 19 世纪欧陆的思想家接受了历史主义的世界观。这些理论家不约而同地采取了化约主义的策略。本研究在第六章已经说明这种策略的核心观念是认为宇宙万有的本质特性可以通

---

① Dooyeweerd Herman. A New Critique of Theoretical Thought Ⅱ：The General Theory of the Modal Spheres[M]. translated by David Freeman, William Young. Ontario：Paideia Press, 1984：334.

过某种(或少数几种)具有独立性的模态维度得以说明,其他所有模态维度都必须依赖于这种(或这几种)模态领域才可能存在。[①] 被这些理论家所共同忽视的事实是,每种模态维度都具有同样的普遍性。也就是说,所有模态维度都同等真实,并且相互之间不可化约。此洞见是使模态普遍性导向社会分疏化的关键。

分疏化社会结构是不可化约之认识论原理在本体论领域的演绎结果。本研究曾经在第六章基于变革型公共行政的激进经验主义立场,提出了不可化约的认识论原理,即:理论筹划必须拒绝将某种(或少数几种)模态维度作为实在的本原。研究者既不能将任何一种(或几种)模态视为唯一真实的存在,也不能将其视为使其他模态维度得以存在的原因。这种认识论原理将必然导致变革型公共行政在社会本体论方面接受"原则社会分疏"(Principal Pluralism)。这首先拒绝将具体关系、事件和事物化约为经验的某种特殊模态。例如,古典公共行政理论曾经广泛采用在科层制的官僚结构中主要以理性、冷静与服从为取向的行政人为个体模型搭建分析框架,而公共选择理论却主张以理性地追求利益最大化为行动取向的经济人模型重构公共事物的分析框架。无论是行政人还是经济人模型,都是对公共行政体系中真实个体的抽象和缩减:前者由于要兼容决定论而向物性模态化约,后者则只将个体符合经济模态的运作考虑进公共行政之中。以上两种化约主义策略必然使研究者对公共行政体系作出与社会分疏大相径庭的解释。此外,社会分疏化还要求严格避免将公共行政与企业或学校等其他社会机构或组织的运作等同起来。要说明这一点,首先需要阐明社会多元结构的领域主权原则。

3. 现代社会结构的规范原则

尽管任何事件、组织与关系都同时运作于所有模态维度,但这

[①] Clouser Roy A. The Myth of Religious Neutrality[M]. Indiana: University of Notre Dame Press,1991:201.

些维度是以不同的方式结构化地统一于各个组织与关系的身份中的。例如政府与企业都必须面对资源相对稀缺的环境,所以这两类机构都必须以经济的模态运作,但这并不意味着二者应以同样的方式运作于这种模态维度。自20世纪90年代起风靡全球的新公共管理运动(NPM)曾经宣称应当像运营企业一样管理政府部门,并将企业家精神注入公共行政的管理中。这场改革运动后来因危及公共正义而遭到了激烈的批判,并逐渐被各地政府所抛弃。事实证明,经济的模态是以不同的方式分别被结构化整合到政府与企业的个别整体中的。杜伊维尔用个体结构(Individuality Structure)的概念来指称各种模态相互交织,并统一于特定组织或关系的独特方式。事物的典型个体结构既具有特殊性,又具有普遍性。当代自由主义者片面侧重其特殊性,诉诸个体行动来解释各式各样机构与关系的起源与多样性。而古希腊哲学家片面地强调其普遍性,竭力寻找林林总总事物背后的永恒形式。在杜伊维尔的概念体系中,个体结构的特殊性主要源自具体事物极致的多样性,而普遍性总是由模态功能得以呈现的,典型个体结构则是联结具体事物与其模态功能的桥梁。

然而,特殊性与普遍性之间的张力使典型个体结构的概念矛盾重重。① 杜伊维尔曾试图用个体结构取代柏拉图理念形式的概念,以说明具体社会的实存。但是他的专注点仍旧被限制在理论思想的范围之内,而没有深入与具体事物之个体身份照面的自然经验领域。事实上杜伊维尔的分析极少涉及实存社会组织或关系的整体,其工作几乎都是对不同个体结构之间诸模态功能组织方式的比较分析。他尽力向读者展现任何社会组织或关系中,都存在某种模态功能扮演着主导角色,组织指挥着其余多种模态功能结构化地导向这些组织或关系的特殊目的。杜伊维尔将具有此角

---

① 个体结构是杜伊维尔理论中最难理解的概念。这个由杜伊维尔从荷兰语和英语双关含义中创造的概念为很多学者所误解。多年以来有许多研究尝试为之寻找替代的概念,只是学界目前仍未有一致看法。

色的模态功能称作这类社会组织或关系的主导功能（Leading Function）。于是，个体结构成为了由主导功能赋予特殊结构的事件、社会组织或关系之诸模态功能的组织序列。当研究者注意到组织或关系所具有的主导功能时，就会发现这些社会实在的、典型特征或独特的身份结构。因这些发挥主导功能的模态领域同等真实，社会便呈现出多元的权威结构。结构类型之间的根本不同主要是由其相应的主导功能所决定的，这些主导功能可以是任何规范性模态维度。杜伊维尔将以相同模态维度为主导功能的组织或机构归属于同一基本类别（Radical Type）。① 主导功能通过将各类社会组织或机构分门别类，以自身为规范性标准划分出社会的基本领域。因各个模态维度具有不可化约的意义核心（Meaning Nucleus），②社会基本领域归根结底只能以其规范性模态为原则。这使得每个社会基本领域都以其主导模态为主权者，并在该领域内部具有不可化约的权威。杜伊维尔将社会基本领域因内在本性和独特生活法则而具有的权威称为领域主权（Sphere Sovereignty）。③

领域主权并非是杜伊维尔独创的概念。荷兰思想家格瑞恩早在19世纪就开始使用这一概念。他发现，荷兰在法国大革命之前数百年中所形成的多样化的社会秩序当时受到革命的狂热主义以及随之而来的自由主义的威胁。格瑞恩认为在欧洲列祖的时代，每个家长、社团与庄园都在各自领域之内享有某种类似于主权的权利。④ 他们在各自能力范围之内有权安排人力和财产，有权为自己的属民制定规则。格瑞恩将荷兰的普遍繁荣视为由领域主权所保障的多元秩序之结果。尽管格瑞恩十分清楚政府、学校、家

---

① Chaplin Jonathan. Herman Dooyeweerd[M]. Indiana：University of Notre Dame Press，2011：89.
② 意义内核指每种模态中无法化约也无法定义的核心意义。
③ Dooyeweerd Herman. Roots of Western Culture[M]. John Kraay. Ontario：Paideia Press，2012：49.
④ Groen van Prinsterer. Unbelief and Revolution[M]. Washington：Lexham Press，2018：61.

庭、企业与行会等组织或机构之间存在本质不同,但是他仅将领域主权视为历史传统对荷兰的馈赠。亚伯拉罕·凯波尔从格瑞恩那里继承了领域主权的概念,但他将这个概念视为一种具有普遍性的规范原则。凯波尔认为,尽管人类可能在历史中偏离甚至拒绝尊重社会基本领域的主权,但这不能否认领域主权作为规范原则具有超越历史的普遍性。① 不过当他开始列举各种主权的领域时,却将省和市这样的行政区划结构与家庭、学校、艺术社团与企业等放在一起。正如杜伊维尔所言,省与市并非主权的领域,而只是特定政府内部具有自治权的组成部分。它们自治权的范围取决于国家在特定历史条件中的实证形式,而非不同领域的团体或社会关系主导功能所属模态维度之间的同等真实性和不可化约性。所以凯波尔对领域主权的分析依旧受到了历史学派的影响。作为凯波尔的学生,杜伊维尔在更为融贯的哲学思考中发展了领域主权的含义。他将领域主权从以自治权为核心概念的传统社会分疏思想中彻底分离出来。自治权概念的缺陷在于:其必须依靠历史主义才能获得规范性,对于在历史中没有发展出多样秩序的国家和地区而言,自治权不足以成为推动其向多元社会结构转型的重要原则。对杜伊维尔来说,多元社会结构并非盲目历史过程的幸运遗产,而是人类社会活动符合规则治理的结果。领域主权就是社会权威结构的规范性原则。它是人类经验的诸模态领域真实性与不可化约性在社会理论方面的必然推论,并为其他社会权威结构的思想提供了规范替代物。

综观整个思想史,人们对社会权威结构的理解大体上可分为共同体主义和个人主义两种类型。典型的共同体主义将国家或其类似物视为社会权威的来源。其他如学校、企业、社团等社会组织或机构的权威被视为源自这类具有整体性特征的共同体。这类观

---

① 亚伯拉罕·凯波尔.加尔文主义讲座[M]//茜亚.凡赫尔斯玛.加尔文传.王兆丰,译.北京:华夏出版社,2014.

点最早与亚里士多德有关,后经霍布斯与欧陆浪漫主义者的继承,在当代社会理论中仍旧极具影响力。然而这类观点忽视了社会权威来源的多样性。国家固然具有公共权威,但这类权威的实质是在特定领土范围内合法使用暴力的排他性权威,而不是各模态领域的创造性源头。① 个人主义对社会权威结构的解释则与共同体主义相对,这种观点将个体视为权威唯一真实的来源。很多现代思想家受其影响,相信各类关系和共同体主义中的权威是由复数个体权威建构而成。社会契约论模型经常被用以说明个体建构共同体权威的方式。这种模型的理性主义版本在维科、休谟和后来历史主义学派的持续批判下逐渐被舍弃,但其背后的个人主义思想仍旧被新自由主义心照不宣地继承下来。人类生活相较个体具有更多的实在性,人类不仅通过个体,也通过各类社会关系与多样的共同体而具有其独特的身份。② 这些社会性权威既非源自国家的公共权力,也不能被视为个体权威的建构物。只有领域主权的概念才能在共同体主义和个人主义之外为社会权威的多样性结构提供合理的解释。

领域主权作为社会秩序的多样性原则,并非某种超越历史、永恒绝对的社会结构。在阿奎那或其他持类似观念的思想家眼中,社会结构是永恒理性秩序的表现。他们认为社会结构存在某种在内容方面固定不变的理性模式。这种模式展开于所谓的事物之自然秩序中,不随时间与空间而改变。但是具有激进经验主义特征的领域主权并不具有这种永恒不变的性质。③ 以领域主权为原则的社会多元结构在历史中呈现为某种"揭示进程"。④ 这是一个诸

---

① 郝涛,杨玉成.杜伊威尔的正义论初探[J].世界哲学,2014(2):132-138.
② 斯克伦,麦卡锡.社会秩序与多元的社会结构[M].方永,译.香港:道风书社,2013:532.
③ 无论是在前现代的历史中还是在当代部分地区,领域主权都没有出现在社会权威结构的实证形式中。
④ Dooyeweerd Herman. A New Critique of Theoretical Thought Ⅱ:The General Theory of the Modal Spheres[M]. Translated by David Freeman and William Young. Ontario:Paideia Press, 1984:181.

模态维度在时间绵延中不断分化和自我解释的历史进程。该进程自"可数的"开始,最后由"信仰的"模态指向个体身份的超验统一。随着各模态被导向所期待的其他维度,意义整体也随着这种开放进程而得到深化。① 例如,当伦理因素被纳入法律中罪责分配的考量时,正义施行维度领域的意义便因为向伦理维度的期待性开放而得到了深化。② 所以模态维度在时间秩序中从前到后的排列与推进,是历史进程朝向意义完美的超验方向(Transcendental Direction)或期待方向(Anticipatory Direction)。

　　社会多元结构的自我揭示是在历史进程中不断实现的。有些经验的运作模式只有在特定时期既有模态维度得以发展的基础上才可能出现。例如只有当语言表征发展出发达的书写系统后,出版领域才具有历史可能性。所以人类模态领域的完整结构并非是历史起点的所予物,它需要在时间中不断得以揭示。这意味着以领域主权为核心之社会基本领域的多样性需要在历史进程中不断涌现。这个涌现的过程就是社会分工/分化。事实上人类文明的典型模式就是由早期未分化社会朝向多元分化社会发展。早期社会中,文明被封闭在氏族、部落与民众的坚硬墙壁之间,从而彼此隔绝。由于这些社会并不具有分化的权力领域,所以它们通常围绕独一的支配性权威结构实现内在统一。这类权力领域控制着诸如家庭、经济、政体与宗教崇拜等一切主要的社会功能,并维持着与自然宗教密切相关的群体传统。个体在生活的所有领域都服从于这个权力领域,他们只能作为早期社会的成员而非个体人格得以考察,氏族与部落的严密结构没有为非家庭的联合体或机构的分化留下任何空间。

---

① Dooyeweerd Herman. The Crisis in Humanist Political Theory[M]. Ontario: Paideia Press, 2010: 81.
② Dooyeweerd Herman. Encyclopedia of The Science of Law[M]. Ontario: Paideia Press, 2012: 124.

只有当隔绝的墙壁受到侵蚀或被拆毁时,历史发展才会走向社会分化。在分化进程中,之前统一于公共整体的多种社会功能分散开来,并为独立实存且各具特色的社会结构所执行。与此同时,社会分化的进程也是个体化的进程。离开了文化领域的分化进程,人类社会中各类组织与关系的个体结构就无从自由展开。只要一个社会仍旧处于未分化的境况,自由工业与贸易、独立的艺术创作以及科学团体都没有存在的空间,个体的自我实现与全面发展也绝无可能。正是社会分化为多样个体、关系与组织,才创造了自由发展与繁荣的空间,并使它们百节各按其职以推动社会整体的文化发展。韦伯曾用世俗化的范畴来解释传统社会向现代社会的分化转型。他相信个体领域内在自治权的发展是以经济与政治等非宗教领域的世俗化为前提。这些领域与宗教信念和伦理无法兼容,并将自身排斥出宗教义务系统。例如国家不能再像前现代社会被理解为追逐宗教或道德目标的手段,而应从特定领土之上合法垄断暴力的纯粹政治角度加以规定。尽管世俗化是推动欧洲社会分化的实证条件,但该范畴从来就不是这种进程的必要特征或条件。事实上任何历史条件下的社会分化都是对多元秩序规范性要求的回应。联合体与机构的分化并非历史发展的盲目过程,也不是个体之间通过契约建构社会生活自治领域的结果,毋宁说使任何组织存在并独具特色的实证条件都依赖于模态领域的多元结构。因此社会关系典型个体结构的分化是社会的"规范性展开"。

领域主权所保障的社会多元结构是人类历史型构这项动态事业的结果。这意味着模态维度的揭示与社会基本结构的分化进程是以人类行动为媒介的。社会领域的多元性并不是从外部向自然经验施加的理性结构,而是根植于普遍不可化约之人类功能的规范结构。具体而言,社会分化是以领域主权为核心的规范性结构在历史中的呼召。当人类在历史中以回应维度功能规范性呼召的方式采取行动时,社会基本结构就会朝向多元领域逐渐发展。所以，社会分化并不是生物进化那样的自然进程，而是用以评估历史发展的规范性标准。通过这种标准，特定社会变革可以被判断为历史的进步或反动。如果一项变革促进了社会基本结构的分化和多样性，它就是进步的，自由贸易取代重商主义便是一项进步的改革措施。与社会分化的要求相悖的社会变革就是反动的，例如，某些基督徒贵族在拿破仑战败后企图恢复采邑秩序，以及纳粹试图重建一个未分化的德国民族社会，这些社会变革都是历史性反动的典型案例。因此，社会分化必须被视为人类以积极的方式回应其模态领域功能多样性的呼召，通过参与历史发展，不断确立以领域主权为核心的社会多元结构的进步过程。

三、变革型公共行政的运作原理

建构变革型公共行政的最后难题是：如何使公共行政系统切实可行地运作于规范性展开的社会结构中？自18世纪以来，人们开始将理性主义和机械主义的压迫性约束作为公共行政系统的设计规范。将公共行政设计为某种硬性系统，本质上会导致为秩序而透支人性的现代性恶果。卢梭的"高贵野蛮人"模型，19世纪的浪漫主义，20世纪的存在主义，以及当代很多后现代理论都试图通过突破秩序的界限去追求人类解放。罗素曾将这种对秩序的拒绝追溯到古希腊人对狄俄尼索斯的崇拜传统。[①] 人们在这种宗教中反抗强加于他们的社会束缚，并渴望某种更接近本能的狂野生活方式。尽管狄俄尼索斯的拥护者在对抗反叛中发现了巨大的创造力和丰富的灵感，但对秩序和理性的全盘否定会导致混乱、暴政和文化无政府状态的破坏性后果。变革型公共行政需要在理性主义与无政府主义之间探索所谓的第三条道路，也就是设计出与人类发展和规范性社会秩序相互促进的公共行政系统。由于社会结

---

① 罗素.西方哲学史(上卷)[M].何兆武,李约瑟,译.北京：商务印书馆,2011:15.

构已经根据个体身份在历时性经验中展开的多维度模态获得了社会分疏的规范性内容,因此现在的问题是:在由主权领域原则所保障的多元社会结构之中,公共行政应当被安置在怎样的位置?这个系统应该如何运转起来,才能促进而非阻碍社会模态领域的规范性展开或分化?

1. 公共行政操作系统设计

公共行政是出于公共治理目标的必要性,逐渐发展而来的管理系统。这种管理系统至少需要依靠沟通、协调、分配、评估以及法律界定等手段去实现或维持其在公共治理方面的目标。公共行政中用以实现其主导功能所配置的模态目标系统被称作操作系统(Operational System)。公共行政的操作系统是执行法律与政策,实现公共治理目标的机构组件,其既包括所有与之相关的物理手段(电子信息设备、武装力量和建筑物等),也包括警察、会计、规划者等促进公共行政目标的雇员。公共行政操作系统运作于在历时性经验之中展开的社会环境中。环境自身也是由大量其他的社会系统构成,这些系统同时运作于各个模态维度之中。当社会环境与公共行政系统发生接触时,可能会因操作的不确定性而威胁到系统目标的实现。突发的公共事件、经济萧条或国际关系的改变都会使各个层级的政府面临额外的不确定性。公共行政操作系统的功能就是在复杂的环境中实现系统的自我维持与发展进化。这意味着当社会环境不断迫使政府机构远离公共治理的目标之时,公共行政能够通过操作系统维持其身份与功能。当政府在面对经济下行和产能过剩等挑战时,通过实施深化产业结构改革和开辟海外市场的公共政策,成功捍卫了公共行政的身份认同时,这个系统就能够实现发展和进化。

只有当特定社会分化出用以实现公共目标的操作系统时,公共行政才会出现。在集中于部落与民族组织未分化的政治权力瓦解之前,不可能出现以公共正义为独立规范的操作系统。在未分化的社会条件下，政治权威与私人权威彼此混杂。只有当政治权威被视为人民之公器时，公共行政作为独立运作的社会系统才会出现。例如，由于墨洛温王朝的权威无法脱离亲属关系和部落社会的影响，所以其政治领域无法发展出真正的公共行政系统。同理认为将土地普遍分封给亲属团体的周王朝曾经存在任何意义上的公共行政系统都是荒谬的。相比这类历史学家的疏忽，当代管理理论的错误是将公共行政混同于经济组织或其他组织的行政。尽管各类组织都为实现相应目标而发展出具有类似形态的手段和工具，但并非所有组织的操作系统都是为了追求具有公共性的目标。为了防止家属关系和私人团体阻挠公共正义的实现，国家行政必须至少包含某类在特定领域之内垄断强制权力之使用的操作系统。因此，使公共目标具有可操作性的基本要求就是特定的行政系统在某领土范围的文化领域以内垄断对强制权力的实施。

尽管公共行政需要在历史进程所展开的具体处境之中展现自身塑造和建构公共领域的文化力量，但其操作系统的目标子集并不是完全由变化的环境和主观的判断所决定的。如果缺乏某种客观的规范性标准，那么公共行政出于自我维持与进化所指定的任何目标和所采用的所有手段都是合法的。这种现代人文主义的假设可能会鼓励执政者与研究者脱离道德与智识的完整性，去追求某些不符合人性与自然经验的目标，这在国家与公共行政具有大规模改造人类社会能力的环境中可能引发致命后果。而变革型公共行政则假设公共行政与其操作系统都在不同程度上受模态结构的内在目的所约束。事实上公共行政操作系统是围绕特定事务性领域的意义内核而运作的。意义内核是用以保障每个模态维度不可化约性的核心意义。① 尽管每个维度的意义内核都不可定义，但模态秩序似乎就像轮子的辐条被推向轮毂那样被拉向这个核心。社会系统在早期阶段可能在其任务中受多个意义内核所牵扯

---

① Strauss D. Philosophy：Discipline of the Disciplines[M]. Ontario：Paideia Press，2009：74.

（如图 7-2 所示），但是随着系统日趋复杂并难以管理，其逐渐分化出各自具有独特意义内核的多个新系统。例如中国早期的帝制国家一直存在家庭关系与公共正义两种彼此冲突的核心秩序，直到秦国君主试图抑制亲戚裙带，并推行非人格化的行政管理，才在公共事务中排除家族影响的方面取得了相对有限的进展。① 这也标志着政治事务与公共行政在历史中逐渐与家庭分离，发展成独立自主的领域。

模态领域（Modal Spheres）	意义内核（Meaning-Nuclei）
信仰的（Fiduciary）	认信/确信（Faith/Certainty）
伦理的（Ethical）	爱/信实（Love/Troth）
正义的（Justitial）	报偿（Retribution）
审美的（Athentic）	美/和谐（Beauty/Harmony）
经济的（Economic）	节俭/可行（Frugality/Viability）
交往的（Social）	交往互动（Interaction）
象征的（Symbolic）	象征意义（Symbolical Signification）
历史的（Historical）	形塑力量（Formative Power）
逻辑的（Logical）	抽象分析（Analysis）
感知的（Phychical）	感受性（Sensitivity）
生命的（Biotic）	生命力（Vitality）
物性的（Physical）	力量运作（Energy-Operation）
运动的（Kinematic）	移动/持续性（Motion/Constancy）
空间的（Spatial）	连续的广延（Continuous Extension）
可数的（Numerical）	离散的定量（Discrete Quantity）

图 7-2　模态领域的意义内核

---

① 福山.政治秩序的起源[M].毛俊杰,译.桂林:广西师范大学出版社,2012:100-101.

尽管公共行政具有独特的意义内核(这个支配功能的目标依靠元系统来进行管理),但其操作系统却必须涵盖各个模态领域的目标。这些多维度的模态目标使公共行政分化成不同的操作性单元。公共行政必须依靠这些操作性单元按照各个模态功能的原始秩序开展组织、分派与协调等各项工作。例如政府需要在管理资源和项目的活动中遵循经济规范。由于政府需要在相关事务性范围之内按照各个模态维度的原始功能运作起来,所以其个体结构根据模态功能分化而成的运作单元构成了公共行政操作系统的基本类别。这类操作系统将公共行政用以分化运作单元的模态功能作为其自身的主导功能,其工作人员正是基于自身对该功能的理解和参与才被赋予了权威和责任。日趋增长的复杂性推动操作系统按照个体结构发展的历史需要(而非按照多模态秩序)进一步分化为各个操作系统的支持系统。例如,任何地区公共行政中以经济模态为主导功能的操作系统,在发展过程中会根据该地区特殊的政治与文化环境分化为财务和人事管理这类支持系统。因此操作系统与支持系统是使公共行政体系切实可行的基本保障。

公共行政整体结构与机制的设计和变革不能干扰甚至扭曲各个操作系统基于多维度秩序所分派的模态功能。尽管各个操作系统自身也是多模态运作的社会实在,但公共行政基于多维度秩序所分派的模态功能必须在其诸多功能之中占据支配性地位。只有当操作系统在整体上符合其主导功能的运作时,才能被符合规范地整合到公共行政体系之中。自然系统是这种整合模式的模板。例如,位于窗户旁边的天竺葵,叶子和花朵总是朝向房间外的自然光,当这株植物移动位置时,其叶子与花朵会根据光源调整方向。在这个自然系统的实例中,人类操作行为对植物位置的改变既没有使茎秆的强度折损,又没有破坏其生命进程,这表明人类针对系统的操作行为被有效地整合到植物的组织结构中。公共行政针对各个子系统所实施的技术操作也不应违背这种整合原则。但并非所有的公共行政学家都能重视这项原则。公共选择学派的奈斯凯南曾经主张针对某些行政工作设立若干办事机构,以将竞争机制引入行政管理体制中。这种制度创新在某些情形中可以促进行政效率的提升,例如,由于预算主管部门通常缺乏与运作各个部门或项目之实际费用相关的有效信息,所以其难以评价或监管各个部门或项目组对运作费用的估算。如果允许复数机构针对相同项目提出彼此竞争的预算,就能保障这些机构的运作符合经济模态的规范要求。但是这类制度设计可能会诱使操作系统偏离其主导功能,去优先追逐其他的模态目标。例如履行公共卫生职能的部门可能会为了在竞标中获胜,忽视生命模态主导功能的规范性要求,这些部门可能会降低产品的标准或者放松对疫苗生产流程的监管。只有当各个操作系统能够服从于多维度模态秩序所分化的主导功能时,公共行政的运作才能是符合人性的。

公共行政的操作系统在任何意义上都不能被视为当代意义上独立运作的技术工具。这类工具是作为从远端对形塑过程施加科学控制而构造出来的手段。当人类责任与决策制定被转化为具有理性权威的预备阶段时,执行形塑就从操作系统的技术统一体中被分离出来。在操作系统的二元结构中,被付诸执行的设计在预备阶段就能依靠技术科学的方法而完成。这种设计在执行阶段只是由技术装置的独立运作而补充。通过复杂技术算子(Technological Operator)精确而高速的运作,操作系统在执行阶段的力量在表面上获得了极大的增长,但除去设计和安装,人类所做的只不过是下达命令以使技术算子运作起来。由于这种操作模式排除了人类在与自然环境、物质材料、能量输出、称手工具等要素相互遭遇的过程之中所形成的技术安排,所以人类的技术操作不断被理论控制和技术算子边缘化。技术是以形式赋予为主导功能的多维度的实践活动,而科学控制本质上只不过是使理论不受阻碍的应用。可现今即便是在具有高度复杂性的公共事务中,通过技术实现运作的操作系统也逐渐被远端的科学控制所取代。

公共行政操作系统的技术功能与应用科学理论之间的差别极

为微妙。马基雅维利讨论立法者杰出技术时的经典例证能够直观地体现两者的区别。他认为,对于共和国而言,腐败是随时可能出现的危机。如果人们养成了懒散怠惰的生活习惯,腐败就会接踵而至。这位意大利的外交官认为,由于贫瘠的环境会对人们的辛劳提出更高的要求,所以将城市建立在贫瘠的地方可以驱使人们尽心竭力地劳作,从而内心不被怠惰所占据。以上这些命题在满足某些论证标准的前提下都可以成为科学理论的命题。当立法者在创立国家之初选择贫瘠之地建城,这项行动可以被理解为治理者的政治或行政技术。但如果这类贫瘠之地不足以满足社区自给自足的经济功能,那么立法者考虑在富庶的地方建立城市才能体现技术的要求。在这种环境中,立法者通过制定法律向人民提出环境不会强加给他们的要求就是精湛技术的表现。如果立法者在情况改变的情况下仍旧忠于科学的结论,他就是在运用理论,而不是进行操作。遗憾的是当代公共行政的操作系统正在失去原有的技术特征。

2. 公共行政的元系统设计

公共行政要想切实可行地运作于多元社会结构之中,就必须保障每个操作系统的模态目标不受干扰地实现。公共行政的操作系统必须根据其模态目标来进行评估。只要任何操作系统的主导功能遭到阻碍或者破坏,那么特定公共能量场中就会出现内在于人类自然经验的个体发展和自我实现受到压抑甚至是扭曲的情形,所以只有当每个模态目标都通过操作系统实现时,公共行政才能被视为是人性化的或文明的。但遗憾的是,在不均衡的权力结构之中,以多元模态秩序作为各自主导功能的诸操作系统经常会出现彼此倾轧的冲突情形。例如登特通过研究欧洲铁路公司的案例发现,以操作性和工程性为核心秩序之传统工程项目的运作模式逐渐受到通过利润计算追求效率与效益之财务准则的挑战和干预。劳克林等学者曾经试图以哈贝马斯不受宰制的话语模型去抵制某些强势的模态规范对生活世界的殖民。[①][②] 哈贝马斯理论的原理是通过建构理想的交往实践，重新构造出符合自然经验的结构或制度安排。但既然自然经验在历时性维度的展开已经被把握为多模态的领域结构，通过维持公共行政各操作系统在模态功能上的分化，就能更为直接精确地把哈贝马斯的意图带向实现。这意味着通过公共行政操作系统设计来实现理想话语情境的规范目标。

变革型公共行政是通过元系统（Matasystem）的功能来实现批判理论为自身设定的目标。当模态领域所主导的操作系统彼此之间发生倾轧时，这些操作系统所输出的秩序就会相互矛盾。例如，以效率和利润最大化所要求的会计逻辑或财务秩序，就会不断与市政领域的工程性或公共健康领域的生命性所确立的秩序发生冲突。当操作系统的输出与公共行政元系统的目标发生冲突时，就应当通知元系统。元系统的功能是通过对信息和秩序的转换互译，管理和调整操作系统。元系统首先要将操作系统输出的秩序转化为一组模型之中的信息，这意味着输入元系统的信息并不像操作系统那样直接源自环境，而是源自公共行政诸操作系统之间的关联、冲突与交织。元系统的模型必然包含多种话语，以反映操作系统的多模态特征。由于这组模型还肩负维持系统运作的使命，所以其构成了行政智慧的保守部分。被输入模型的信息会被元系统再次输出为秩序。元系统将信息转化为秩序的过程实际上就是通过行政智慧与技术对诸操作系统实现重新组织的过程，这种转化只有通过第二组模型的运作才能实现。这类模型需要反映诸操作系统被整合到通过自然经验运作之生活系统的目标，正是该环节构成了行政智慧的创造性部分，并且确立了各个操作系统

---

① Dent J F. Organizational Research in Accounting：Perspectives，Issues and A Commentary[M]. London：Pitman，1986：27.
② Laughlin R C. Environmental Disturbances and Organizational Transitions and Transformations：Some Alternative Models[J]. Organization Studies，1991，12(2)：209-232.

在公共行政体系中的规范性原则。

元系统的管理进程是通过三类子系统的运作来实现的,每个子系统都需要展现相应的行政智慧。输入元系统的信息首先会被传送到协调子系统(The Co-ordination Subsystem)中。协调子系统的功能是通过找到实现公共行政系统的各个模态目标的方案,对操作系统所输出的秩序信息进行初步整合。在欧洲铁路公司的案例中,协调子系统会通过限制高度形式化的会计逻辑,减轻财务系统向工程项目施加的迫力。因此协调子系统确保了公共行政符合多模态运作的基本秩序。当众多的操作系统只由某种协调系统进行管理时,这些系统就没有被整合到某种组织化的整体之中,这可能会导致公共行政由共同体衰变为联合体。马克思曾经设想通过诸系统自主运作与相互补偿的联合体来实现政治国家管理职能的未来社会模型,但是在人类境况获得本质性改善之前,管理结构的维持仍旧是必要的(马克思自己也绝不会否认这一点)。因此现阶段要实现国家管理职能的目标,必须存在具有整合功能的子系统,使公共行政具有自我维持的能力。

整合子系统(The Integration Subsystem)是通过各种管理活动维持组织身份结构的运作装置。这类系统需要在协调子系统对模态功能受到压抑的操作系统进行修复的基础之上,整合各个操作系统的目标,使其进入某种个体结构的秩序之中。公共行政个体结构的存在是使系统身份不至于瓦解到环境之中的历史条件,所以整合子系统是以公共系统的自我维持为基本目标的运作环节。事实上宗教、经济与血缘等都能在特定文化背景之中为某些系统提供自我维持的整合力量,但只有当某种整合系统在政府机构的内部通过垄断强制力,排除意识形态、经济或家庭对该领域中最具普遍性之人类关系的支配性影响时,才能将符合公共正义的秩序施加于由诸操作系统所保障的各类其他的模态秩序之上。也只有当社会进程已经将这项历史目标带向实现之时,典型意义上的公共行政才会出现。因此在高度分化的现代社会中,公共行政整合诸操作系统的历史行动只能汇入公共正义的规范性要求，而不应该服从于明确界定的意识形态、经济秩序（例如新西兰与美国这些国家的政府在公共行政的某些领域采取的私营化改革）或者家族力量（例如西周或者默洛温王朝这类传统政治社会）等其他领域的模态秩序。

诸操作系统的目标和行动最终需要汇入向导子系统（Directive Subsystem）所规定的方向上。尽管元系统通常要在自我维持的方向消耗大量的运作能力，但整合与协调诸操作系统绝非公共行政的最终目标。公共行政作为特定政治社会公共治理结构的组成部分，在整体上服从于正义施行（Justitial）模态领域内在秩序的引导和限定，该模态领域的核心意义是报偿（retribution）。这个概念并不应该被局限于复仇或刑法所构造的典型范围之内，罗马法学家乌尔比安所提出的"每个人各得其所"的正义界定能够表达这个概念更加广泛的内涵。当本来归属于某人的事物被夺走时，正义维度的报偿性意向要求将该物归还。尽管报偿的意义模式是普遍有效的，但政府机构和个人以及其他社会组织在该领域模态功能方面的主要差异使其正义功能具有公共性。换言之，公共行政是在合法的公共社区中被授权通过创造公正的秩序来实现国家法律与政策目标的社会系统。公共行政的向导子系统正是受政府主导功能所推动，将诸多操作系统带向其结构性原则的实现。

操作系统与元系统的协调子系统、整合子系统以及向导子系统并非某种与公共组织实际的功能划分完全对等的结构安排。这些概念本质上是深思熟虑的哲学建构，其目标是通过变革型公共行政的激进经验主义来改造公共部门的运作，符合激进经验主义运作的公共组织套叠型交织（Enkaptic Interlacement）的结构秩序。设计以上这些系统范畴的目的就是用这种秩序来重构公共行政系统。解剖学家海登海因最早使用套叠型的概念用于表明生物结构中分离的器官与整个有机体之间的关系。他通过研究发现，诸如肾脏、肝脏等器官的生长是一个自我繁殖和分化的过程，它们并不是从属于生物体的组成部分,而是相对独立的个体组织。这种相对的独立性使器官与生物体具有一种套叠型的关联。但是杜伊维尔认为,这些器官的相对自主性并不足以表明它们是独立的个体,只有当某种个体结构具有其自身主导功能时,才具有真实的自主性,而生物的器官却不具备这种主导功能。当整体与其部分各自具有不同的主导功能之时,它们之间才可能构成套叠型关联。因此套叠型交织是指彼此不同,且不可还原的诸多领域在结构上所实现的一体化。

元系统与操作系统的运作性关联确保了公共行政体系与自然经验多模态秩序的吻合。作为公共治理结构的组成部分,公共行政的最终目标是促进国家主导功能与基础功能在具体处境中所提出的各项任务。但是如果这些目标的实现以压抑某些与管理公共事务相关的领域为代价,公共能量场就会出现对人类本性的排斥和对社会规范性结构的扭曲。正是为了使公共行政的组织和技术都臣服于人性与社会规范结构的基本要求,所以元系统的首要任务便是以协调子系统为中枢,使通过诸操作系统运作的各个模态功能得以实现。协调子系统对整合子系统的优先性表明,变革型公共行政将人性目标设置在组织目标和技术目标之上,也只有在这个基础上,各个模态功能才能通过向导子系统的运作汇入公共行政之中。相对于诸操作系统而言,元系统所输出的秩序其实是某种茁生秩序。这意味着由元系统保障的公共行政的主导功能既不能被还原为任何操作系统的模态功能,也不能压抑或者破坏这些操作系统符合各自主导功能的内在运作。

3. 公共行政的社会化运作

研究以社会变革为导向之公共行政原理的最后环节是改善公共行政与社会之间的链接方式。尽管操作系统和元系统的设计为公共行政的内部运作提供了符合多模态秩序的基本原理,但政府机构从来就不是某种封闭运作的系统。公共行政主要是通过治理活动以及与其他社会组织或者个体的照面(而非理性设计)不断建立其内部运作机制。如果公共行政与社会之间的链接方式不符合多维度的模态秩序,那么其内部机制的变革也会因无法与环境兼容而沦为无本之木。事实上公共行政在社会结构中的位置决定了这个链接环节的运作,而公共部门嵌入社会环境的位置与方式是对当代社会秩序具有决定性的重要面向。这意味着公共行政能够成为社会变革的发起点,可以成为改变、促进或强化某种社会秩序的工具或媒介。只有当公共行政的运作能够促进在历时性维度中所展开的宇宙秩序时,[①]社会秩序才能够反映人类本性的内在秩序。尽管在用以支撑公共权威的实践和信仰环境脆弱不堪的条件下,现实处境会迫使公共行政忽视规范性秩序的要求而削减社会结构的多元性,但是与政治环境的现实原则相比,能够反映人类本性的公共秩序显然是更高道德律的要求。正如马里旦所言,人类永远不应该放弃道德律,"当社会或政治环境越来越堕落或罪恶日益深重时,我们更必须紧紧抓住它"。[②] 因此,只要人类本性的真理还可能鼓舞人心,具有政治哲学智识的人就不应该放弃思考通过公共行政追求规范性秩序的变革要求。

只有当公共行政被安置在现代分化社会中切实可行的位置上时,公共行政系统才可能推动社会结构朝向符合人性方向的变革。主流社会科学对公共行政宏观架构的解释面临向两种极端立场滑落的危险,最具危险性的是将多元社会组织的联合体整合成为具有整体性的共同体。只有当不同的社会实体被从其主权领域的独特性中抽象出来,并按照它们相对于国家的团结性与从属性进行整合时,这些机构与组织才被视为相同共同体的组成部件。这种

---

① 这份研究的最终目标是将公共行政的变革导向宇宙秩序的自然彰显。也许"宇宙秩序"这个为很多学者所陌生的古典政治哲学术语会引起当代部分行政学者的反感,但只要公共行政哲学能够持续向多语性开放,这个沃格林与杜伊维尔经常使用的术语能够最为贴切地体现作者的研究意图。
② 马里旦.人和国家[M].沈宗灵,译.北京:中国法制出版社,2011.

观念支持将政治社会改造为由公共行政中心所导控的政治社会，缺乏社会分疏传统以及统治资源匮乏的事实使得某些地区相较成熟的分化社会更可能滑向这种危险。西方后现代理论提供了某种与之极端对立的观点，但这种理论同样忽视了分化社会的基本原则。与之相关的观点主张将共同体与联合体乃至公共系统本身都化约为纯粹个体之间的关系与联合。在哲学上，这种极端立场同样否认了个体在自然经验中所遭遇的共同体身份。由于片面强调个体主观能动性而忽视了分化社会多元结构的重要性，这种理论在缺乏社会分疏传统的地区只会导致灾难性的混乱。因此，只有把握现代分化社会在结构方面所展现的内在原则，公共行政的规范性位置才能被界定。

现代社会普遍存在的经验性动机阻碍了人们在社会结构中把握公共行政。沃格林将这种经验性动机诊断为"对存在的恐惧以及想要逃避它的欲望"。① 只有当个体在精神中心朝向超验实在开放的时候，实在秩序才会向个体存在敞开。当个体对"存在的深渊"充满恐惧和战栗，从而向超验实在封闭之时，就会对历时性经验采取某种内蕴性立场。这种立场会主导人们将现有社会的秩序构造为某种超越秩序的组成部分，当某种社会实在或结构被圣化时，就会被视为其他社会实在的基础或本源。在研究公共行政社会运作中，充分理解这种由内蕴性动机所驱动的设计具有结构重要性。例如，尽管瑞典在外部世界的运作中基本以市场为导向，但是其内部却受到某种主导各个机构的行政管理体制所支配。无休止地建立官僚委员会被视为实现良好治理的关键，这些委员会被赋予广泛的社会分配权力，几乎涵盖从家庭、教会、学校、科研机构到生产组织等人类生活的方方面面。② 但是社会权力的分化只应体现朝向超验实在开放之个体存在的精神中心在历时性经验中所

---

① 沃格林.新政治科学[M].段保良，译.北京：商务印书馆，2018.
② Gould Arthur. Conflict and Control in Welfare Policy：The Swedish Experience[M]. Orlando：Addison-Wesley Longman Ltd，1988.

展开的领域结构,而这类进程是通过个体之间的交往实践在历史中逐渐实现的。如果将官僚委员构造为社会权力分配的源头,其实就是认为这类向公众开放的行政机构足以穷尽人类个体的存在本质。事实上,包括公共行政与政治体在内的任何历时性经验中出现的社会实在都不足以穷尽这个本质。正如马里旦所言,"人既是共同体的组成部分,同时由于在他内心的、在他精神利益和最终目的中的超世俗的或永恒的东西,又高于政治体"。[①] 由于人类存在的复杂性与神秘性在于其超越了各个特殊社会实体运作的诸领域,因此任何单一的功能品质与某种社会机构的参与都不能表征和界定人类个体。

公共行政的规范性位置只能由个体存在向社会领域所投射的多元结构来界定。避免将某个特殊的社会机构设计为个体存在精神中心的基本原则,在现代社会主要意味着拒绝将政治或公共行政当作诸社会力量本源之神圣秩序的代表。约翰内斯·阿尔图休斯早在17世纪初就意识到不应当将各类社会实体视为国家或政府的组成部分。这位德国法学家认为特定的联合体是根据各个领域适当的规则来运作的,国家或公共行政所施行的法律与政策并非总是与这些规则相符合。阿尔图休斯实际上已经获得了对各个社会领域独特结构的洞见。19世纪早期弗里德里希·朱利叶斯·斯塔尔也持类似的观念。针对政府职能范围在欧洲的大肆扩张,斯塔尔强调政府活动受到某种神圣秩序的约束。因为这种秩序是由各个独立生活领域所保障的,所以公共行政对这些领域内在运作的干涉都是非法的。这类观点被沃尔泽与罗尔斯这样的当代理论家所继承。例如罗尔斯相信,多元社会要素的独立性与自主性要求各个独立生活领域的人类行动遵循与其特殊本性相适应的原则。这些观念都在不同程度上表述了杜伊维尔准确阐述的社会多元结构之领域主权原则的要求。因此对公共行政在当代社会中位

---

① 马里旦.人和国家[M].沈宗灵,译.北京:中国法制出版社,2011.

置的界定不能离开对各个领域内部独特运作原则的关注。

各个领域内部独特的运作原则自主运作形成了特定政治社会的非民事法律（Non-civil Private Law）空间。由于每类社会机构都表现出某种独特性，所以像家庭、企业或者大学这些组织的共同责任与目标都与政府不同。正是这些共同责任和目标内在的规范形式构成了特定国家文化范围以内的非民事法律空间。即使是西方所谓的民主制度或思想也无法对这类非民事法律空间与众多机构多样化的运作方式进行富有意义的界定和描述。这类主流思想的实际效应与现代社会领域分化的规范性要求大相径庭。19世纪欧洲的民主化进程，曾经根据多数决定的观念心照不宣地将宗教改革以来分化形成的多元社会领域，逐渐吸收为国家这个整体不可分割的组成部分，从而使现代政府转型为囊括几乎所有社会事务的政治体。这种与宗教改革的遗产相反的趋势源自欧洲16世纪开始的对国家主权观念的建构行动。法国政治思想家让·博丹曾经以未分化的方式把主权构想为不受任何规则领域所限制的绝对权力，并将这个概念当作国家政府权威独具特色的标志。但是，语言、文化、民族和事业的多元化展开才是现代国家建构和发展的基本条件。即便政府机构具有制定或实施公共法律和政策的权威，这种权威也不能篡夺各个社会机构在非公共事务层面按照各个领域非民事法律（或内在规则）空间发展共同责任与目标的自治性。因此公共行政的功能只是在公共法律秩序中，将分疏化社会多个领域的利益按照公正的要求整合起来。

分疏化社会中用以协调机构与个体的公共秩序是由民事法律所建构的。民法作为法律体系分化的古老遗产，是法律秩序中维持个体人格的保障。这类法律体系涉及个体或者社会实体在平等的基础上所开展行动的协调结构。现代民法是古罗马社会和法律体系分化的遗产。古罗马的市民法（ius civile）曾经是未分化社会的部族规范，渗透整个罗马文化的霸欲逐渐将家族从罗马部族权力中分离出来。此时尽管政府在宗教等广泛的事务范围内都不能干预家庭的运作，但家庭自身却是某种具有绝对权威之未分化的社会单元。罗马版图的持续扩张要求将个体从家族的绝对支配中解放出来。斯多葛学派为这种发展提供了思想资源，该学派的自然法将每个人的自由与平等视为他们的自然禀赋。该自然法原则必须诉诸每个自由人都可以作为法律主体的个体间法律领域才可能实现。万民法（ius gentium）是自然法思想初熟的果子。由于将每个除奴隶之外的个体都视为法律主体，所以万民法的出现标志着罗马部族社会的瓦解与分化。以协调性为特征的民事法律关系就在这种解体趋势中从公法以及家庭等社会结构中分离了出来。

民事法律与非民事的私人领域分别归属于两种不同的秩序类型。随着社会分化进程的推进，民事法律逐渐演化为对多元社会背景中抽象提取的具有协调功能之公共关系的权威表述。制定民事法律所必需的提取和抽象技术，要求忽视多样社会领域之中与公共秩序无关的运作维度。这种法律的功能和角色必须通过国家机构按照公正的法律原理对民事案件进行审理和判决才能实现。这意味着只有在公共权威得以确立的基础之上，民事法律才能够发挥保障自由的法律人格和调整平等的法律关系之功能。欧洲未分化的权威领域曾经在漫长的历史中阻碍了公共法律权威的建立。只要私人领主与某些社会机构还在对其臣民行使某种排他的未分化权力，就不存在真正的公共领域和市民间的平权身份。在特殊个人或群体的特权不断衰落的现代社会，罗马法的解释与民法典的编纂才蔚然成风。因此民事法律的运作原理与分化社会中多样机构与个人符合各自领域主导功能的运作大相径庭。这类秩序只有在公共权威所支持的正义功能运作下才可能实现。

在非民事私人领域与民事法律领域之外，分化社会还具有第三种类型的权威秩序——公共法律领域和公共治理结构。这类权威秩序既涵盖国际关系以及与之相伴的协调形式，也包括政府各个机构的组织架构、法律与公共政策的执行等政府与公民之间的臣属形式和行动类型。所以这类权威秩序一方面涉及国际公法、宪法、刑法、刑事诉讼法和行政法等公共法律秩序,另一方面也由政治过程和公共行政这些治理结构组成。这类权威秩序的公共性要求政府的职能覆盖特定国家或地区领土范围之内的任何机构或组织。但是个体绝不能在与政府的臣属关系中穷尽其存在的本质。如果政府权威越过其所在领域主导功能的限制去安排其他社会领域的内部运作,就会扭曲政治社会的模态结构。例如柏拉图和费希特曾经主张将儿童从家长身边带走,并将他们的教育委托给公共机构。这类政策建议的实质是授权政府按照公共利益的要求安排家庭关系。任何受过正常教育的当代读者都会将这个主张诊断为公共利益对私人生活不必要的干涉和扭曲。本书已经指出,国家公法体系与公共行政的功能是按照公共正义的模态秩序,将分化社会的机构与个人整合为统一的政治社会,这意味着治理结构和法律体系不能针对那些具有不同内在原则的社会领域行使绝对的治理权威。因此,公共行政系统应当停止对外在于公共正义层面之关系纽带的干预,以守护这些关系所促进的各种益处。通过非民事自治领域、民事私法架构和公共治理结构/公共法律秩序这三种秩序类型的建构,可以清晰地界定分化社会中公共行政系统的位置,详情如图7-3所示。

  作为国家公共治理结构组成部分的公共行政,只能在维持非民事私人领域符合其内在规则运作的前提之下,才能切实可行地促进分化社会的多元秩序。社会各个领域中多样的社会机构与关系不能按照自由主义所设想的那般被化约为家庭、企业、医院等组织成员的个人权利。这些社会实体根据其独具特色的个体结构符合其主导功能的内部运作,必须在公共行政系统的维护之下才可能实现。由于政府机构与其他领域的社会实体相互交织,形成某种共享的模态秩序,所以当公共行政系统将其自身的主权领域整合到其他系统的领域中时,就可能在公共法律秩序与民事私法架构之外,与多元社会机构或关系符合内在秩序的运作相互协调。这种整合过程需要依靠某种模态秩序向其他模态秩序的转化来推

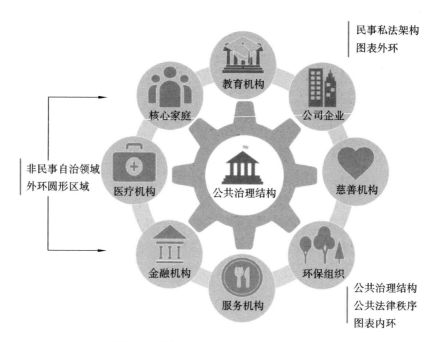

图 7-3 分化社会中公共行政系统的位置

进。在多数情形中,转化模态秩序必须服从于其他社会实在运作于其中的接收模态之领域秩序。例如当政府与银行或企业互动的时候,有必要注重模态秩序的双向限制。政府需要通过尊重这两个社会机构、根据其个体结构所设立的模态目标来确保它们在所属领域之内的自治,同时银行和企业也必须遵守政府在金融与商业领域的立法和政策。唯其如此,社会实在才可能不受干扰地按照各自领域主权来运作。只有根据模态领域对政府职权的运作施加限制,才能确保多领域和谐共融的社会秩序。

只有当公共行政系统展现出社会领域分疏化的文化塑造力,才可能推动朝向人类个体解放与全面实现的社会变革。与欧洲宗教改革运动所展现的人类生活自由化与解放的潜能相比,当代社会正在展现出某种集中化的反动趋势。具体而言,原本具有自治潜能的生活领域逐渐被公共行政或大型组织通过计划和全面管理吸收到某种集中控制的社会系统之中。工业、商业、交通、住房都是政府机构规制的对象。公共行政通过对通信、能源、污水等公共事务的控制和管理，使社会力量不断集中。人类曾经通过合作行动广泛参与的领域，逐渐被交到政府与大型组织的手中。当城市居民逐渐从多元自治与互助领域中退出时，就使自身转变为某种组织或行政依赖性存在。他们不得不让自己的思想和行动受到社会的指导和定制，以致人们公共与交往的身份开始失去了与个体存在的关联。这种处境可能会挫败任何有意义的社会变革。如果说存在某个组织化的部门能够阻止政治社会滑向万劫不复的境况，那便是既具备公共权威，又配置专业技术的公共行政部门。只有当这个领域持守分化社会的基本原则，才可能展现出抵挡衰落趋势的文化塑造力。

〔补充〕变革型公共行政在分化社会中独特位置的界定与任何意义上的自由主义思想都没有关联。自由主义者企图通过某些基本权利的保障，以及对公共权力的制度性约束，去承诺实现某种个人自由的社会秩序。没有什么比这种自由主义方案离变革型公共行政更远。这类构想总是从概念化的人类本质出发，去设计与这种本质相符合的社会。基于自由主义原理的设计曾经在公共服务和个人权利之间建立了赋予意义的关联机制。例如自19世纪后期开始，法国公民就将个体免受国家侵害的保护措施当作改善政府公共服务的现实手段。在邮政或者公立教育这类典型的公共服务中，个体都拥有强迫政府履行某些在公共服务中所蕴含之义务的权利基础。但正如狄骥所言，这些权利都得到制定法的保障，因而具有客观性。[①] 使政府公共服务职责在欧洲逐渐形成的个体公民的权利是人类在历史中确立与表述与其本质有关之历时性内容的自由主义设计。但事实上人类本质绝不可能通过赋予任何历时性的经验内容而在理论层面上被构造出来。人类只能在实践中创造出与其本质有关的经验性内容。所以变革型公共行政在分化社

---

① 狄骥.公法的变迁[M].郑戈，译.北京：商务印书馆，2013.

会中的位置，绝不是某种基于人类本质概念的宏观设计。去界定公共行政规范位置的目的是改善人类处境，而并不是对制度结构进行调整。人类处境不可能通过重新界定和设计得以实现，而只能够在现有生产力和社会结构辩证关系所制约的范围内获得改善。在公共行政系统在社会分化的规范性愿景中获得自我意识的前提下，公共行政人员就可能在机会出现时对社会环境进行适当调整。这种微观变革可能会争取到有限的自治空间，以鼓励人们重新学会在某些领域按照模态秩序的要求承担责任并施展才能。正如马克思所言，在变革活动中，改变环境和改变自身是同步的。① 因此，变革型公共行政其实是用实际手段来追求实际目的之最实际的活动。

四、小结

只有当公共行政能够在规范性社会图景中被阐明的时候，才可能促进符合期待的社会变革。由于社会秩序的真理话语在其建立之时就受到支配性权力结构的影响，所以必须通过个体存在的新型真理重新构想社会的规范结构。这个真理首先通过对社会秩序中片面和扭曲之塑造力的拒绝，以否定的形式呈现出来；然后，在朝向超验实在开放的精神中心向历时性经验投射所展开之分化社会的多元结构中，以肯定的形式呈现出来。正如马克思所言，人类独特的自由发展取决于能够表现个体多种多样活动方式与必要团结的社会关系。② 只有当社会每个机构或社会关系能够按照各

---

① 马克思,恩格斯.德意志意识形态[M].中共中央马克思恩格斯列宁斯大林著作编译局,译.北京:人民出版社,2003:90.
② 原文"在共产主义社会中,即在个人的独创的和自由的发展不再是一句空话的惟一的社会中,这种发展正是取决于个人间的联系,而这种联系部分地表现在经济前提中,部分地表现在一切人自由发展的必要的团结一致中,最后表现在以当时的生产力为基础的个人多种多样的活动方式中."参见马克思恩格斯.德意志意识形态[M].中共中央马克思恩格斯列宁斯大林著作编译局,译.北京:人民出版社,2003:100.

自领域主导功能的内在运作发展人类的责任与天赋时,符合人道的社会秩序才会替代偶然性和关系对个体的统治。当公共行政在由领域主权原则确保的社会结构中获得某种规范位置与运作模式时,才可能在现存秩序的重重限制之中发挥符合期待的文化塑造力。首先,这意味着公共行政系统的内部运作必须匹配多元社会环境类似的多模态特征。操作系统能够保障公共行政按照模态秩序分化成多样的运作领域。其次,公共行政需要在多元领域的基础之上建立必要的组织团结,以实现国家治理结构的目标,元系统的设计可以在保证操作系统按照各自领域秩序内部运作的前提下,使其模态目标在促进公共正义的方向上整合起来。最后,公共行政,需要通过职能领域的窗口,与高度分化的社会环境建立衔接关系。由于公共法律秩序和治理结构与非民事私人领域和民事私法领域的原则大相径庭,所以作为公共治理结构的公共行政,需要在维护各个社会机构或个人按照其领域模态秩序内部运作的基础之上,在社会各个领域和个人之间促进公共正义。也只有在尊重分化社会领域主权原则的前提下,公共行政才可能通过有意义的社会变革,促进人类的自我实现和全面发展。

第八章

通往社会变革的行政哲学之路

  本书是围绕推动社会变革的公共行政模式所建立的哲学对话。这项任务的基础是在公共行政领域和哲学之间建立关联。在业已存在的研究公共行政的文献当中,对行政合法性问题与行政伦理问题(后来这个问题以行政合理性问题的形式被提出)的讨论与哲学论辩密切相关。弗里德里克和芬纳曾经围绕公共行政的合法性问题展开了争论。相比芬纳对公共行政人员合法角色所作的工具性理解,弗里德里克在更加广泛的领域中重新界定了这种角色。但是,主导着公共行政领域的技术主义倾向,阻碍了研究者在更加广泛的秩序背景之中去界定公共行政在合法性问题上所扮演的角色。批判理论通过将公共行政置于更加广泛的政治秩序和社会关系的背景之中,使合法性问题得到充分的讨论。合理性问题则是通过人类对社会现象的理性认知在复杂的社会环境之中实现有效管理,以及尊重人格的道德界限与人类自我实现的可能性和条件这两个维度来建构的。西蒙和阿吉里斯曾经围绕行政合理性问题的这两个相互矛盾的维度展开激烈的论辩。前者要求通过降低环境的复杂性以建构合理行动的社会结构;而后者则要求研究者和实践者尽可能多地将与人类表现和行动多样性有关的复杂性纳入组织、设计和决策的考虑中。实用主义从动态和发生学的角度重新界定了行政合理性问题的两个维度,为融贯性地处理这两个维度提供了新的视角。实用主义认为,在行政合理性的问题上,并不存在某种理性结构与自我实现相互兼容的静态关系。只有在公共行政实践的现实当中,界定理性化结构和人类有待实现之可能的视角才会出现。因此,批判理论和实用主义的传统分别为哲学上反思公共行政的合法性问题与合理性问题提供了思想基础。但是由于这两种理论传统在纯粹哲学的层面彼此矛盾,所以不可能在二者的直接形式中为变革型公共行政建立融贯的哲学基础。批判理论和实用主义的矛盾显明二者在过度理论化方面所存在的共同局限。通过否定过度理论化的局限,研究者抵达了自然经验主义的哲学立场。这种立场是对批判理论和实用主义二者的扬弃。自然经验主义不仅保留了批判理论和实用主义在建立公共行政与哲学之关联方面的深刻洞见,还通过否定过度理论化的问题,实现对二者的整合与超越。无论是合法性问题还是合理性问题,最终都被自然经验主义的立场导向共同的目标,也就是以切实可行的方式将尽可能多样化的秩序类型吸收到公共行政的理论与实践中。这个目标会引导人们积极变革公共秩序的实证形式,使之为人类多样禀赋的充分发展提供可能性与建制化的环境。因此,自然经验主义的哲学立场为建构变革型公共行政奠定了基础。

在澄清与变革型公共行政有关的哲学传统后,如何使这些传统汇聚到促进变革的方向上?变革不仅是朝向某些规范性目标的改善过程,还参与并主导公共行政研究的各个环节。与实证主义研究的客观性与中立性假设不同,公共行政的哲学反思要深入前理论的设计和构造阶段。在这个阶段,变革作为认知旨趣,就已经与控制针锋相对。为了动摇实证科学对行政现象的物化效应,反讽言说风格的确立为公共行政知识保持变革的可能性提供了保障。为了使批判理论的变革旨趣与实用主义的反讽风格彼此共融,变革型公共行政就必须受到超验根本动机的支配。只有当超验动机取代内蕴性动机时,这两种理论传统的变革方案才不至于在本质主义的问题上相互对立。对前理论环境的变革也必然会使理论架构、知识类型和分析原则发生根本性改变。研究变革型公共行政不是对现存秩序的实证条件进行分析,而是致力于发掘受到压抑的潜在事实。这类研究在搜集材料与描述事实的同时,也致力于推动变革,以确立新的社会形式。但是对潜在事实的理性界定会遭到新实用主义或后现代理论的批评。为了避免批判理论将某种理性筹划的本质性规定引入对潜在事实的分析,由这两种相互关联的哲学传统所确立的怀疑主义和相对主义立场否认任何超越语言的真理实在。变革型公共行政研究的目的不是为了确立由批判理论所确立的理性统治,而是使公共行政理论和实践不断向变革开放。这意味着抛弃激进的本质主义立场,从而接受该领域知识的历时性、偶然性与可改变性。而这种极端的怀疑主义立场因动摇行政知识可靠性的根基,必须向某种较弱的本质主义立场回归。只有在分析过程中持续拒绝模态领域之间的化约方案,才能为变革型公共行政研究提供可靠规范性向导的同时,又使这个领域的实证形式与知识产品具有永远可改善性。这种理论形态的改造也会为变革型公共行政研究确立独特的变革目标。为持续削弱理性对社会实在的破坏性干预,就需要不断培育这个领域研究者的批判想象力。要使实践经验能够随时补偿理论思维的缺陷,就有必要关注释放行动创造力的方案。最后,只有当自然经验原理充分贯彻到公共行政研究中时,变革才能获得稳定的根基。

　　在对变革进行概念化的基础之上,需要确立变革型公共行政研究的基本问题。在公共行政哲学研究领域获得问题意识最为可靠的途径是从具有自我反思特征的历史和哲学文献中界定当代公共行政的根本需要。本书首先从哲人反思公共事务的古老方式中确立公共行政健康运作的机理。这种反思最宝贵的遗产是公共事务研究在垂直维度上所分化出来的相互之间充满张力的符号系统。位于上方的是公共秩序的理性,这种构造持续面对因实证条件而产生的下行压力。但与此同时,现实的公共秩序也因哲人对秩序原型的诉求而在垂直方向获得提升。这种垂直维度的紧致性①在古典思想向现代转型的过程中不断解体。这不仅使政治社会逐渐失去了推动其在垂直方向提升的精神动力，还可能导致人们误解公共事务根本性质的危险。现代社会也在水平方向上展现出符合规范性的分化趋势。宗教改革以来，多样社会领域逐渐从无所不包的社会权威中分离，形成具有内在原则的自治领域。这种社会多元领域的分化深化了公共事务在水平层面的规范内涵。但是随着垂直维度紧致性秩序的不断稀释，现代社会的组织能力不足以在整体上补偿伴随社会分疏化的离心力。这迫使现代社会与组织机构以压抑人性为代价，将规模庞大的个体整合起来。当代公共行政研究必须回应这个具有伟大哲学关怀和根本重要性的难题，也就是如何在不阻碍社会分化进程的前提下，修复秩序在垂直方向的紧致性。公共行政的哲学研究围绕这个难题设置了三项与之密切相关的变革任务：(1)通过政治的方式重构公共行政，修复真理秩序在垂直维度的紧致性；(2)通过符合人性的方式重构公共组织，将现代社会分化趋势的负面效应控制在合理的程度；(3)通过整合垂直维度的紧致性与水平维度的分疏化要求，提出现代社会的规范性原则，并界定公共行政在这个社会图景中的运作模式。

由本书所建构的话语和分析方式可能会使公共行政领域的部分学者感到陌生，这可能会招致缺乏相关性或不符合该领域研究范式的质疑。所以变革型公共行政有必要在主流的研究范式面前为自身的合法性辩护。由于公共行政领域是以主题而非学科为基本规定的领域，多种话语和分析方式都汇聚于这个领域。很多学

---

① 紧致性是分疏化概念的对立面。前者指的是符号和象征系统所体现的整合统一的趋势；后者表现为符号和象征体系自我分化并且建立各种界限的发展趋势。使用这个概念是为了说明现代以前用以表达组织观念的象征和符号体系具有某种强大的向心力，将人们生活的象征领域整合到公共生活中来。这种整合主要发生在城邦生活对个人的垂直维度中，而不像分疏化那样发生在人类生活横向各个领域的关系之中。

者为建立公共行政的身份认同,认为该领域存在某种固定的范式。但由于每种范式都具有主张其合法地位的权利,所以范式概念自身就包含研究方法与话语的多元主义承诺。按照科学哲学中主观主义与客观主义两种相互对立的基本假设,以及社会哲学中规制理论与激进变革两种彼此矛盾的基本立场,社会科学领域可以划分为功能主义、解释性、激进人文主义和激进结构主义等四种基本范式。主流公共行政理论属于功能主义范式的研究,而变革型公共行政的哲学研究则融合了解释性、激进人文主义和激进结构主义三种不同的范式。由于不同的范式是建立在对人类本质不同规定基础之上的,所以它们之间存在不可调和的对立关系。但是由于对人类本质进行本质界定超出了理论研究自身的境况,所以不同范式的划分是问题重重的。因此本书转向后实证主义,以寻求整合三种范式的途径。后实证主义语言游戏的概念将公共行政划分为说明性研究、解释性研究和批判性研究三种不同的叙事。按照这种谱系,主流公共行政理论是说明性研究,而变革型公共行政的哲学研究则综合了解释性研究与批判性研究。由于语言游戏的概念预设各类话语都具有偶然性,所以变革型公共行政研究根据具体需要跨越两种不同的叙事是完全可能的。但是语言游戏的概念削弱了各种知识的可靠性,无法帮助变革型公共行政研究去澄清某种能够通达真理秩序的哲学原理。事实上,话语和叙事这类概念是以语言维度和历史规则绝对化为前提的。只有在没有前提的哲学反思中所确立的合法性,才能为变革型公共行政研究提供坚实的基础。唯有在前理论的自然经验之中,思维才不会为自身设立任何前提,各个模态领域才能汇聚起来。与之相比,任何通过理论思维整合多个模态领域所形成的知识产品都无法提供最准确的知识。所以自然经验是通达真知的必然途径。本研究的合法性就源自公共行政知识与自然经验的理论关涉。只有通过自然经验的哲学原理重新建构与公共行政变革有关的各个环节,才能够为这个领域贡献深思熟虑基础之上的变革方案。因此本书后面部分就是用自然经验的哲学原理在政治、组织和社会层面建构以变革为导向的公共行政模式。

变革型公共行政哲学研究首先要以政治的方式重构行政行动,将公共行政转变为改善人类处境的媒介。自我反思地去改善人类处境的社会变革通常是受政治行动所推动的,所以公共行政只有兑现其政治职能才能推动富于意义的社会变革。对于在权力结构和关系方面失去平衡的现实世界而言,只有矛盾和冲突才是社会过程与政治过程最重要的规定。但是当代的主流理论通过问题领域的自我限制与实证主义的研究方法,切断了公共行政与宏观政治背景的关联。历史分析与价值分析是重构公共行政与政治之间关联的重要路径,但是这两种源自批判理论传统的分析工具必须经过自然经验原理的修正,才能削弱本质主义与理性主义的破坏性效应。历史分析首先通过考察建构主流公共行政模式的历史文献背后的假设和方法,揭露用以支持不平衡权力结构的历史元叙事;然后再通过发掘曾经受到压抑的历史可能性,为改善当下的处境提出可替代性的选择。这种分析手段不是为了从历史文献中发现能为当下所用的简便易行的变革方案,而是为了将当下公共行政的理论与实践视域化,帮助研究者和实践者在视域融合的基础上形成深思熟虑的判断。最终这种服务于视域融合的历史分析只能通过返回到自然经验的函摄中,才能为公共行政的政治建构提供真正的历史塑造力。此外要将价值分析应用到公共行政领域也极为艰难。后现代处境使研究者难以通过某些具有确定意义的价值对公共行政进行评价,而该领域碎片化的叙事也得到了精致的技术合理性的有力辩护。局部的高度合理化通常是为了掩盖宏观层面权力结构极为严重的失衡状态,公共行政的价值分析则可以通过宏观层面权力结构的支配性影响整合碎片化的叙事得以实现。但是这种整体函摄型的价值分析的功能只是去界定问题的普遍性,研究者不能直接将这种分析作为整体变革行动的依据。只有当这种整体分析通过矛盾特殊性原理的媒介返回到局部和微观的处境之中,才能帮助研究者和实践者针对当下情境作出合适的判断。最终,通过整体化方案与矛盾特殊性原理所作的价值分析必须通过实践形成自然经验的循环反射,才能修正并确认价值分析的有效性,并推动富于意义的社会变革。历史分析和价值分析都是促进和实现公共行政个体原则的理论工具。该领域的个体原则既要求形成公共行政的批判塑造力,以实现该领域的基础功能;又要求促进公共正义,以彰显公共行政的主导功能。但这并不意味着要将罗尔斯或诺齐克等人的正义理论直接应用在公共行政的具体问题中。公共行政中的正义观念是在研究和实践中被发现的,而不是从哲学理论中提取的。这要求研究者和实践者围绕"报偿"这个意义内核去发掘、平衡、组织和编排在具体情境中和正义有关的不同类型的话语。当基层公共行政人员采取这类行动时,他们会发现自己处于推动社会变革的最佳位置。

  本研究以符合人性的方式重构公共组织,将公共行政转变为实现人类联合行动的组织媒介。虽然在不平衡的权力结构背景之中所发动的以促进社会变革为导向的行政行动,能够在不同层面改善人类处境,但是具有破坏性的组织实践可能将这种变革扼杀在摇篮之中。为改造可能挫败变革的组织实践,应在哲学层面澄清组织经验的性质。在观念领域阻碍公共组织释放联合行动实践潜能的是那些试图通过主体哲学建构组织身份的研究动机。事实上公共组织的身份认同并不源自主体哲学的自我筹划。这种身份是在人类联合行动的实践活动中被给予自然经验的。所以组织经验不能被建构组织身份的理性筹划所捆绑,毋宁说组织实践只有以自然经验中所给定的组织身份为前提才可能。那么,合理的职权体系和科学的运作规则这类理性构造物并不适合界定组织经验的性质,只有通过人类联合的动态过程才能真正理解这类经验。在这类动态过程中所涌现的创造性经验就是组织经验的来源,所以,本研究将组织经验界定为在人类联合行动的实践活动中与组织有关的自然经验的增量。在澄清组织经验性质的基础之上,需要发展出以符合人性的方式将个体整合进入公共组织的假设、媒介和原则。在当代公共行政领域中,阻碍这种变革实践的原因是组织理论中的客观化(或物化)功能。只有将行政与组织现象理解为人类通过联合行动的社会建构物,才可能避免理性化的技术装置对组织成员人格或人性的压制。为了使符合人道的组织模式在成员之间运作起来,必须用能够展现人类实践丰富可能性的自然语言取代传统的官僚制语言。后者实际上是为高速传递的需要而构造的工具性语言,这种语言媒介使公共组织在追求效率的同时,透支了人类事务的丰富可能性。而变革型公共行政是通过自然语言的媒介在组织成员中推动整合性的群体过程。这是将彼此各异的思想、意愿和行为联合起来,并创造出共识的社会过程。变革型公共行政的哲学研究将该过程视为公共组织内部唯一真实的社会过程。只有通过充分整合矛盾和冲突,公共组织每个成员才可能得到符合人道的对待。因此,整合的原则不仅是建设性解决冲突的办法,还是公共组织的基本原则。最后需要在这种组织原则的基础之上,变革官僚制的职权系统。典型现代组织满足管理复杂事务在理性和效率方面之要求的同时,其等级制的职权系统却诱导具有剩余匿名性的组织实践。尽管任何现代机构的组织化要求都需要容忍不同程度的匿名性,但当公共组织内部的匿名性越过某种界限之时,就必然会使人性化的组织实践受到挫败。因此,变革型公共行政研究通过现象学的方法构造出以临时性项目小组为基本职能单元的协作模式,以将公共组织的匿名性程度维持在最低限度的范围之内。

变革型公共行政最后需要界定该领域在规范性社会图景中的位置,使公共行政系统能够推动社会环境朝向规范性结构变革。集体协作的组织模式在释放人类行动潜能的同时,也可能使社会变革陷入毫无价值的处境,所以有必要建构某种社会图景,以界定公共行政符合规范的运作模式。由于当代人类生活的各个领域已经受到市场化运作的全面侵蚀,所以研究者无法从当下社会的实证形式中推导出某种具有规范性的社会图景。只有当社会结构被理解为个体人类所代表之真理的符号化时，这种秩序才能够成为社会变革的基本原理。个体所代表的真理只能够通过人类存在与超验维度的关系来界定。当个体存在于精神中心朝向超验维度开放之时，历时性维度中的经验就可能不受扭曲地被社会秩序所代表。向超验维度开放的个体存在穿过时间秩序的棱镜之时，就会呈现出多模态的维度样式。而当这些维度样式在历史进程中得以展开时，就不断建构出分疏化的社会领域。这种分疏化社会领域的基本结构因内在本性和独特生活法则而具有相应的权威，这便是规范性社会结构的领域主权原则。尽管各个社会领域都具有独特的主导功能，但是它们也同时彼此交织紧密联合为共同体。整合分疏化社会领域的力量并非源自从外部强行施加的人为架构，而是社会的每个成员日常生活经验向个体存在精神中心汇聚的自然趋势。只有当运作模式从这种由领域主权原则所保障的规范性社会结构中被构造出来时，公共行政才能够推动其内部运作与受其治理行为影响的社会秩序朝向规范性的方向变革。这首先要求将公共行政理解为符合多模态运作的系统。尽管作为国家治理结构的组成部分，公共行政必须服从于以公共正义为意义内核的主导功能，但是这种主导功能只能在各个模态领域的协同运作之下才可能实现。公共行政中用以实现主导功能所配置之模态目标的系统被称作操作系统。领域主权原则要求公共行政整体结构、机制设计和决策行为不能干扰甚至扭曲各个操作系统基于多维度秩序所分派的模态功能。只有当每个模态目标都通过操作系统实现时，公共行政才能被视为是人性化的或文明的。当模态领域所主导的操作系统彼此之间发生倾轧时，这些系统所输出的秩序就会相互矛盾。当操作系统的输出与公共行政系统的目标发生冲突时，就应当通知元系统。这类系统的功能通过对信息和秩序的转换互译实现对操作系统的管理和调整。元系统通过协调子系统、整合子系统以及向导子系统，重新组织各个操作系统所输入的秩序，在避免领域倾轧、维持组织身份以及实现主导功能的基础之上，输入经过公共行政智慧调整的新秩序。只有当公共行政被安置在分疏化社会切实可行的位置上时，这个系统才可能推动社会结构朝向符合人性方向的变革。这意味着公共行政系统需要以符合多维度的模态秩序的方式被链接到规范性社会结构之中。由于各个社会领域只有在各种独特模态规则的主导之下，才能发展出分疏化的规范结构，所以公共行政作为国家治理结构的组成部分，必须尊重各个非民事秩序领域符合各自主导功能的内部运作。只有当以上范畴所构造的运作原理被公共行政的实证形式所吸收时，公共行政领域才能展现推动社会变革的塑造力。

本研究的目标不仅是建构一种能够推动社会变革的公共行政模式，也是为公共行政提供一种哲学反思的途径和方式。如果说存在某种一以贯之的原理引导并推动着这项理论筹划的事业，那就是自然经验的哲学原理。该原理将自然经验视为通达真理的必经之路。正是在自然经验之中，人类学习承担各种责任并发展出多样的禀赋。唯独从自然经验出发，研究者才可能获得关于事物本质的深刻洞见。在漫长的历史时期，人们用于管理公共事务的智慧都源于自然经验。但是当代公共行政却开始背离这份遗产，以高度专业化和技术化的方式建立该领域的身份认同。可以毫不夸张地断言，当代公共行政乃至整个社会领域的顽疾都在不同程度上共享了背离自然经验路径依赖性的根源。既具有专业知识，又与公众密切接触的基层公共行政人员具有推动变革社会的潜能。但是如果要通过公共行政实现社会变革的目标，就必须重构这个被现代主义的种种筹划所败坏的公共媒介。本研究通过自然经验的原理对实证主义社会科学、功能主义范式、技术主义和官僚制等用以支撑主流公共行政理论和实践的方法与模式进行了批判性重构。这种哲学反思的目的不是彻底推翻科学和理性的价值，从而像麦克斯怀特那样推动公共行政领域的反智主义运动。本研究试图探索某种将科学和理性的成果整合进自然经验，以促进行政管理智慧增长的方式和途径。无论是确立公共正义的主导功能,设计协作型的公共组织,还是构造多模态运作的行政系统,都是为实现这个目的而服务的。即使这种理论目前还没有办法完全被公共行政的实证形式所吸收,但它至少在发展未来公共组织和行政模式的方向上作出了有意义的尝试。

变革型公共行政是根据人类从自然经验之中获得的智慧去严肃地施行治理的公共事业。正如只有当公众已经摆脱古希腊形而上学的影响并得到彻底启蒙的环境之中,霍布斯所设计的理性权威才有可能实现。也只有当自然科学超出自身处境去影响公共事物的趋势得到抑制的时候,人们才可能认真对待用自然经验去重构公共行政实证形式的严肃呼召。所以这项研究绝不仅仅是诉诸技术、模式或者制度的变革,更是诉诸激进的公共事务和行政文化的变革。只有当人们能够自主地将科学模式限制在其自身领地的范围之内,公共行政的理论和实践才可能突破目前的知识瓶颈并迈上新的台阶。因此本研究竭尽全力地去建构与这项庄严的事业大体相称的话语规模。由于所涵盖话语之类型具有超出大部分主流公共行政著作的复杂性,本研究无法在某种特定模式之下对与这项事业相关的每个问题都给出融贯的澄清。相比体系的建构,这项研究像亚里士多德的《政治学》那样,对架构变革型公共行政这个独立领域和话语模式的详细问题目录更感兴趣。

目前,这项工作在符合公共行政规范研究之要求的前提下,相较推动行政文化变革的目标还存在明显的局限。颜昌武和牛美丽教授曾经提出公共行政领域理想的规范研究应该符合以下三个条件:(1)就研究内容而言,侧重从价值层面看待社会问题和理解社会生活;(2)就表现方式而言,主要源自对思想史上的重要文本的诠释与解读;(3)就研究目的而言,要试图回答这个学科甚或人生与世界的大问题。① 这三个条件都是这项工作到目前为止所呈现

---

① 颜昌武,牛美丽.公共行政学中的规范研究[J].公共行政评论,2009,2(1):105-128.

的基本特征。但目前这项研究仍然只能代表变革型公共行政研究的初始阶段。作者试图在这个阶段尽可能将不同的话语类型和反思模式吸收进来。但遗憾的是,自然经验的哲学原理尚未彻底消化这些话语类型和反思模式,并将之整合为具有更高融贯性的独立话语。当然,这些异质话语的存在并非只有负面效应,文书存在适度的内在张力是推动理论进深发展的前提和动力。除此以外,变革型公共行政需要在经验研究与实践的反馈中,逐步去除话语的抽象性,使这种理论在形成视域融合的基础上,帮助研究者和实践者形成深思熟虑的判断。所以这项事业有必要在将来发展出实践中切实可行的经验模式。

最后,由于本书的写作时间过长,后期话语的展开部分偏离了前期的设计。在书中后半部分相对比较成熟的话语模式的映衬下,前面部分章节显得过于随意并具有浓厚的意识形态特征。这些问题都会在后续的修改中不断克服和完善。作者仍然期待读者们将这项研究看作弗里特的《新国家》、拉莫斯的《新组织科学》,以及法默尔的《公共行政的语言》这类尝试在公共行政领域建立独立话语的著作。因此,尽管本研究所采取的研究进路和所提出的观点与主流研究大相径庭,也敬请各位读者因其所展现的公共行政领域未来理论和实践的潜在可能性,以兼收并蓄的态度去接纳这项真诚的尝试。

参考文献

[1] 阿尔维森,维尔莫特.理解管理:一种批判性的导论[M].戴黍,译.北京:中央编译出版社,2012.

[2] 艾贱博,百里枫.揭开行政之恶[M].白锐,译.北京:中央编译出版社,2009.

[3] 奥克肖特.经验及其模式[M].吴玉军,译.北京:文津出版社,2005.

[4] 博克斯.公共行政中的批判社会理论[M].戴黍,译.北京:中央编译出版社,2015.

[5] 登哈特.公共组织理论[M].扶松茂,译.北京:中国人民大学出版社,2003.

[6] 恩格斯.英国工人阶级状况[M].中共中央马克思恩格斯列宁斯大林著作编译局,译.北京:人民出版社,1956.

[7] 法默尔.公共行政的语言:官僚制、现代性和后现代性[M].吴琼,译.北京:中国人民大学出版社,2005.

[8] 弗雷德里克森.新公共行政[M].丁煌,方兴,译.北京:中国人民大学出版社,2011.

[9] 福柯.生命政治的诞生[M].莫伟民,赵伟,译.上海:上海人民出版社,2011.

[10] 福克斯,米勒.后现代公共行政:话语指向[M].楚艳红,曹沁颖,吴巧林,译.北京:中国人民大学出版社,2002.

[11] 福山.历史的终结及最后之人[M].黄胜强,许铭原,译.北京:中国社会科学出版社,2003.

[12] 伽达默尔.诠释学:真理与方法[M].洪汉鼎,译.北京:商务印书馆,2007.

[13] 哈贝马斯.合法化危机[M].刘北成,曹卫东,译.上海:上海人民出版

社,2009.

[14] 哈贝马斯.认知与兴趣[M].郭官义,李黎,译.上海:学林出版社,1999.

[15] 赫梅尔.官僚经验:后现代主义的挑战:[M].韩红,译.5版.北京:中国人民大学出版社,2013.

[16] 霍克海默,阿道尔诺.启蒙辩证法:哲学断片[M].渠敬东,曹卫东,译.上海:上海人民出版社,2006.

[17] 霍耐特.权力的批判:批判社会理论反思的几个阶段[M].童建挺,译.上海:上海人民出版社,2012.

[18] 康德.实践理性批判[M].邓晓芒,译.北京:人民出版社,2016.

[19] 卢梭.论科学与艺术[M].何兆武,译.北京:商务印书馆,1963.

[20] 罗蒂.偶然、反讽与团结[M].徐文瑞,译.北京:商务印书馆,2003.

[21] 马尔库塞.单向度的人:发达工业社会意识形态研究[M].刘继,译.上海:上海译文出版社,2014.

[22] 马克思.1844年经济学哲学手稿[M].中共中央马克思恩格斯列宁斯大林著作编译局,译.北京:人民出版社,2002.

[23] 马克思,恩格斯.德意志意识形态:节选本[M].中共中央马克思恩格斯列宁斯大林著作编译局,译.北京:人民出版社,2003.

[24] 麦克斯怀特.公共行政的合法性:一种话语分析[M].吴琼,译.北京:中国人民大学出版社,2002.

[25] 曼斯菲尔德.新的方式与制度:马基雅维利的《论李维》研究[M].贺志刚,译.北京:华夏出版社,2009.

[26] 毛泽东.毛泽东选集:第一卷[M].2版.北京:人民出版社,1991.

[27] 孟德斯鸠.论法的精神:上卷[M].张雁深,译.北京:商务印书馆,2004.

[28] 全钟燮.公共行政的社会建构:解释与批判[M].孙柏瑛,张刚,黎洁,等,译.北京:北京大学出版社,2008.

[29] 桑德尔.自由主义与正义的局限[M].万俊人,译.南京:译林出版社,2001.

[30] 斯克伦,麦卡锡.政治秩序与多元的社会结构[M].方永,译.香港:道风书社,2013.

[31] 斯通.政策悖论:政治决策中的艺术:修订版[M].顾建光,译.北京:

中国人民大学出版社,2006.

[32] 塔洛克.官僚体制的政治[M].柏克,郑景胜,译.北京:商务印书馆,2010.

[33] 托克维尔.旧制度与大革命[M].冯棠,译.北京:商务印书馆,2012.

[34] 韦伯.经济与社会:第一卷[M].阎克文,译.上海:上海人民出版社,2010.

[35] 韦伯.新教伦理与资本主义精神[M].康乐,简惠美,译.桂林:广西师范大学出版社,2010.

[36] 沃尔多.行政国家:美国公共行政的政治理论研究[M].颜昌武,译.北京:中央编译出版社,2017.

[37] 沃尔泽.正义诸领域:为多元主义与平等一辩[M].褚松燕,译.南京:译林出版社,2002.

[38] 沃格林.没有约束的现代性[M].张新樟,刘景联,译.上海:华东师范大学出版社,2007.

[39] 沃格林.新政治科学[M].段保良,译.北京:商务印书馆,2018.

[40] 沃林.政治与构想:西方政治思想的延续和创新[M].辛亨复,译.上海:上海人民出版社,2009.

[41] 西蒙.管理行为[M].詹正茂,译.北京:机械工业出版社,2013.

[42] 许茨.社会世界的意义建构:理解的社会学引论[M].霍桂桓,译.北京:北京师范大学出版社,2017.

[43] 詹姆士.实用主义[M].李步楼,译.北京:商务印书馆,2012.

[44] 张康之.为了人的共生共在[M].北京:人民出版社,2016.

[45] Abel C F, Sementelli A J. Justice and Public Administration[M]. Tuscaloosa:The University of Alabama Press,2007.

[46] Arendt H. Totalitarianism:Part Three of the Totalitarianism[M]. San Diego:Harcourt Brace Jovanocich,1968.

[47] Berger P L,Luckmann T. The Social Construction of Reality[M]. London:The Penguin Press,1967.

[48] Chaplin J. Dooyeweerd H[M]. Indiana:University of Notre Dame Press,2011.

[49] Clouser. The Myth of Religious Neutrality:An Essay on the Hidden

Role of Religious Belief in Theories[M]. Indiana: University of Notre Dame Press,2005.

[50] Dooyeweerd H. In the Twilight of Western Thought[M]. Ontario: Paideia Press,2012.

[51] Follett M P. Creative Experience [M]. Eastford: Martino Fine Books,2013.

[52] Harmon M M. Public Administration's Final Exam[M]. Tuscaloosa: The University of Alabama Press,2006.

[53] Kellner D. Critical Theory, Marxism and Modernity[M]. Baltimore: John Hopkins University Press,1989.

[54] Frank M. Toward a New Public Administration: The Minnowbrook Perspective[M]. New York: Chandler,1971.

[55] Ramos A G. New Science of Organizations [M]. Toronto: The University of Toronto Press,1981.

[56] Schuurman. Technology and the Future [M]. Ontario: Paideia Press,2009.

[57] Simon A H. The Sciences of the Artificial [M]. Cambridge: M. I. T. Press,1996.

[58] Stivers C. Governance in Dark Times: Practical Philosophy for Public Service [M]. Washington DC: Georgetown University Press,2008.

[59] Wamsley G, Wolf J. Refounding Democratic Public Administration [M]. Los Angeles: Sage Publications,1996.

后　记

　　通常，知识分子要么发挥维持现状、为现有秩序进行辩护的社会功能，要么在高度专业化的领域专注于解决技术问题。前者被称作传统型知识分子，后者被称作新型知识分子。但是意大利共产党领袖葛兰西曾经在这两种知识分子类型之外，提出了一种完全不同的知识分子类型，他将其称作有机知识分子。有机知识分子并不是只关注技术问题，而是在更加广阔的社会与公共秩序的背景当中去理解自己所在的领域。

　　由于有机知识分子能够从社会化的角度看待自己的专业工作，所以他们有可能在推动社会变革方面发挥领导作用。他们能批判性地理解现存的社会秩序，并用新的思维模式改造人们的思想和行为，使人们可能通过实践创造出新的社会结构。

　　近百年之前，葛兰西注意到法律是现代国家与社会之间复杂交错的规范领域，这个领域持续发挥着保持稳定和推动社会变革的作用。今天政府行为几乎渗透到我们生活的各个方面，这使我们有必要对葛兰西的判断做出修改。今天我们更应该说，公共行政才是国家与社会之间，起衔接作用的，更加重要的媒介。

　　在有机知识分子概念的基础上，我主张一种新型的公共行政，这就是变革型公共行政。古巴和林肯最早在1994年的时候就提出了这个概念。他们认为几乎所有的社会结构都是人们在历史中所建构的。当我们把公共行政看成人们联合行动的典型模式的时候，新型的公共行政就能够推动社会结构的转型和变革。

但是，持这种主张的西方学者都只是在行政人员、组织和社会的层面来谈论变革。在这些作者所处社会的制度、文化和历史中，存在很多替代性选择。研究者只需要在这些选择和当下处境之间重新建立关联性，就可能推动富于意义的社会变革。而这些资源正是我国所缺乏的，这使我断然无法像西方公共行政学者那样去谈变革的问题。现在我所面临的问题是如何在缺乏这类变革资源的地方，建立起变革型公共行政的模式。

这意味着这项研究需要超越现有变革型公共行政文献的实用性层面，建立一种反思公共行政的方式，把我们的理论和实践引导到有助于改善人类处境的方向上。这个任务要求查验、修正那些建构和影响公共行政理论与实践的基本假设。这已经超越了主流公共行政文献的关注，并且落入了行政哲学的领域中。

为了将公共行政转变为推动社会变革的媒介，需要围绕这个领域发动一场哲学革命。这场革命的目标是清除那些阻碍建立良好公共秩序的观念和思维方式，将公共行政引导到改善人们基本处境的方向上。

我国公共行政领域的研究和发展不断向提升管理效率、追求专业化和技术化的方向上集中。专业化的理性形象是美国和欧洲近百年内为公共行政所确立的形象，也是我国所效法的典范。西方公共行政的角色是在特定背景中，经过漫长的发展和演变而形成的。像康德、马克思和杜威等人的哲学理论在欧洲或者美国，为建立和反思各地区公共行政的角色提供了有效的引导。

但我们在借鉴西方公共行政的理论和实践时，却缺乏同等规模的思想资源去评价其在社会长远发展方面的潜在后果。只有当我们在跨越文化的背景中提炼出最宝贵的公共行政经验，并且在哲学层面加以澄清，才能够为规范和引导我国公共行政的发展提供思想资源。

可供提炼借鉴的经验很多，仅以美国殖民地时期的经验为例。在各个州的层面，联邦条例维持着一种简洁易行的宪政框架，而地方政府则具有高度自治的特征。这种政府小而富于回应性，行政管理通常具有直接性，而公民也能参与公共政策的制定和执行中来。

虽然联邦宪法的出台使美国公共秩序走向了不同的方向，但是殖民地时期的经验仍然可以说是美国公共行政的基础。我并不是以美国为例主张某种宏观的政治架构或者政府的理想规模，因为这些问题极为复杂。但是美国或者其他地方的公共行政都从人们日常经验当中受惠良多。在具有类似传统的地方,公共行政的基础都是通过人们广泛复杂的交往互动而建立的。

历史证明由公务人员和其他公民在日常生活中通过互动合作而建立的公共行政模式是可靠的。多元广泛的行政责任和有效的管理模式,正是人们从事这类活动时在日常经验中所获得的。这些在日常生活中所积累的行政知识,能为政府应对风险和其他难题提供智慧和能力,以保证政治社会持续健康、稳定发展。

这一切都具有哲学认识论方面的重要性。当代人很容易相信,用自然科学的方法所获得的知识可以为各个领域的实践提供最佳指引。但事实却是,正是在生产实践的日常经验中,人们的天赋和责任才不断得到发展,这使他们创造出各具特色的音乐技巧、农业生产、交通运输和行政管理模式。换句话说,无论是对行政管理还是其他实践领域而言,人们在日常经验中所获得的知识,相比经过概念化分析所形成的理论知识更加可靠。也许用类似于自然科学的方法所获得的知识更容易提升管理效率,但是人们在日常经验中所形成的判断更加准确和全面。

不仅如此,日常经验给人提供的并不是中立、专业和抽象的知识,而是和判断及决定密切相关的实践知识。这些知识和"什么是符合期待的""我们应该做什么""我们应该如何去做"这些问题有关。由于人们在日常生活中所获得的知识还没有被逻辑思维孤立或者抽象出来,所以我把这种没有被人类理论思维所改造的经验称为前理论的自然经验。我将自然经验视为产生公共行政以及其他实践领域中最为可靠的知识的途径,并把这个命题称作自然经验的哲学原理。这并不意味着人们在自然经验中所获得的一切知识都是正确的,但是人们应该把自然经验看成通达真知的必经之路。

这本书的路径是尝试用自然经验的哲学原理,对公共行政领域进行反思和改造,并将其转变为推动富于意义的社会变革的媒介。在当代行政学领域,弗里德里克森、史密斯、胡德、波利特、斯提尔曼以及沃尔多等人或多或少都有将公共行政的知识理解为实践智慧或者技艺的想法,我的想法和以上这些学者的观点非常类似。但是弗里德里克森和波利特等人的工作仍然主要停留在整体性的话语建构阶段,而我试图以自然经验主义的哲学原理为基础,提出对现有公共行政基本概念体系进行重构的方案。

这份研究后面的三个章节通过对行政行动、组织模式和社会运作的概念进行重构，以初步建立一个变革型公共行政的体系架构。这个体系架构包括"变革型的行政行动""变革型的组织模式""变革型的社会设计"三个彼此关联的环节。

首先，我会改造行政行为的概念，使之转变为变革行动的发起点。古德诺曾经认为行政工作对表达国家意志的影响力是微不足道的，所以他主张把大部分行政工作从政治桎梏中解放出来。而我认为应该把行政工作看成一种能改善人类处境的社会行动，行政工作应还原到广泛的政治背景当中。所以我使用"行政行动"这个术语，而不是"行政行为"，因为行动是典型的政治性活动。

政治性的活动要以明确的价值追求为起点。西蒙主张行政决策不包含终极的价值关怀，行政活动的价值主要源自手段和目的的关系。但我把行政人员，尤其是那些与公众接触的基层行政人员看成是推动社会变革行动的最佳发起者。这要求他们基于明确的价值追求对改善人类处境的种种途径形成深思熟虑的判断。

我知道在价值碎片化的时代，要实现这个目标十分困难。但是以生产实践为轴心的宏观权力的结构化分析可以重建公共行政的价值关联。而马克思主义的矛盾特殊性原理又可以为行政人员发起富于意义的变革行动提供可能性。当然这些方案的出发点都不可避免是抽象的，需要借助自然经验的媒介不断进行调整。

其次，我的关注从个人行动转移到组织方面，探索重构组织模式的种种途径。这是用自然经验原理，缓解行政行动抽象性的重要环节。虽然我设计了帮助人们反思其观念局限的方案，但是在遭遇他人时发生的交往互动，可以把降低抽象性的潜能提高到主体之间的新高度。此外，重构组织模式也是组织再生产的必然要求。有人可能会怀疑变革型行政行动会威胁到既有的秩序，从而对公共组织的结构具有破坏性。我并没有否定这种行动可能会对旧体制造成冲击，但这种行政行动也同时为创造出新的组织实践提供了契机。

传统的组织模式表现为受非人格化秩序支配的、等级制的权威结构，这种所谓的官僚组织在形式方面具有高度合理性。但这种组织模式却因把人们在日常生活中所创造的互动模式客观化，从而限制了组织实践本应发展出的丰富可能性。

我把组织过程看成人类联合的动态过程，这是把各个成员彼此各异的思想、意愿和行为整合起来的社会过程。而以临时性的项目小组为单元的协作模式比传统的官僚制更有利于推进这个过程。我对行政行动和组织模式的改造侧重于公共行政自身角色和运作方面。但公共行政的角色很多时候是在社会趋势的塑造之下形成的。比如当市场成为整个社会的塑造力量时，公共行政就会向主要满足市场需求的特定方向发展。但变革型公共行政要赋予行政人员以全新的角色，即成为社会体系的设计者，对社会整体的结构产生反向塑造力。所以我最后要设计一种具有规范性的社会结构，并且提出公共行政切实可行地促进这种社会结构的运作方案。

这项计划并不新奇。曾经任教于南加州大学的拉莫斯教授是第一个尝试这么做的人。他通过为社会系统的不同领域划定界限，以限制经济维度的支配地位对人类潜能多样性造成的压抑。拉莫斯发现人类潜能和经验的多维度性与社会领域的多样性有关。我从自然经验的原理中进一步发展了这个洞见。人类经验的各个领域都有内在的、无法被理论分析所触及的规则。这些规则引导人们在多个维度中发展自身的潜能，并使他们在历史中建立起多元的社会领域。只有当各个领域在其内在规则的主导下发展时，人们潜能的多样性才能实现，人性才不会遭受扭曲。

最后，我试图用这个原则去改造公共行政的运作以及这个领域和社会之间的衔接关系。一方面，公共行政要通过不断扩展和确立内部事务的经验领域，成为一个多维度运作的系统；另一方面，公共行政有必要退出对社会各个领域内部原则的干预，而只是作为国家治理结构的组成部分，在特定的维度发挥其主导功能。

这项研究的重要意图是尝试唤起那些关注公共行政的人们对推动渐进社会变革的兴趣。我们国家持续处于发展和变革的关键时期，既存在改善自身处境的机会，又被实际环境所束缚着。如果我们要从一个缺乏内在品质的社会中创造出良好的公共秩序，就绝不能把自己局限在现实的结构当中。我们既要保持清醒，以符合自己的理智；又要心存梦想，不至于压抑种种潜在的可能性。

另外，本书也试图激起人们在哲学的层面反思公共行政。要成为变革型公共行政的研究者和实践者，最重要的不是获取新知识和新技术，而是用新的视角去看待我们已经拥有的知识,用新的观念去反思我们的发展所走过的历程。这要求我们通过严肃的思考去转变旧的视角,用艰苦的探索去获得新的观念。哲学就是超越界限的开拓进取,就是永不止息的反思生活。

因此,我的目标是要通过自然经验的哲学原理,去建构一种能够推动社会变革的公共行政模式。无论这种尝试目前看起来是不是问题重重,但是我希望这至少是一个开始,并盼望这项工作在未来创造出某些激动人心的时刻。

本书是对我攻读博士学位阶段学习研究的总结。我曾追逐那些在阅读思考中感到惊讶的问题,并投入当初所憧憬的学术事业中。当我真正开始踏上这段征程的时候,便遭遇到现实建制物的种种限制以及真实生活的复杂性。这些遭遇使我屡受挫折直到如今。在某些更加黑暗的时刻,我曾严肃地思考过是否要放弃。

我想我自己多少还是幸运的,内心的发展与外在的条件尽管使我感觉挣扎,但是最终命运还是许可我稍微胜过自身的处境。我很难说自己现在已经品尝到这份经历的甘甜,但我的理智不断向自己揭示这些体验的宝贵价值。这份遗产赐予我很多视域融合的机会,把我曾经的信念从抽象的领域抛出来。这使我认识到自己思想和生活方式所存在的盲目和局限,并且能够更加真实地面对他人和这个世界。

无论在阅读还是写作方面,我都欠缺天赋。当我了解马克思在28岁时所完成的工作,就明白自己终其一生也难以接近青年马克思的高度。但我仍然试图将自己的信念发展为一个完整的体系,尽管这些工作看起来问题重重。我在写作中学习写作,在挫折的经验中不断调整话语的行进与表述。

无论我为这些文本的工作付出了多少辛劳,它们终究只是具有媒介的价值。即便哲人工作总是具有持久的价值和影响力,但是历史上那些改善人类处境的伟大创举都是普通人在各个领域的日常生活与实践当中,通过他们的责任心、勇气与禀赋所创造出来的。在社会各个领域都高举专家权威性的今天,这些更加真实、也更具价值的努力并没有继续得到应有的尊重,这可能会使我们这个时代蒙羞。我希望通过真诚的研究,尝试将人们从对理论思维的尊崇中拉回到对日常生活的关注上来,并且把各个领域中绽放的荣耀归给那些在生活处境中依靠责任心与能力，去胜过他们处境的人。

  我将这本书的成就归功于我尊敬的导师齐海滨先生。尽管他比众多教师更加平易近人，但是去描述他的人格的尊贵也几乎超越我语言表述所及。齐海滨先生给予我广泛的空间，让我能够享受自由阅读与求知的喜悦。他的智慧从来不曾从外部强加给那些具体处境之外的人，而是如同清泉，缓缓流入学生的思维与心灵当中那些缺乏秩序的蛮夷之地。他的智慧与人格都对本书产生了不可估量的塑造力。

  另外，我还需要感谢杜克大学政治学博士、已经荣休的教授James W. Skillen。他不仅多次多方地通过邮件解答我写作的难题，并且曾不辞辛劳地赶赴中国，几乎是手把手地帮助我正确理解杜伊维尔的思想。如果不是他对我的指导，我对这种理论的研究只能停留在规则和结构的层面，而无法从中发展出自然经验主义的洞见。

  另一位对我的研究产生重大影响的人是我的老朋友Wybe Bylsma。他在10年前向我推荐凯波尔与杜伊维尔的著作，并且也向我提供各种资源，使我理解并且精通这些文献。除此以外，Wybe在我生活的各个方面都提供了重要的指引和及时的帮助。他鼓励我更加勇敢地去承担责任，也指导我于行动之中，而不只是在沉思之中与这个世界遭遇。我的研究如此高举自然经验，可见Wybe的影响非同一般。

  我还要感谢帕克大学公共管理学院的荣誉教授Richard C. Box，他指导我完成开题，并且帮助我认识变革型公共行政，向我介绍了和这个主题有关的重要文献。我也要感谢新泽西学院的哲学教授Roy A. Clouser，还有南非自由州大学教授Dannie Strauss，澳大利亚蒙纳士大学教授Bruce Wearne、Jaap Klapwijk和Richard Gunton，他们都给我提供了各自的著作，并且通过邮件给了我很多帮助。

  最后，我要感谢我的妻子王文、女儿暮馨以及我的父母。直到今天我一直相信，我的思考和写作与你们的努力和付出相比，根本不值一提。我宁愿用过往忙碌的时间，去换来有你们同在的幸福生活。

作者
2020年6月24日于武汉